KAI-OWE KUHLMANN

OUTSIDE THE BOX

IDEEN FÜR VISIONÄRE FÜHRUNGSKRÄFTE

WIE SIE ALS FÜHRUNGSKRAFT CHANCEN ERKENNEN UND IHR TEAM FÜR DIE ZUKUNFT POSITIONIEREN

Remote Verlag
www.remote-verlag.de

INHALTSVERZEICHNIS

Dieses Buch widme ich

meinen ehemaligen Kollegen Nicole und Marc.

Wir waren ein großartiges Team

und haben mit »We love Campus«

eine superstarke Outside-the-Box-Idee ins Leben gerufen.

DIE ZUKUNFT DARF KOMMEN – DARUM GEHT ES IN DIESEM BUCH

DER MORGEN, DER MEIN DENKEN VERÄNDERTE

Am Morgen des 7. März 1996 betrat ich die Firma, in der ich arbeitete, und spürte sofort, dass etwas anders war. Noch wusste ich nicht, wie sehr dieser Tag mein Leben prägen würde. Dreieinhalb Jahre zuvor hatte ich direkt nach meinem Studium eine Stelle in der Marktforschung eines internationalen Life-Science-Konzerns angenommen. Doch an diesem Morgen hörte ich im Radio eine Nachricht, die alles auf den Kopf stellte: Meine Firma fusionierte mit einem anderen Unternehmen, was in den Medien als Elefantenhochzeit kommentiert wurde.

Wie sich später herausstellte, war sogar unser deutscher CEO erst in der Nacht zuvor über die Fusion informiert worden. Die nächsten Monate waren eine Zerreißprobe voller schlafloser Nächte und geprägt von der ständigen Frage: »Werde ich meinen Job behalten?« Belastend war für mich zudem, dass ich erst im vergangenen Jahr eine Wohnung gekauft hatte und nun mit einem großen Schuldenberg dastand.

DIE ZERREISSPROBE UND DER WENDEPUNKT

Trotz meiner Flexibilität und meines Wirtschaftsmathematik-Studiums wurde mir klar, dass es in solchen Zeiten egal ist, ob man jung oder alt, kompetent oder unerfahren ist. Die Angst um den Arbeitsplatz prägt jeden. Schließlich kam der erlösende Satz: »Sie sind dabei!« Ab diesem Moment stellte ich mir die nächste Frage: »Was muss ich tun, um mich attraktiv für die Arbeitswelt zu machen, sollte wieder einmal ein massiver Stellenabbau kommen?«

DER BEGINN EINER NEUEN REISE

Dieser Gedanke ließ mich 25 Jahre lang nicht los. Eine Reise des ständigen Lernens und Neuaufstellens begann. Kurz nach Abschluss der Fusion wechselte ich in den Bereich Gesundheitspolitik und startete eine neue Karriere. Diese Chance führte nach einigen Jahren dazu, dass mir die Leitung der Abteilung Pricing angeboten wurde. Hier baute ich ein Team von Grund auf neu auf. Zudem machte mir diese Arbeit großen Spaß, und ich hatte die Möglichkeit, zusammen sowohl das deutsche als auch das globale Management tatkräftig zu unterstützen. Tätig war ich als Stratege, der für die Preisgestaltung eines Produktportfolios mit mehr als einer Milliarde Umsatz verantwortlich war, sowie als Führungskraft. Dabei lag mir vor allem auch die Weiterentwicklung meines Teams sehr am Herzen.

WEITERBILDUNG UND PERSÖNLICHE ENTWICKLUNG

In der Zeit habe ich mich privat umfassend weitergebildet und eine mehrjährige Ausbildung zum Psychotherapeuten nach dem Heilpraktikergesetz und als Managementcoach absolviert. Diese Qualifikationen halfen mir nicht nur in meiner Führungsrolle, sondern machten mir auch Mut, nebenberuflich ein eigenes Coaching Business zu gründen. Hier konnte ich andere Menschen begleiten, beruflich erfolgreicher zu werden und mit den Unwägbarkeiten der Zukunft flexibler umzugehen. Als Manager in der Konzernwelt unterwegs zu sein, gekoppelt mit einem zweiten Standbein, war für mich der ideale Weg.

NEUE HERAUSFORDERUNGEN UND ERFOLGE

Nach einigen Jahren bot sich mir eine neue Herausforderung: ein Wechsel in die Trainingsabteilung. Meine beruflichen Erfahrungen und Zusatzausbildungen waren die perfekte Eintrittskarte. In den folgenden 11 Jahren unterstützte ich viele Führungskräfte und Kollegen darin, besser mit ihren Kunden zu kommunizieren, strategischer zu planen und erfolgreicher zu verkaufen. Das Gefühl, in einem Bereich angekommen zu sein, in dem ich meine gesamten bisherigen Berufserfahrungen zusammenbringen konnte, war wie eine Berufung.

NEUE WEGE

Im Jahr 2022 zeichnete sich eine weitere große Veränderung bei meinem Arbeitgeber ab. Über fast ein Jahr hinweg gab es nur spärliche Informationen und viele Spekulationen. Trotz der Ungewissheit blieb ich gelassen. Die Erfahrungen aus 1996 hatten mich gelehrt, dass ich bereit war, neue Wege zu gehen. Am 20. April 2023 kam die offizielle Bekanntgabe der Restrukturierung. Für jene, die bleiben wollten, gab es die Möglichkeit, sich auf interne Stellen zu bewerben. Nach 31 wertvollen und lehrreichen Jahren entschied ich mich jedoch, das Unternehmen vorzeitig zu verlassen und meine Selbstständigkeit zu 100 Prozent zu leben.

MEINE ANNAHMEN ÜBER SIE ALS LESER

Ich gehe davon aus, dass Sie sich dieses Buch gekauft haben, weil Sie auch bereits einige Jahre in der Unternehmenswelt unterwegs sind. Wahrscheinlich haben Sie ähnliche Situationen erlebt wie ich oder kennen zumindest Menschen, denen das widerfahren ist.

Dieses Buch richtet sich an Sie, wenn Sie:

- sich als **Führungskraft** immer wieder fragen, wie Sie sich und Ihr Team auf die Businesswelt von morgen vorbereiten können,
- als **Experte für Personalentwicklung** Maßnahmen entwickeln möchten, um Ihre Mitarbeiter für die zukünftige Arbeitswelt zu motivieren und weiterzuentwickeln,
- als **engagierter Mitarbeiter** neue Wege suchen, gemeinsam voranzukommen, und als Sparringspartner für Ihre Führungskraft und Kollegen dafür funktionierende Tools brauchen,
- als **Dozent oder Trainer** ein kompaktes und praxisnahes Buch für strategische Teamentwicklung suchen,
- als **Studierender**, z. B. in einem MBA-Programm, Methoden kennenlernen möchten, die Unternehmen zukunftsfähiger machen.

PRAKTISCHE TOOLS FÜR DIE ZUKUNFT

Ich blicke auf eine Zeit voller intensiver Erfahrungen zurück. Hierbei durfte ich wichtige strategische Entscheidungen mitgestalten und viele Führungskräfte dabei unterstützen, sich weiterzuentwickeln. Dieses Buch ist entstanden, weil ich die Erfahrungen und Erkenntnisse, die mir geholfen haben, berufliche Unsicherheiten zu meistern und Wachstumspotenziale zu entfalten, teilen möchte.

Das Buch legt den Fokus auf die Frage, wie Führungskräfte und Mitarbeiter in einer dynamischen Geschäftswelt erfolgreich bleiben können. Zudem bietet es praxisnahe Tools sowie Strategien zur Förderung von Agilität, Innovationskraft und lebenslangem Lernen:

- **Aufbau wichtiger Zukunftskompetenzen:** Das Buch stellt 36 Ideen vor, die Ihnen helfen, Ihre Arbeitssituation neu zu bewerten und proaktiv Veränderungen anzustoßen. Die »Outside-the-Box«-Perspektiven fördern wichtige Fähigkeiten wie strategisches Denken, Innovationskraft und Spaß an Veränderung.

- **Einblicke in alternative Erfahrungswelten:** Durch die Erfahrungen von 12 Experten erhalten Sie weitere Anregungen zu unkonventionellen und praxisnahen Ansätzen. Deren Erfahrungen erweitern den Horizont und bieten praktische Impulse, die Ihnen Anregungen geben sollen, zu experimentieren und Neues auszuprobieren.

- **Praktische Tools für den zukünftigen Erfolg:** Die beschriebenen Tools und Strategien sind darauf ausgelegt, direkt in den beruflichen Alltag integriert zu werden. Jedes Kapitel endet mit praktischen Übungen und Anregungen, die dabei helfen, die gelernten Methoden sofort anzuwenden und anzupassen.

WARUM HABE ICH 12 EXPERTEN AN MEINE SEITE GEHOLT?

Die Erfahrung von 12 führenden Experten habe ich einbezogen, um eine breite Palette an Perspektiven und erfahrungserprobten Methoden zu erhalten. Diese Spezialisten haben ihre einzigartigen Erlebnisse und Erkenntnisse beigesteuert, um Ihnen ein umfassendes und vielfältiges Toolkit an die Hand zu geben. Anja Gstöttner und Roel Schaart kenne ich z. B. bereits lange und habe viele Jahre mit ihnen zusammengearbeitet, andere habe ich erst im Rahmen der Entstehung dieses Buches kennengelernt. Bei jedem war mir sofort klar: Diese Erfahrungswelt wird das Buch bereichern!

UNTERNEHMEN DER ZUKUNFT – JETZT SIND SIE ALS FÜHRUNGSKRAFT GEFRAGT!

Einfachheit ist Trumpf: Immer wieder sehe ich, dass Tools, die leicht umzusetzen sind, gern angenommen werden. Aber es ist keineswegs selbstverständlich, dass Führungskräfte oder Mitarbeiter diese kennen und anwenden. Vieles geht im Alltag unter, in der Regel dominiert das Tagesgeschäft. Ein Unternehmen, das in der Welt von morgen erfolgreich sein will, muss aber seine Mitarbeiter mitnehmen – oder zumindest so viele wie möglich. Das gelingt nur mithilfe der Führungskräfte.

Ich hatte das Privileg, von Anfang an mit Führungskräften in verschiedenen Bereichen zusammenzuarbeiten. Sind diese nicht überzeugt, kommt es zum Stillstand. Gelingt es jedoch, die Führungskräfte von Anfang an mit ins Boot zu holen, wenn Veränderungen anstehen, dann ist alles möglich.

Sämtliche Initiativen und Trainings werden viel nachhaltiger, wenn Vorgesetzte diese mittragen und ihre Teams einbeziehen. Deswegen mein Appell: Sie allein haben die Möglichkeit, einen zukunftsrelevanten Unterschied zu machen. Nehmen Sie die Zügel in die Hand und starten Sie mit Ihrem Team!

KOMMEN SIE IN DIE UMSETZUNG!

Ist Ihnen bewusst, wie viele Wissensriesen und Umsetzungszwerge es in einem Unternehmen gibt? Das ist eine ungünstige Kombination, denn so bleiben viele gute Ideen auf der Strecke. Daher biete ich Abkürzungen an, mit denen Sie Ihr Wissen schnell und verlässlich in die Tat umsetzen können. Dieses Buch soll Ihnen Zeit sparen, damit Sie die vorgestellten Ideen zügig auf die Straße bringen können.

Die hier vorgestellten Übungen haben alle eine große Hebelwirkung, die Ihr Leben und das Ihres Teams leichter machen können. Wenn Sie auch nur zwei oder drei der 36 »Outside-the-Box«-Ideen in Ihren aktiven Kompetenzbereich übernehmen, werden Sie mit hoher

Wahrscheinlichkeit Ihren Kompetenzradius erweitern und Ihr Businessumfeld verbessern – sowohl nach außen Ihren Kunden, Kollegen und Vorgesetzten gegenüber als auch nach innen, in Ihrem Team.

Es ist immer wieder ein motivierendes Erlebnis, gemeinsam mit dem Team zu wachsen. Manche Vorschläge mögen mitunter aufwendiger klingen, einige eher spektakulär und einzelne vielleicht sogar banal. Sie sind jedoch alle effektiv, einfach in der Anwendung und überzeugend in der Wirkung!

Probieren Sie die Ideen aus, reflektieren Sie deren Wirkung und passen Sie sie jederzeit gern weiter an. Auf eine Rückmeldung hierzu freue ich mich jetzt schon. Wenn Sie sich einen Fundus an verlässlichen Übungen zulegen, auf die Sie im Zweifelsfall immer wieder zurückgreifen können, werden Sie sich sattelfester in Ihrer Teamentwicklung fühlen. Genau das macht Sie zukunftskompetenter.

Die beste und nachhaltigste Umsetzung dieser Tools gelingt immer, wenn Sie die damit verbundenen Chancen gemeinsam mit Ihrem Team generieren und gestalten. Dann ist alles möglich, es wird alles leichter und die Zukunft darf kommen.

Ich wünsche Ihnen dabei von ganzem Herzen viel Erfolg!

ANMERKUNG ZUR SPRACHE

Dieses Buch verzichtet auf die gleichzeitige Verwendung männlicher, weiblicher und diverser Sprachformen. Alle sind gemeint und herzlich willkommen! Lassen Sie uns gemeinsam fitter für die Zukunft werden!

KAPITEL 1:

VERÄNDERUNGEN MEISTERN

Was wird uns die Zukunft bringen? Es gibt wohl kaum eine Frage, die uns mehr zum Grübeln bringt. Seit Jahrhunderten konsultieren Menschen Orakel, Astrologen und Wahrsager, nur um einen Blick in die Zukunft zu erhaschen. Mit unserer Vorstellungskraft malen wir uns aus, was vor uns liegt, und stützen uns dabei auf Erfahrungen aus der Vergangenheit. Aber mal ehrlich: Was bringt uns das?

Der französische Schriftsteller und Politiker Victor Hugo soll einmal gesagt haben: *»Die Zukunft hat viele Schattierungen. Für die Schwachen verkörpert sie das Unerreichbare. Für die Furchtsamen bedeutet sie eine Herausforderung. Für die Mutigen ist sie eine Chance.«* Klingt doch gut, oder?

Dummerweise ist genau dies der Haken: Wir Menschen hassen Unsicherheit. So sehr, dass wir lieber einen angekündigten Schmerz ertragen würden, als in ständiger Angst vor dem Unvorhersehbaren zu leben. Eine internationale Studie aus dem Jahr 2016 hat genau das bewiesen: Die Probanden wurden in unterschiedlichen, unvorhersehbaren Szenarien elektrischen Schocks ausgesetzt, um Unsicherheit zu erzeugen. Das Ergebnis der Studie zeigte, dass vorhersehbare Schocks weniger stressig wahrgenommen wurden als unvorhersehbare.[1] Wir bevorzugen also ein unangenehmes, aber bekanntes Übel gegenüber einer Reihe kleinerer, aber unvorhersehbarer Widrigkeiten.

Die schlechte Nachricht an dieser Stelle ist die, dass Unsicherheiten uns immer begleiten werden. Ein klassisches Beispiel ist die Börse. Kaum ein Bereich auf der Welt ist mit so vielen Emotionen verbunden und verkörpert Hoffnungen und Ängste so stark wie der Aktienhandel. Viele Investoren zittern bei jedem ihrer Trades und reagieren panisch bei der kleinsten Marktbewegung. Sie haben Angst um ihr Geld, ihren Erfolg und ihre Zukunft. Deshalb scheitern hier auch so viele und ziehen beim Traden regelmäßig den Kürzeren. Sie handeln ihre Emotionen, nicht aber ihre Trades.

Es gibt aber auch eine gute Nachricht: Wir können diese Unsicherheit meistern!

Jeder Mensch hat die natürliche Fähigkeit, sich weiterzuentwickeln, denn wir entscheiden selbst, wie wir denken, welche Fähigkeiten wir ausbauen und welche Beziehungen wir aufbauen. Das ist der Schlüssel zum Erfolg. Die folgende aus dem Englischen stammende Redewendung drückt dies passend aus: »Das Leben besteht zu 10 Prozent aus dem, was passiert, und zu 90 Prozent aus dem, was wir daraus machen.«[2]

Da ich mir schon immer die Frage gestellt habe, was man von der Börse, die ja die gesamte Wirtschaft widerspiegelt, für die Businesswelt lernen kann, habe ich Norman Welz, den Psychologen und Coach für Leistungsoptimierung, zum Interview eingeladen. Er ist seit vielen Jahren in der Börsenwelt unterwegs und weiß, wie Angst im Tradingalltag wirkt und vor allem, wie man sie in den Griff bekommt. Ich wollte von ihm wissen, was man von der Börse lernen kann, um berufliche Unsicherheiten souveräner zu meistern und klügere Entscheidungen in unsicheren Zeiten zu treffen.[3]

INTERVIEW MIT NORMAN WELZ

» Norman, du bist Börsen-Mindset-Coach. Was hat dich motiviert, dich auf das Börsengeschehen zu konzentrieren und psychologisch weiterzuentwickeln?

Zu Beginn war ich mir über meine Motivation dazu nicht bewusst. Als ich mich mit den tieferen Beweggründen auseinandersetzte, dachte ich, es geht ums Geldverdienen und darum, reich zu werden. Der Klassiker, könnte man sagen. Später erkannte ich, dass ich etwas damit kompensieren wollte, z. B. Prägungen, die aus meiner Familiengeschichte stammten und die mit den Themen Geld und finanzielle Unabhängigkeit verbunden waren. Ich meine damit nicht unermesslichen Reichtum, sondern finanzielle Sorglosigkeit. Denn die kannte ich in meiner Kindheit nicht. Geld war in unserer Familiengeschichte immer verbunden mit dem Grundgefühl von Mangel. Da dies aber für mich normal war, fiel es mir zuerst gar nicht auf. Das war wie ein unbewusstes Lebensprogramm. Mein Lebensmotor lief finanziell betrachtet auf Reserve und der Tank war mit dem unbewussten Glaubenssatz gefüllt: »Das können wir uns nicht leisten«.

«

» Wer an Börse denkt, denkt oft an Techniken, Aktien zu kaufen und zu verkaufen. Spannend finde ich den Gedanken, dass man dafür ein gutes Mindset braucht und die Technik nachgelagert ist. Wie bist du zum Thema Börsen-Mindset gekommen?

Seit meinem 13. Lebensjahr beschäftige ich mich mit der menschlichen Psyche und dem Sinn des Lebens. Ich wollte wissen, wie Menschen ticken, warum Verhaltensweisen so sind, wie sie es sind, und was sie leitet, ihr Leben so zu gestalten, wie sie es tun. Der Anteil des Unbewussten hat mich bei dem Thema fasziniert. Schon als kleiner Junge verfolgte ich Berichte über Hypnose und die Macht des Unbewussten im Fernsehen. Ich fand es spannend, wie man mit der Kraft der Gedanken sein Leben lenken kann. Davon wollte ich mehr wissen und begann, Bücher wie »Die Macht Ihres Unterbewusstseins« von Joseph Murphy zu lesen. Irgendwann wurde mir klar, dass ich Psychologie studieren möchte. Als ich dann finanziell die Möglichkeit hatte, habe ich es getan und fand es außerordentlich spannend und reizvoll.

Vor dem Studium arbeitete ich im journalistischen Bereich und war 20 Jahre für die ARD als Redakteur, Moderator, Autor und Regisseur tätig. Völlig ungeplant bekam ich während dieser Zeit eine Chance, als Unternehmer ins Spielcasinogeschäft einsteigen zu können. Dieser Aufgabe widmete ich mich die kommenden sieben Jahre und verdiente viel Geld. Nachdem ich dieses Unternehmen verkauft hatte, stellte ich mir die Sinnfrage: Was mache ich jetzt mit meinem Leben? Da kam die alte Idee hoch: Menschen zu helfen, dass sie zurückfinden zu ihrem Lebensweg, zu ihrem Sinn im Leben. Und da war auch die große Lust, mich selbst und meine Persönlichkeit weiterzuentwickeln, meinen Lebenssinn zu erkennen und mich zu verwirklichen. Ich gab also das Casinogeschäft auf, studierte Psychologie und machte hierzu diverse Zusatzausbildungen. Außerdem konzentrierte ich mich auf meine eigene Persönlichkeitsentwicklung. «

» Danach lernte ich durch einen Zufall einen professionellen Eigengeldhändler[4] im Bereich des Tradings kennen. Die Welt der Börse hatte einen enormen Reiz für mich, weil ich erkannte, dass erfolgreicher Börsenhandel vor allem von der Psychologie bestimmt wird. Im Laufe dieser Zeit sah ich den Börsenhandel wie eine besondere Art von Psychotherapie. Denn wir handeln nicht die Märkte, sondern unsere Persönlichkeit. Und dies vor allem bestimmt durch die Macht des Unbewussten. Wahnsinnig spannend.

Hat dir der Börsenhandel neue Perspektiven für deine Persönlichkeitsentwicklung ermöglicht?

Oh ja, auf jeden Fall. Zu Beginn des Tradings ging ich naiv und unerfahren an den aktiven Börsenhandel heran. Auch ich überschätzte meine Fähigkeiten maßlos und es stellten sich schnell hohe Verluste ein. Das verunsicherte mich natürlich enorm, und ich stellte mir die Frage, ob ich ein Verlierertyp bin und der Börsenerfolg für mich deshalb vielleicht gar nicht vorgesehen war. Denn ich war ja bei dem Geschäft angetreten, um Geld zu verdienen, und nicht um es zu verlieren. Mir war klar, dass die Antwort auf die Frage, warum mir das passiert ist, vor allem in mir selbst zu finden war. In der Auseinandersetzung mit den tieferen Ursachen dafür landete ich wieder bei meiner Familiengeschichte. Das tiefe Mangelgefühl. Nicht nur in Bezug auf finanzielle Mittel, sondern auch bezüglich meines eigenen Mangelgefühls im Zusammenhang mit meinem Selbstwert.

Ich erkannte, dass Geld nicht alles im Leben ist und dass es um innere Wertigkeiten geht. Viel Geld zu besitzen ist kein Sinn im Leben. Seine Fähigkeiten zu erkennen und den Mut zu haben, sie auszuleben, das ergibt Sinn. Ich erkannte: Mit meinen Ressourcen und Fähigkeiten kann ich immer wieder etwas Neues schaffen. Ich kann lernen, meine Talente und Fähigkeiten im Leben zu investieren und mich dadurch bestmöglich auszuleben. Denn genau das ist es, was erfolgreiche Menschen tun. «

» Dass ich verlor, lag daran, dass ich den Fokus auf etwas ausgerichtet hatte, das nicht mit meinem Inneren zu tun hatte, sondern mit Sehnsüchten im Außen; Wünsche und Leid, die ich versuchte, über den Börsenhandel zu kompensieren. Ich wollte unbewusst meine Familiengeschichte heilen. Aber dann ist Erfolg nur Mittel zum Zweck, eine mentale Selbstnarkose, um den Schmerz, den dieses Leid verursacht, nicht spüren zu müssen. Es ist jedoch keine Leidenschaft, sondern Leid, das etwas schaffen will, um endlich der lang anhaltenden Schmerzspirale zu entkommen.

Was war die Ursache für deine finanzielle Misere?

Ich wollte zu schnell zu viel und habe die Verantwortung abgegeben, mich auf andere verlassen. Ein Vorstandsvorsitzender einer großen Firma hatte in den Medien einige Male wiederholt, dass man sich auf die Stabilität seines Unternehmens verlassen kann. Seine Beteuerungen zeigten Wirkung und viele haben sich auf seine Versprechen verlassen und Milliarden investiert. Doch es stellte sich heraus, dass alles nur ein Lügenkonstrukt war. Viele haben deshalb sehr viel Geld verloren. Dafür wurde er juristisch nie belangt. Im Gegenteil, er machte erneut Karriere und verdiente wieder Millionen.

Diese Erfahrung hat mich gelehrt: »Sicher ist, dass nichts sicher ist.« Heute bin ich misstrauisch und konzentriere mich beim Börsenhandel darauf, meine Risiken zu steuern. Ich bin bereit, Risiken einzugehen, aber nur so viel, wie im schlimmsten Fall für mich persönlich vertretbar ist und im Gesamtkontext meiner Anlagen Sinn ergibt. Ich gehe immer davon aus, dass das Schlimmste passieren kann.

Du hast vorhin ein paar Grundwerte aufgezählt: Fokus und Disziplin. Wie beeinflussen dich diese Werte bei deinen Entscheidungen an den Kapitalmärkten?

Es ist gut zu wissen, dass die Vertrags- und Handelspartner auf der anderen Seite immer ihre eigenen Beweggründe haben, «

» wenn sie etwas verkaufen oder einen mit ihrer Idee begeistern wollen. Sei es bei einer Aktie oder einer Geschäftsidee, jeder ist auf seinen eigenen Vorteil bedacht. Und es gilt abzuwägen, ob diese Beweggründe des anderen auch meine sind und welche Risiken sie für mich bedeuten könnten.

Natürlich, und das ist ein Denken, das extrem wertvoll und wichtig ist, gerade an der Börse. Das habe ich selbst auch erlebt. Es bedeutet, sich nicht auf irgendwelche Gurus zu verlassen oder auf das schnelle Geld zu hoffen, sondern systematische Trends zu verfolgen und sich zu hinterfragen, wie weit man bereit ist zu gehen und was man davon will.

Ja, es gibt ja diesen berühmten Satz: »Wie mache ich eine Million?« Und die Antwort ist: »Indem ich eine zweite riskiere.«

Gab es eine Situation, in der du eine außergewöhnliche Entscheidung getroffen hast?

Die größte Entscheidung war, den Mut zu haben, mich selbst zu reflektieren und zu erkennen, wer ich wirklich bin, was mich prägt und lenkt. Es geht darum, sich nicht ständig an anderen zu orientieren, sondern zu verstehen, was man selbst aus sich machen kann. Nach diesem Prinzip coache ich heute meine Kunden. Ich bin fest davon überzeugt, dass der Erfolg schon in einem ist. Und Aufgabe sollte es sein, diesen Erfolg in sich und mit sich freizulegen. Michelangelo antwortete einmal sinngemäß auf die Frage, ob er seine weltberühmte Skulptur David erschaffen habe, indem er vorher ein Bild von dieser wunderschönen Skulptur hatte: »Es war ganz einfach. Ich habe nur all das Überflüssige vom Marmor weggeschlagen.«

Das ist ein sehr wichtiger Aspekt und ein fantastisches Bild in Bezug auf Persönlichkeitsentwicklung. Sich auf das Wesentliche zu konzentrieren.

«

» Absolut. Viele Menschen haben ihren Lebensfokus im Außen. Das wird natürlich auch viel durch die sogenannten sozialen Medien beeinflusst. Ständig wird uns gezeigt, was angeblich gut für uns ist. Es werden Scheinrealitäten und Lebensmodelle vermittelt, die mit der Wirklichkeit oft nicht viel gemeinsam haben. Und dennoch versuchen viele, diesen Verlockungen nahe zu kommen oder sie gar zu erreichen. Aber sie suchen das Gold an der falschen Stelle: bei anderen statt bei sich! Erfolgreiche Menschen, die wirklich zufrieden sind, hatten oft den Mut, ihren eigenen Weg zum Erfolg zu gehen. Sie haben ihre Ziele erreicht, weil sie sich unermüdlich selbst verbessert haben, ganz nach dem Prinzip »Erfolg erfolgt«.

Medien und soziale Netzwerke beeinflussen uns stark, oft mit surrealen Vorbildern. Wir müssen uns immer wieder fragen, was uns wirklich guttut. Welche Parallelen siehst du zwischen der Börse und der Businesswelt?

Beide sind von Unsicherheit geprägt. Wir erschaffen Produkte oder investieren Geld in der Hoffnung auf Mehrwert, aber niemand weiß, ob es erfolgreich sein wird. Das ist in der Börse genauso wie in der Unternehmenswelt. Wir planen, aber das Leben birgt oft Überraschungen – Krankheiten, Jobverluste oder unerwartete Marktveränderungen. Diese Unsicherheit ist unser ständiger Begleiter.

Welche Prinzipien aus der Welt des Börsenhandels lassen sich auf die Führung eines Teams übertragen?

Eine Führungskraft muss wie ein Trader beim Börsenhandel flexibel sein. Ich ziehe da gern die Natur als Beispiel heran, insbesondere den Baum. Ein Baum bleibt fest verwurzelt mit seinen inneren Werten, aber flexibel im Umgang mit äußeren Einflüssen. Wenn ein Baum mit einem seiner Äste auf eine Mauer oder einen Zaun stößt, wächst er um das Hindernis herum, um zum Licht zu gelangen. Diese Offenheit für Lösungsorientierung ist entschei- «

» dend für Führungskräfte. Man muss stark und anpassungsfähig bleiben, Bezug nehmen auf die Hindernisse, die oftmals durch Menschen verursacht werden. Man muss Verantwortung übernehmen, wenn unvorhergesehene Herausforderungen auftreten.

Hast du Tipps, wie man diese Flexibilität im Alltag trainieren kann?

Flexibilität lässt sich überall trainieren, auch in Alltagssituationen. Im Supermarkt an der Kasse kann man jemandem den Vortritt lassen, der es eilig hat. Im Straßenverkehr kann man jemanden vorlassen, der in Eile ist. So trainiert man die Flexibilität des Geistes, sein Ego, das möglichst immer recht haben will. Im Team bedeutet das, die Ideen und Wünsche anderer nicht als Angriff zu sehen, sondern als Chance, gemeinsam die bestmögliche Lösung zu finden. Offen zu bleiben zugunsten der Sache, nicht der Person, schon gar nicht der eigenen! Mit der Grundhaltung zu führen, dass immer die beste Idee zählt. Dadurch stärkt man das Teamgefühl und die eigene Anpassungsfähigkeit enorm. Das habe ich immer wieder erlebt.

Das finde ich spannend. Solche Alltagssituationen schärfen die Beobachtungsgabe und Achtsamkeit, was wiederum das flexible Denken fördert.

Genau, Führungskraft zu sein, ist nicht nur eine berufliche Rolle. Es ist ein Mindset, das man in jeder Situation lebt. Man bleibt offen für Lösungen und stärkt dadurch das Team und sich selbst.

Welche Denkweisen führen oft dazu, dass Projekte scheitern oder Situationen falsch eingeschätzt werden?

Oft sind es die Engstirnigkeit und das eigene Wollen, das mehr im Vordergrund steht als das Kollektive. Man unterschätzt die eigenen blinden Flecken und nimmt sich selbst wichtiger als das Team. Diese Starre, die eigene Idee genau so umsetzen zu wol- «

» len, führt oft in eine Sackgasse. Es fehlt die Größe, zuzulassen, dass jeder, egal wie klein im System, eine Lösung für das Problem haben kann.

Die eigene Kleingeistigkeit zu überwinden und zu erkennen, dass alles möglich ist und jeder eine Lösung haben kann, ist entscheidend. Im Buddhismus sagt man dazu: »Gib deinem Feind den besten Platz am Tisch.« Das Ego bzw. sich selbst nicht so wichtig nehmen. Viele Führungskräfte nutzen ihren Posten leider immer noch, um darüber ihre Unzulänglichkeiten auszugleichen. Und dann wundern sie sich, warum das Team nicht an einem Strang zieht.

Das hängt sicherlich davon ab, wie flexibel man ist. Wenn man Flexibilität trainiert, kann man in Zukunft Risiken besser abschätzen und reagieren.

Letztendlich steht das Ego im Weg. Wir wollen unser Ego bedienen und geben ihm zu viel Bedeutung. Wenn man die Größe hat, das Ego nicht so wichtig zu nehmen, gelingt vieles besser, als wenn man darauf besteht, recht zu haben.

Was kann man als Führungskraft tun, um seine Resilienz zu stärken, auch in schwierigen Zeiten?

Resilienz kann man trainieren, indem man sich auf seine Stärken besinnt und eine positive Haltung entwickelt. Man sollte sich regelmäßig an vergangene Erfolge erinnern und ein starkes Netzwerk aufbauen. Der Austausch mit anderen kann in harten Zeiten helfen. Auch Achtsamkeitstechniken wie Meditation oder Yoga sind nützlich, um den Geist zu stärken. Wichtig ist, zu verstehen, dass das Leben aus Höhen und Tiefen besteht. Man sollte die Geschehnisse nicht als schlecht oder gut bewerten, sondern als Teil des Lebens akzeptieren und fragen: »Was ist vielleicht gut daran?«

Diese profane Übung im Alltag hilft bereits: Wenn sich jemand an der Supermarktkasse vordrängelt oder im Straßenverkehr «

» nicht so fährt, wie man möchte, sollte man innehalten und sich fragen: »Wozu ist das gut?« Diese Denkweise kann man auch im Job anwenden.

Hast du ein konkretes Beispiel aus der Börsenwelt?

Ja. Ein Klient von mir ging sehr hohe Risiken ein und verlor in Folge viel Geld. Seine unbewusste Motivation für sein hochriskantes Verhalten war, dass er nicht so spießig und konservativ wie sein Vater sein wollte. Ich fragte ihn, was passiert wäre, wenn er die Vorsicht seines Vaters für sich positiv bewertet und das konservative Verhalten bei seinen Geschäften sogar übernommen hätte. Er wurde ganz still bei dieser Frage. Und er erkannte plötzlich, welche Ursache die Motivation seines riskanten Verhaltens hatte. Dieses Bewusstsein zeigt, wie wichtig es ist, auch aus vermeintlich negativen Beispielen zu lernen.

Damit richtest du deinen Fokus nach vorne, bewertest das Negative nicht mehr und konzentrierst dich lösungsorientiert?

Genau. Wenn ich den Fokus nur auf das Problem richte, sehe ich auch nur das Problem. Richte ich den Fokus aber auf die Gesamtsituation, kann ich das Negative in etwas Positives umwandeln. In der Psychologie nennt man das ‚Reframing'.

Oft erkennen wir ja erst im Nachhinein, dass negative Ereignisse letztlich positiv waren. Jahre später denken wir: »Zum Glück ist das passiert, sonst wäre ich nicht da, wo ich jetzt bin.«

Richtig. Das sehen wir oft erst rückblickend. Im Moment selbst ist es schwer. Präventiv hilft es, sich diese Methode bewusst zu machen. Dafür ruft man sich Situationen aus der Vergangenheit ins Bewusstsein und erinnert sich, wie man schon bei anderen Ereignissen von dieser Sichtweise profitiert hat. «

>> Hast du noch einen Tipp, wie man in unsicheren Zeiten bessere Entscheidungen trifft?

In Stresssituationen Entscheidungen zu treffen, ist schwierig, weil wir dann neurologisch in den Autopilot-Modus verfallen und auf kindliche Verhaltensmuster zurückgreifen. Daher ist es sinnvoll, erst zur Ruhe zu kommen. In einer unvorhergesehenen Stresssituation sollte man sich sagen: »Ich muss nicht sofort reagieren.« Lass es ruhen. Die Situation erfordert selten eine sofortige Entscheidung.

Außerdem ist es hilfreich, sich einer vertrauten Person mitzuteilen und um Rat zu fragen. Das kann helfen, blinde Flecken zu erkennen. Schildere die Situation und frage: »Welche Einschätzung hast du zu den Geschehnissen? Gibt es etwas, was ich vielleicht übersehen haben könnte?«

Inneren Abstand zu gewinnen, halte ich auch für wichtig. Eine Nacht darüber zu schlafen, hat sich bei mir oft bewährt.

Genau. Das hilft, aus den Emotionen herauszukommen. Stresssituationen sind nicht nur mental, sondern vor allem hormonell bedingt. Stresshormone beeinflussen uns und bleiben zwei, drei Tage im System. Daher ist es wichtig, sich erst einmal Ruhe zu gönnen. Das kann durch Rückzug, Spaziergänge, Ablenkung oder proaktiv, z. B. durch Meditation, Yoga usw., geschehen. Es hilft auch, sich einer Vertrauensperson anzuvertrauen. Das Teilen reduziert unser eigenes Leid und schafft einen klaren, emotionsfreien Geist.

Mit klarem Kopf haben wir eine gute Basis, um nach vorne zu blicken und uns Neues zu überlegen. Wie kann eine Führungskraft eine Kultur des innovativen Denkens im Team aufbauen? <<

» Wichtig ist, den eigenen Seinsrahmen zu verlassen und offen zu sein. Menschen haben unterschiedliche Persönlichkeitsstrukturen. In unserer Gesellschaft wird ständig versucht zu verallgemeinern. Die Werbung weiß, welches Produkt mir schmeckt. Die Politik entscheidet immer zu meinem Besten. Frauen sind dies, Männer sind so und so. Alles Quatsch! Jeder ist individuell. Und niemand wird jemals wissen, wie genau mir ein Stück Schokolade schmeckt. Woher auch? Es gibt ja nur einen Menschen auf dieser Welt, der dieses Gefühl empfinden kann. Das trifft auf alle Bereiche im Leben zu, auch auf die Arbeitswelt.

Es ist ein Irrtum zu glauben, dass man als Führungskraft alles am besten für das Team entscheiden kann. Mein Rat: Öffne dich und nutze die Schwarmintelligenz des Teams. Habe den Mut zuzugeben, dass du nicht alles weißt. Zusammen wissen wir viel mehr. Und nimm den Unmut der anderen ernst. Sei neugierig und offen für die Ideen und Kreativität deines Teams. Initiiere Workshops oder Diskussionen, um gemeinsam nach Lösungen zu suchen.

So entstehen viele Ideen, die man selbst nicht gehabt hätte. Das Team fühlt sich einbezogen und wertgeschätzt, was das Gemeinschaftsgefühl stärkt und die Zusammenarbeit fördert. Genau das ist das Problem von Politik: Bei den Wahlen wird einem immer das versprochen, was gerade am dringlichsten ist, und nach der Wahl haben die Wähler keinen Einfluss mehr auf die Entscheidungen der wichtigen Geschehnisse.

Wer das eigene Ego beiseite packt und Vielseitigkeit zulässt, hat mehr Erfolg. Du hast darüber hinaus Neugier und Offenheit erwähnt. Was ist aus deiner Sicht noch wichtig für die Führung von heute?

Eine moderne Führungskraft fördert den Teamgeist und versteht sich nicht als Machthaber. Altes Denken ist, dass Führungskräfte nur delegieren. Eine Führungskraft sollte die Menschen zusammenführen und Konflikte aktiv angehen, nicht nur sagen: «

» »Löst das Problem untereinander selbst.« Führung bedeutet, die Gruppe zu leiten und bei Konflikten aktiv und verständnisvoll zu helfen. Mein Eindruck ist, dass Führungskräfte heute von einem Meeting zum nächsten jagen und die Mitarbeitenden sich fragen, wozu die Führungskraft benötigt wird.

Absolut. Gibt es eine abschließende Botschaft von dir an Führungskräfte, die ihr Team in eine ungewisse Zukunft führen?

Versteht, dass jeder Mensch aus einem guten Grund und mit positiver Absicht handelt. Jeder ist unterschiedlich. Es ist wichtig, die Individualität der Menschen zu respektieren und offen für ihre Andersartigkeit zu sein. Nehmt die Menschen ernst und seid neugierig auf ihre Einzigartigkeit. Niemand verhält sich ohne Grund so, wie er es tut. Und seid sicher: Wenn ihr den Mitarbeiter nicht ernst nehmt, dann findet er Wege, sich zu wehren. Das mündet nicht selten in Krankschreibungen und Arbeitsverweigerung, wie auch immer die dann aussieht.

Ich habe 12 Jahre als Psychotherapeut und Coach im Fürstenberg Institut gearbeitet, zigtausend Coachingstunden mit Mitarbeitern und Führungskräften geführt, Seminare und Workshops geleitet – ich weiß, wie trickreich unzufriedene Mitarbeitende sein können.

Vielen Dank, lieber Norman, für diese wertvollen Einblicke aus deiner psychologischen Erfahrungswelt und der Börse. «

NUTZEN SIE SELBSTREFLEXION, ENTSCHEIDUNGSKOMPETENZ UND SCHWARMINTELLIGENZ ALS SCHLÜSSEL ZUR VERÄNDERUNG!

Norman Welz hat uns in diesem Interview einen wertvollen Blick hinter die Kulissen seiner Börsenerfahrung gewährt. Er zeigt, wie man in turbulenten Zeiten den eigenen Ängsten begegnet, bessere Entscheidungen trifft und sich selbst mutig reflektiert. Hier sehe ich drei kraftvolle Chancen, die uns helfen können, Veränderungen besser zu meistern:

CHANCE 1: REFLEKTIEREN SIE SICH ZUKUNFTSORIENTIERT

Norman hat die wichtigste Entscheidung seines Lebens getroffen: den Mut zu haben, sich selbst zu reflektieren. Sind Sie bereit, das Gleiche zu tun? Herausforderungen zwingen uns, Ängste zu überwinden und notwendige Veränderungen anzugehen. Die zukunftsorientierte Selbstreflexion ist der Schlüssel, um gelassener und zielgerichteter voranzukommen. Stellen Sie sich vor, die Angst klopft an Ihre Tür. Sie öffnen diese, und niemand steht davor – genau so fühlt es sich an, wenn Sie Ihre eigenen Ängste konfrontieren und überwinden. Trauen Sie sich, diesen Schritt zu gehen!

CHANCE 2: TREFFEN SIE BESONNENE ENTSCHEIDUNGEN

In Stresssituationen neigen wir oft dazu, in den Autopilot-Modus zu schalten und auf kindliche Verhaltensmuster zurückzugreifen. Sind Sie auch gefangen in diesem Teufelskreis? Dann ist es an der Zeit, die Situation in Ruhe zu überdenken. Holen Sie sich Rat bei Vertrauenspersonen, um blinde Flecken zu erkennen und wertvolle Erkenntnisse zu gewinnen. Besonnenheit ist Ihr bester Verbündeter in stressigen Momenten und hilft Ihnen, fundierte und durchdachte Entscheidungen zu treffen. Haben Sie die Geduld und Klarheit, die es braucht, um wirklich weise Entscheidungen zu fällen.

CHANCE 3: NUTZEN SIE SCHWARMINTELLIGENZ

Ein Baum bleibt fest mit dem Boden verwurzelt, zeigt jedoch Flexibilität im Umgang mit äußeren Einflüssen. Für uns Menschen sind die Wurzeln unsere Werte. Norman fordert Sie heraus: Sind Sie offen und neugierig genug gegenüber den Ideen und der Kreativität Ihres Teams? Um wirklich in Zeiten der Veränderungen voranzukommen, müssen wir auf Ressourcen wie Erfahrungen, Wissen und Ideen zugreifen, die wir allein nicht besitzen können. Diese Offenheit führt zu besserer Leistung, höherer Produktivität und stärkt das Gemeinschaftsgefühl. Indem Sie die Schwarmintelligenz Ihrer Teammitglieder wertschätzen, schaffen Sie ein Umfeld, in dem jeder seine besten Ideen einbringen kann. Sind Sie bereit, das volle Potenzial Ihres Teams zu nutzen?

So können Sie diese Chancen in die Praxis umsetzen:

OUTSIDE-THE-BOX-IDEE NR. 1: ERKENNEN SIE CHANCEN KRITISCHER SITUATIONEN

Es ist drei Uhr nachts und ich liege wach. Morgen steht ein Training mit einer unbekannten Gruppe an, und die Erwartungen sind hoch. Meine Gedanken rasen, die innere Unruhe wächst, und ich wälze mich im Bett hin und her. Sicherlich sind die Teilnehmer fürchterlich kritisch, und wenn ich die ersten Minuten vermassle, war's das. Schon sehe ich die hämischen Grinser vor mir: »Der Kuhlmann hat keine Ahnung.« Es fühlt sich völlig real an und mein Puls legt noch einen Zacken zu.

Es reicht, Schluss mit den Selbstzweifeln! Anstatt mich von diesen Gedanken für den Rest der Nacht verrückt machen zu lassen, schalte ich das Licht an, stehe auf und gehe zum Schreibtisch. Mit Papier und Stift in der Hand stelle ich mir folgende Fragen:

1. Was wäre das Schlimmste, das passieren könnte?
2. Wie wahrscheinlich ist es, dass es eintritt?
3. Was könnte ich tun, um das Schlimmste zu verhindern?
4. Welche Vorteile und Chancen könnten sich aus meiner aktuellen Situation ergeben?
5. Wie sieht mein nächster Schritt aus und wann gehe ich ihn an?

Warum sind diese Fragen so mächtig? Eine Studie der University of Miami förderte hierzu aufschlussreiche Ergebnisse zutage: 304 Studenten sollten ein Ereignis auswählen, bei dem sie verletzt oder beleidigt wurden. Ein Drittel beschrieb detailliert die negative Wirkung. Die zweite Gruppe konzentrierte sich auf die Vorteile, die daraus erwuchsen, z. B. stärkere Resilienz. Die letzte Gruppe beschrieb einfach ihren Plan für den nächsten Tag. Die Ergebnisse waren klar und deutlich: Nur wenige Minuten konzentrierten Nachdenkens über die Vorteile halfen am besten, mit Ärger und Wut umzugehen. Die Teilnehmer fühlten sich versöhnlicher und bestimmter gegenüber denen, die sie verletzt hatten, suchten weniger Vergeltung und mieden sie weniger als die Probanden der anderen beiden Gruppen.[5]

Das bedeutet für Sie: Anstatt im Strudel Ihrer Ängste unterzugehen, fokussieren Sie sich auf die Vorteile und Chancen, die aus negativen Ereignissen entstehen. Nehmen Sie die fünf Fragen und schreiben Sie alles auf, was Ihnen durch den Kopf geht. Sie werden sehen, dass das Schlimmste meist gar nicht so wahrscheinlich ist und Sie durchaus Möglichkeiten haben, dem vorzubeugen. Konzentrieren Sie sich auf die Vorteile und Sie erhalten eine klarere Vorstellung Ihres nächsten Schritts. Das befreit Ihren Kopf, lässt Sie wieder ruhig schlafen, und als Bonus stärken Sie dadurch Ihre Resilienz.

Und wissen Sie was? Mein Training am nächsten Tag verlief fantastisch. Die Nacht war zwar kürzer als sonst, aber die Fragen halfen mir, mich innerlich zu sammeln und voll auf die Teilnehmer zu fokussieren. Seien Sie also mutig und stellen Sie sich Ihren Ängsten – die Chancen sind größer, als Sie denken!

OUTSIDE-THE-BOX-IDEE NR. 2:

NUTZEN SIE IHRE INTUITION FÜR BESSERE ENTSCHEIDUNGEN

Frankfurt am Main – der Konferenzraum eines Hotels. Ein Führungskräfte-Training zum Thema Entscheidungsfindung steht an. Wir haben 20 Minuten Zeit. Gemeinsam mit vier Kollegen stehe ich vor einem Flipchart. Unsere Aufgabe: die beste Kaufentscheidung für ein Haus zu treffen, fünf Angebote liegen uns vor. Die Uhr tickt, und wir stürzen uns systematisch und völlig rational-analytisch auf das Projekt. Mit akribischer Präzision erstellen wir einen Kriterienkatalog mit einer Punktebewertung, um die fünf zur Auswahl stehenden Angebote zu vergleichen.

Alles scheint klar, Angebot Nummer zwei ist der eindeutige Gewinner. Die Punkte sprechen für sich. Doch beim erneuten Durchlesen dieses Angebots durchzuckt es mich: »Das würde ich nie im Leben kaufen.« Der Grund? Es liegt in der Nähe einer Schnellstraße, und allein der Gedanke an den Lärm schreckt mich ab. Ich entscheide mich für die Konfrontation mit der Gruppe und äußere meine Bedenken. Nach kurzer Diskussion kann ich die anderen überzeugen, und wir entscheiden uns für Angebot Nummer vier. Die Erleichterung ist greifbar und die Aufgabe gelöst. Wir haben uns gegen den Lärm und für die Ruhe entschieden – eine Entscheidung, die alle mittragen.

Wir glauben oft, rationale Entscheidungen auf der Basis von Fakten zu treffen. Doch weit gefehlt – die meisten Entscheidungen basieren auf Emotionen und unterliegen zahlreichen Denkfehlern. Die gängige Methode, die wir bei der Entscheidungsfindung praktizieren, ist das rationale Sammeln von Argumenten für und gegen Optionen, nur um festzustellen, dass sie sich oft die Waage halten.

Wie können wir dieses Dilemma überwinden? Stellen Sie sich vor, Sie werden von zwei Gummibändern in entgegengesetzte Richtungen gezogen: Eines zieht Sie nach vorne, das andere hält Sie zurück. Manchmal ist es schwer auszumachen, warum dem so ist. Zeichnen Sie dieses Gummibandmodell auf ein Blatt Papier und sammeln Sie schriftlich möglichst viele Antworten auf die Fragen: »Was hält mich?« und »Was zieht mich?«.[6]

Diese Methode mag auf den ersten Blick wie eine einfache Pro- und Contra-Liste erscheinen. Der Unterschied liegt darin, dass beide Fragen positiv formuliert sind und die Möglichkeit zulassen, dass beide Alternativen reizvoll sein können. Ihr Bauchgefühl bekommt dadurch mehr Spielraum, sich einzubringen. Dies löst Sie von der rein rationalen Herangehensweise und fördert Ihre Intuition, was zu neuen Erkenntnissen und einer besseren Entscheidung führen kann.

So gelingt diese Übung:

1. Gummibandmodell zeichnen: Schnappen Sie sich ein Blatt Papier und zeichnen Sie zwei Gummibänder, die in entgegengesetzte Richtungen ziehen. Schreiben Sie auf die eine Seite »Was hält mich?« und auf die andere Seite »Was zieht mich?«.

2. Antworten sammeln: Füllen Sie jede Seite mit möglichst vielen Antworten. Lassen Sie die Gedanken sprudeln und schreiben Sie alles auf, was Ihnen in den Sinn kommt, ohne zu bewerten oder zu filtern. Wirklich alles!

3. Intuition Raum geben: Lassen Sie sich von den Antworten inspirieren und versuchen Sie, die Gefühle und Gedanken dahinter zu verstehen. Erlauben Sie sich, beide Alternativen als attraktiv zu sehen und die Entscheidung aus einer neuen Perspektive zu betrachten. Geben Sie Ihrer Intuition die Bühne, die sie verdient.

4. »Öko-Check«: Sobald Sie mehr Klarheit gewonnen haben, machen Sie den »Öko-Check«: Stellen Sie sich vor, ein Tag, eine Woche oder ein Jahr ist vergangen und Sie blicken zurück. Wie fühlen Sie sich mit dieser Entscheidung? Was haben Sie dadurch gewonnen? Dieser gedankliche Rückblick beansprucht erneut Ihre Intuition und ermöglicht Ihnen, die langfristigen Auswirkungen Ihrer Entscheidung zu erkennen und abzuwägen.

Das Gummibandmodell eignet sich übrigens auch hervorragend für Einzel- oder Team-Coachings. Sollten Sie also jemanden dabei unterstützen, eine wichtige Entscheidung zu treffen, beispielsweise einen Karriereschritt, probieren Sie es aus. Diese Techniken können nicht nur zu besseren Entscheidungen führen, sondern auch das Vertrauen in die eigene Intuition stärken – sie hat oft den richtigen Riecher.

OUTSIDE-THE-BOX-IDEE NR. 3:

ERARBEITEN SIE SICH NEUES KNOW-HOW

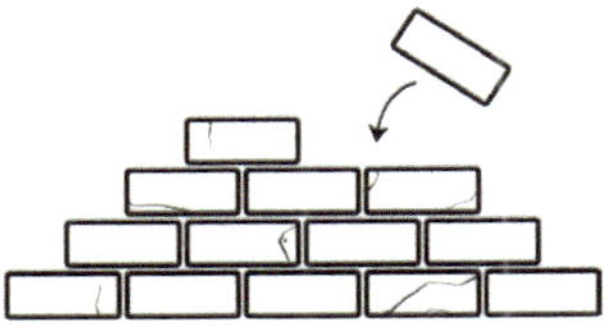

Was für eine Chance! Für einige Wochen darf ich in unserem Public Affairs-Büro in Brüssel arbeiten. Diese Erfahrung reißt mich aus meiner vertrauten Umgebung der deutschen Gesundheitspolitik und katapultiert mich in eine völlig neue, faszinierende Welt. Brüssel, das Herz der europäischen Politik, ist ein Schmelztiegel internationaler Netzwerke, Arbeitskreise und Journalistenrunden, die gemeinsam wichtige Entscheidungen für viele Länder treffen. Der absolute Höhepunkt meines Brüsseler Aufenthaltes ist die Veranstaltung »European Voice 50«, zu der ich eingeladen bin. Im Brüsseler Regierungspalast werden 50 Journalisten, Politiker und Diplomaten aus der ganzen Welt für ihre Verdienste ausgezeichnet. Das war ein erlebnisreicher Abend, der meinen beruflichen Horizont stark erweitert hat.

Klar, man muss nicht immer gleich in die europäische Hauptstadt reisen, um frischen Wind in den eigenen Joballtag zu bringen. Es gibt auch andere effektive und pragmatische Wege, um den Horizont zu erweitern: betriebsinterne »Secondments«. Diese Mini-Praktika bieten Mitarbeitern die Chance, für einige Tage oder Wochen in Teilzeit oder Vollzeit in einer anderen Abteilung zu arbeiten.

Stellen Sie sich vor, wie Ihre Mitarbeiter nach einem Secondment zurückkehren: voller Energie, Ideen und mit einem neuen Blickwinkel. Solche Secondments sind wie ein Adrenalinschub für Ihr Unternehmen. Mitarbeiter tauchen in andere Bereiche ein und erleben hautnah, wie das ganze System tickt. Ihre Fähigkeiten und ihr Verständnis werden enorm erweitert. Das Beste daran: Der Teamgeist wird gestärkt, weil der Austausch zwischen den Abteilungen eine offenere und dynamischere Unternehmenskultur schafft.

Ein Mitarbeiter von mir hat vor einigen Jahren ein vierwöchiges Secondment in einem Tochterunternehmen gemacht, um einen speziellen technischen Prozess kennenzulernen. Als er zurück im Team war, hat er diesen Prozess bei uns implementiert und damit unseren Kompetenzbereich massiv erweitert. Das war ein echter Gamechanger für uns alle!

Möchten Sie auch Secondments erfolgreich implementieren? Hier einige Ideen dazu:

1. Bestimmen Sie, welche Abteilungen voneinander profitieren könnten. Wo können Sie Mehrwert stiften, was können Sie voneinander lernen? Seien Sie strategisch!

2. Legen Sie die Ziele des Secondments fest. Es muss klar sein, dass sowohl der Mitarbeiter als auch die gastgebende Abteilung davon profitieren.

3. Planen Sie den Ablauf des Secondments sorgfältig. Wie lange darf dieses Praktikum dauern? Drei Tage oder drei Wochen? Soll es zu 100 Prozent in der anderen Abteilung oder nur an einem Tag pro Woche stattfinden? Kommunizieren Sie die Vorteile und Ziele glasklar an alle Beteiligten.

4. Bieten Sie Unterstützung während des Secondments. Regelmäßiges Feedback ist Pflicht, um den Prozess kontinuierlich zu verbessern.

Nutzen Sie die Möglichkeiten, die Secondments bieten, und öffnen Sie sich und Ihren Mitarbeitern neue Horizonte – der nächste große Ideendurchbruch für Ihr Unternehmen könnte nur einen Abteilungswechsel entfernt sein!

KAPITEL 2:
FOKUS SETZEN

Was könnten wir alles erreichen, wenn wir uns nicht ständig ablenken ließen? In einer Welt, die vor Informationen überquillt, gewinnen die, die wissen, was sie ignorieren müssen, um sich auf das Wesentliche zu konzentrieren. Das ist Fokussierung! Nichts überfordert uns mehr als die Illusion unbegrenzter Möglichkeiten. Die Vorstellung, alles tun zu können, vielleicht sogar gleichzeitig, ist wie vor einem riesigen Berg Geschenke zu sitzen und nicht zu wissen, welches man zuerst auspacken soll.

Mentale Blockaden überwinden Sie am besten, indem Sie sich selbst ein paar Grenzen setzen, auch wenn das widersprüchlich klingen mag. Aber in der kreativen Arbeit und beim konstruktiven Denken bedeutet Einschränkung Entfaltungsmöglichkeiten. Weniger ist mehr.

Planen Sie z. B. täglich ein fokussiertes »Pomodoro«[7]-Ritual ein: Stellen Sie den Timer Ihres Smartphones auf 25 Minuten und legen Sie los:

- Entwickeln Sie ein neues Produkt oder eine neue Dienstleistung.
- Schreiben Sie Ihren nächsten Verkaufspitch.
- Denken Sie über potenzielle Kunden nach, die Sie bisher übersehen haben.
- Schnappen Sie sich Ihr Smartphone und interviewen Sie einen Kunden zu seinem Lieblingsprodukt.

Keine Ausreden mehr! Nutzen Sie die Zeit, den Raum und die Ressourcen, die Sie haben. Unter den richtigen Bedingungen entstehen so Ihre besten Ideen. Mein Lieblingsbeispiel: Ernest Hemingway wurde einmal herausgefordert, eine Geschichte in nur sechs Wörtern zu schreiben. Nicht sechs Seiten, nicht sechs Sätze – sechs Wörter. Hemingway gewann die Wette: *»For sale: baby shoes, never worn.«*[8]

Tim Ferriss, der in seinem Buch »Tools der Titanen« 112 prominente Menschen interviewt hat, stellt fest, dass fast alle, die wir für Superhelden halten, also unsere Idole, Ikonen, Titanen, Milliardäre etc., Menschen voller Fehler sind. Sie haben lediglich eine oder zwei Stärken maximal kultiviert. Ferriss schreibt: »Menschen sind Mangelwesen. Man hat nicht Erfolg, weil man keine Schwächen hat, sondern weil man seine einzigartigen Stärken erkennt und seine Gewohnheiten um diese herum aufbaut.«[9]

Fokussierung ist ein wichtiger Schlüssel zur Zukunftsfähigkeit, weil sie uns dazu befähigt, vorausschauend und lösungsorientiert auf die ständigen Veränderungen in der globalisierten und digitalisierten Arbeitswelt zu reagieren.

Wie funktioniert Fokussierung nun in der Praxis und wie führt man sein Team lösungsorientiert? Das wollte ich von Roel Schaart wissen. Er war über zehn Jahre als Coach für Anthony Robbins tätig und hat in den vergangenen 20 Jahren über 10.000 Stunden damit verbracht, Führungskräfte international zu begleiten.[10]

INTERVIEW MIT ROEL SCHAART

» Lieber Roel, man könnte meinen, die Welt sei im Chaos versunken, wenn man sich die Nachrichten anschaut. Ich meide sie zwar, aber dennoch spürt man überall die Spannungen. Als erfahrener Coach, der mit über 1.000 Menschen gearbeitet hat, welche Rolle spielt deiner Meinung nach ein dynamisches Mindset in solchen Zeiten?

Ja, Kai, ich meide auch die Nachrichten. Wenn du ihnen zu viel Raum gibst, können sie dich wirklich runterziehen. Überall scheint es zu brennen – Israel, Russland, China. Aber weißt du, es hängt alles von der Perspektive ab, die du einnimmst. Ein dynamisches Mindset? Das bedeutet für mich vor allem, aktiv zu entscheiden, wie ich auf die Welt reagiere.

Nehmen wir das Beispiel eines Geschäftsführers, den ich neulich gecoacht habe. Er wollte, dass seine Frau genauso über Finanzen denkt wie er. Was hat ihn ursprünglich in sie verliebt gemacht? Ihre Fähigkeit, im Moment zu leben. Das hat uns zu einer wichtigen Erkenntnis geführt: Statt zu sehen, was fehlt, sollten wir wertschätzen, was bereits vorhanden ist. Mein Credo: Sieh, was da ist, nicht, was fehlt. Wenn du das aktiv praktizierst, verändert das alles. «

» Er konzentrierte sich auf die Schwächen statt auf die Stärken.

Genau, und das ist ein typisches Beispiel. Letzte Woche hatte ich ein Teambuilding mit einem Sales Director und anderen Führungskräften. Ein Teilnehmer hat nur kritisiert, was noch nicht erreicht wurde. Ich habe ihn gestoppt. »Was ist bereits da? Wo steht ihr in drei Monaten?« fragte ich. Sie waren bereits bei 60 Prozent ihres Ziels. Und sie begannen dann, das Positive aufzuzählen. Ich forderte sie heraus, sich vorzustellen, sie kämen aus dem Urlaub zurück und wären auf einem Niveau von 80 Prozent. Was hätte sich verändert? »Vielleicht haben wir dann noch besseren Kundenkontakt«, war die Antwort.

Ein dynamisches Mindset ermöglicht es dir, diese positive Perspektive einzunehmen. Es ist nicht immer leicht, aber es ist unerlässlich.

Genau, das ist das Wesen eines dynamischen Mindsets. Auf mich persönlich bezogen: Ich bin verheiratet und natürlich gibt es in jeder Beziehung Höhen und Tiefen. In den letzten Jahren lief es sehr gut, weil wir aufgehört haben, den anderen verändern zu wollen. Ich akzeptiere meine Frau so, wie sie ist, und schätze, was sie tut und was ihr guttut – und umgekehrt. Das ist der Schlüssel: nicht ständig auf die Fehler des anderen zu zeigen, sondern die Dinge, die funktionieren, zu verstärken. Das macht alles viel harmonischer.

In einer Welt voller Unsicherheiten und Chaos fühlt man sich manchmal überwältigt. Wie wichtig ist es, ab und zu einen »Reboot« zu machen?

Wir sind heute mit Informationen überflutet. Was wir an einem Samstag in der Zeitung lesen, entspricht der Informationsmenge eines ganzen Lebens vor hundert Jahren. Diese Überlastung hemmt unsere Kreativität. Früher spielten wir auf der Wiese, heute nutzen wir ununterbrochen Computer und Smartphones. «

» Dieser Druck zwingt uns, immer früher aufzustehen und mit weniger Schlaf auszukommen – was absoluter Unsinn ist. Ein Reboot ist essenziell, um dieser Tretmühle zu entkommen und sich auf das Wesentliche zu besinnen. Regelmäßig innezuhalten und sich zu fragen: Was ist wirklich wichtig? Das bringt uns zurück zu unserer Kreativität und zu einem gesünderen Rhythmus.

Was ist dabei dein persönliches Patentrezept?

Ich merke bei mir selbst, dass ich dann am besten funktioniere, wenn ich entspannt bin – sei es durch Meditation, Sport oder Zeit mit meiner Familie. Ich arbeite nicht an sieben Tagen in der Woche. An den Wochenenden ziehe ich mich zurück, nehme mir Zeit für Meditation, kalte Duschen und sage auch mal Nein. Ein Kunde wollte einmal, dass ich am Sonntag arbeite, und ich sagte ihm, dass Sonntag meine Familienzeit ist. Das sind die kleinen Dinge, die mir helfen, meine Balance wiederzufinden.

Interessant, dass du das ansprichst. Statt einer To-do-Liste notiert man Dinge, die man vermeiden sollte. Das passt ja genau zu dem, was du eben gesagt hast.

Ja, eine Not-to-do-Liste ist genau das. Es geht darum, Grenzen zu setzen und sich selbst Raum zu geben, um im Gleichgewicht zu bleiben. Das ist entscheidend, damit man langfristig produktiv ist und gesund bleibt.

Das dynamische Mindset ist ja eine Art innere Haltung, die wir wie einen Muskel regelmäßig trainieren müssen, damit sie nicht erschlafft. Hast du Tipps, wie man diesen Mindset-Muskel täglich trainieren kann?

Absolut, Kai. Meditation ist ein großartiges Tool dafür, auch wenn es oft als etwas für »Weicheier« abgetan wird. Aber es verändert wirklich die Gehirnstruktur zum Positiven. Meditation hilft mir, zu rebooten, auch wenn ich sie zeitlich nicht immer einrichten «

» kann. Der Urlaub ist auch eine gute Zeit, um nicht weiterzuarbeiten und einfach mal abzuschalten. Ich mache am Morgen oft eine Mini-Meditation. Ein dynamisches Mindset bedeutet auch, loszulassen.

Hast du weitere Ideen für effektive tägliche Übungen?

Ja, ich nutze regelmäßig mein Fünf-Minuten-Journal. Morgens frage ich mich, was passieren muss, damit der Tag richtig erfolgreich wird, und abends reflektiere ich, was passiert ist und welcher Aha-Moment sich ergeben hat. Wenn du das danach, sogar ein oder zwei Jahre später, wieder liest, ist das wirklich aufschlussreich. Ich habe eben auch gelernt, Nein zu sagen. Das Abweisen von Kunden, die nicht passen oder zu viel negative Energie bringen, gehört dazu. Das Leben ist zu kurz für schlechte Passungen, und ich bin mittlerweile gut darin, einfach Nein zu sagen, wenn es nicht passt.

Heute Morgen habe ich etwas Ähnliches gehört. Ein Physiotherapeut erzählte mir von einer Patientin, die ständig negativ drauf war und damit auch seine anderen Patienten verunsichert hat. Letztendlich hat er sich entschieden, sich von ihr zu trennen.

Genau, du hast recht, solche Negativität verbreitet sich schnell und kann andere Patienten beeinflussen. Es ist wie das Abwerfen einer Last. Ich finde, man muss manchmal solche Entscheidungen treffen. Du kennst mich, für mich ist intensiver Sport ein Weg, um mich zu reinigen und positiv zu bleiben.

Absolut, das kann ich nur bestätigen. Erzähl uns etwas über deine Fitnessroutine.

Ja, ich muss immer lachen, wenn ich daran denke, wie alles begonnen hat. Du hast mich ja mit Freeletics angesteckt, und das hat mich so gepackt! Jetzt bin ich voll im Hardcore-CrossFit und «

» High-Intensity-Krafttraining aktiv, dreimal die Woche. Es ist toll, wenn die Leute sagen: »Wow, du kommst gut mit.« Und das trotz meines Alters, das fällt den anderen auf. Für mich ist das Training ein Moment, um komplett abzuschalten. Ich bin dann ganz bei mir und meinem Körper. Das tut richtig gut.

Neben Meditation und Sport: Welche weiteren Techniken könntest du für diejenigen empfehlen, die vielleicht nicht so sportbegeistert sind?

Was mache ich noch? In meiner Rolle als Coach, Supervisor und Mentor ist es für mich unglaublich wertvoll, selbst Supervision und Mentoring zu nutzen. Ich habe einen eigenen Supervisor und Mentor, mit dem ich meine Gedanken und meine »Story« durchgehe. Wir machen auch Peer Coachings und Gruppensupervisionen. Zu fragen, wie man mit bestimmten Dingen umgeht und was sie für einen bedeuten, ist unglaublich hilfreich.

Kommen wir zum Thema Führung und Mindset. Stell dir vor, eine Führungskraft erfährt, dass ihr Unternehmen umstrukturiert wird und sie sich fragen muss: »Bin ich nächstes Jahr noch dabei?« Eine Situation, die sicher ein dynamisches Mindset erfordert, oder?

Lass mich dazu eine kleine Geschichte erzählen. Ein Bekannter von mir, eine Führungskraft in einem IT-Unternehmen, stand vor genau dieser Herausforderung. Die Nachricht kam, dass seine Division in vier Monaten geschlossen wird und seine Aufgabe darin bestand, für etwa 30 Personen, inklusive sich selbst, neue Positionen zu finden, intern oder extern. Seine erste Reaktion war: »So ein Mist!« Er dachte zuerst nur an den Jobverlust, sehr negativ.

Dann hat er seine Aufgabe neu definiert: »Alle meine Teammitglieder bekommen eine neue Rolle. Das ist mein Hauptziel. Ich kümmere mich zuerst um mein Team, dann um mich selbst.« «

» Diese Einstellung wurde von seinem Unternehmen hochgeschätzt. Er hat alle erfolgreich untergebracht. Eine solche Führungskraft ist Gold wert. Das Unternehmen konnte jemanden, der so agiert, nicht entlassen und bot ihm eine neue Rolle an. Diese Geschichte zeigt deutlich: Wenn du dich von Angst und negativen Emotionen leiten lässt, wird genau das zur Wirklichkeit. Er hat die Perspektive gewechselt und dadurch seine Situation zum Positiven gewendet.

Das finde ich stark. Wenn ich das richtig zusammenfasse, hat er sich in dieser schwierigen Situation ein klares Ziel gesetzt und sich überlegt, warum das wichtig ist. Statt sich mit sich selbst zu beschäftigen, hat er sich voll und ganz auf dieses Ziel fokussiert.

Genau. Und das ist, wenn wir über Leadership sprechen, eine unglaublich starke Eigenschaft. Er kümmerte sich um sein Team und nicht um seine eigene Lage.

Richard Branson soll einmal gesagt haben, dass der Fokus auf die Mitarbeiter und nicht primär auf die Kunden gerichtet sein sollte[11], denn ohne zufriedene Mitarbeiter kann man keine Kunden bedienen. Diese Philosophie finde ich sehr wertvoll, und das, was du in deiner Geschichte erzählt hast, passt genau dazu.

Ja. Ich hatte letzte Woche ein Teamcoaching mit einem großen Team von 30 Leuten. Der Teamleiter unterstützte mich dabei, und er setzte auf genau das: Zufriedenheit und Fokus auf die Mitarbeiter, nicht als Erstes auf den Kunden. Er argumentierte, dass ein intern zufriedenes Team seine positive Energie nach außen trägt. Kunden kommen dann gern, selbst wenn sie nichts kaufen. Sie fühlen sich einfach wohl.

Er implementierte einige Schlüsselstrategien, um das interne Team glücklich zu machen. Erstens war er immer für seine Mitarbeiter da und nicht nur physisch, sondern auch emotional prä- «

» sent. Zweitens entwickelte er gemeinsam mit seinem Team eine klare Vision, anstatt allein voranzuschreiten. Er fragte sie: »Ihr seid die Spezialisten, das ist meine Vision, was haltet ihr davon?« Drittens legte er Wert auf klare Kommunikation, ohne Raum für Missverständnisse. Viertens investierte er viel in Leadership-Trainings für seine Mitarbeiter. »Wenn du sagst, du brauchst dies oder das – kein Problem. Wann fängst du an?« – das war seine Haltung, um sein Team immer auf dem neuesten Stand zu halten. Und schließlich waren, fünftens, das positive Feedback und die Anerkennung wichtige Punkte.

Anerkennung wird leider oft vernachlässigt ...

Ich habe das schon öfter betont: Feedback und Anerkennung sind entscheidend. Es bringt nichts zu sagen: »Kai, das hast du schlecht gemacht. Das war falsch.« Das fühlt sich nie gut an. Stattdessen sollten wir fragen: »Was können wir daraus lernen?« Es geht darum, positives Feedback zu geben, nicht nur, wenn etwas schiefgeht, sondern auch, wenn es gut läuft, z. B.: »Hey, Kai, super Job. Danke, dass du Teil des Teams bist.«

Und genau diese fünf Prinzipien sind die Qualitäten, die eine erfolgreiche Führungskraft ausmachen.

Genau. Um die Story abzurunden: In unserem Workshop haben wir eine SWOT-Analyse mit den Teams durchgeführt. Wir haben die internen Stärken und Chancen evaluiert, mit 30 Mitarbeitern und dem Führungsteam. Das war wirklich spannend. Es ging darum, eine drohende feindliche Übernahme abzuwenden, was uns auch gelungen ist. Anschließend stand die Neuausrichtung des Teams an. Wir überlegten, wie wir die Zukunft mitgestalten und uns weiterhin relevant machen können.

Am Ende des Meetings, gegen sechs Uhr, haben wir auf Indexkarten Fragen an die Geschäftsleitung zusammengestellt. Eine Frage war besonders eindrucksvoll: »Was erwartet ihr, von der Geschäftsleitung, von uns?« Der CEO stand auf, blickte das Team «

» an und sagte: »Ich habe nur einen Wunsch. Dass das Team, das hier sitzt, auch in 15 Jahren noch dieselben Leute sind und dass wir gemeinsam weiterarbeiten.« Das hat viel Beifall und bei vielen Tränen hervorgerufen.

Das kann ich gut nachvollziehen. Die Frage, die mir jetzt sofort kommt, ist: Wird der CEO selbst in ein paar Jahren noch dabei sein?

Ja, er ist der Eigentümer des Unternehmens.

Das Konzept einer SWOT-Analyse für ein Team finde ich sehr innovativ. Könntest du noch mal genauer erläutern, wie dieser Workshop abgelaufen ist?

Klar, Kai. Wir hatten ein großes Besprechungszimmer mit vier Ecken eingerichtet. Zuerst haben wir intern diskutiert, welche Schwächen und Stärken das Unternehmen hat, und dann auch die externen Chancen und Bedrohungen betrachtet. Wir entschieden uns, den Fokus zunächst auf die internen Stärken und externen Chancen zu legen, weil das motivierender ist.

Nehmen wir an, du hast eine Sechs in Mathe und möchtest dich um 50 Prozent verbessern – das ist vielleicht nicht gerade motivierend. Aber wenn du einen Net Promoter Score von 4 hast und überlegst, wie du ihn auf 4,5 oder sogar 5 verbessern kannst, dann macht das Spaß. Wir ließen das Team entscheiden, welche zwei Kernwerte oder -stärken sie aus jeder Ecke wählen wollten. Ein Beispiel: Unser Service-Team hat eine sehr hohe Qualität und einen Net Promoter Score von 4,4. Dann haben wir überlegt: Wie können wir den Score auf 4,6 erhöhen? Welche zwei oder drei konkreten Schritte sind nötig, um das zu erreichen? Anschließend wählte das Team selbst einen Verantwortlichen für jedes Projekt. So könnte z. B. Kai verantwortlich sein, und ein Sponsor aus der Geschäftsleitung unterstützt das Vorhaben.

«

» Du hast von fünf lösungsfokussierten Führungsprinzipien gesprochen: positives Feedback und Anerkennung, effektive Kommunikation, eine klare Vision vermitteln, Delegation zur effizienten Zeitnutzung und Investition in die Mitarbeiterentwicklung. Was würdest du einer Führungskraft empfehlen, Roel, um diese Prinzipien schrittweise so in ihren Alltag zu integrieren, dass sie Teil ihrer DNA werden?

Ich würde empfehlen, dass eine Führungskraft zunächst lernt, Vertrauen in die Fähigkeiten ihrer Mitarbeiter zu setzen und mit dem Delegieren zu beginnen. Viele Führungskräfte tun das nicht, weil sie denken, sie könnten es selbst besser und schneller erledigen.

Das führt zu einer sich selbst erfüllenden Prophezeiung: Der Mitarbeiter macht nur noch Dienst nach Vorschrift und schiebt komplexere Aufgaben zurück zur Führungskraft. Diese sitzt dann abends gestresst da, hat keine Zeit für die Familie und steuert auf einen Burn-out zu. Das ist selbst gemachtes Leid. Delegieren ist der erste Schritt, um dieses Muster zu durchbrechen und Raum für die anderen Prinzipien zu schaffen.

Ja, kann ich gut nachvollziehen.

Früher wurde man oft zur Führungskraft, weil man technisch vielleicht etwas besser war als die anderen. Aber von echter Führung hatte man keine Ahnung. Ich finde, Führung ist im Prinzip einfach, wenn man es gemeinsam angeht. Man sollte sagen: »Ich habe nur die Rolle, ein wenig zu koordinieren. Wie können wir das gemeinsam schaffen?« Es geht darum, den Mitarbeitern die Freiheit zu geben, selbst zu handeln. Natürlich gibt es gesetzliche Regelungen, aber innerhalb dieser können die Mitarbeiter selbst entscheiden, wie sie vorgehen.

Also, ich fasse zusammen: Vertrauen aufbauen ist der erste Schritt, beginnend mit Delegation. Dann den Mitarbeitern Freiheiten gewähren, was ja auch eine Form des Vertrauens «

» **ist. Rahmenbedingungen sind wichtig, aber innerhalb dieser sollten die Mitarbeiter eigene Entscheidungen treffen können. Was wäre denn der nächste Schritt?**

Der nächste Schritt ist, eine Vision zu entwickeln. Ich würde das immer mit dem Team machen. Wir müssen fragen: Wo geht die Reise hin? Natürlich gibt es externe Stakeholder, vielleicht sogar das höhere Management, aber auch innerhalb dieser Vorgaben können wir gemeinsam diskutieren: »Wie kommen wir dorthin?«

Also, eine Vision gemeinsam entwickeln?

Ja, genau das. Und überlegen, wie unsere Kommunikationsstandards aussehen sollen. Ich finde es interessant, wenn in Teammeetings oft einer spricht und ein anderer nichts sagt, und das wird nicht thematisiert. Wir sollten uns fragen: »Wie können wir ein Meeting erfolgreich gestalten?«, z. B., wenn jemand zu spät kommt. Ich selbst, wenn ich ein Fitnesstraining um 7:00 Uhr habe, bin zehn Minuten vorher da, mache mich warm und bin pünktlich startbereit. Es ärgert mich, wenn jemand erst um 7:10 Uhr erscheint. Das finde ich respektlos. Viele Führungskräfte haben Angst, das klar und direkt anzusprechen. Aber es muss gesagt werden: »Das sind die Spielregeln.«

Klare Regeln definieren, und das betrifft nicht nur Meetings. Wie sollen wir grundsätzlich miteinander kommunizieren und interagieren? Könnte man das in einem Workshop, analog zur Vision, gemeinsam gestalten?

Ja, das bringt mich zurück zu meinem Kunden vom Freitag. Angenommen, es gibt einen internen Meinungskonflikt zwischen Führungskraft und Team, oder unterschiedliche Ansichten zwischen verschiedenen Teams. Dafür haben wir zwei Vertrauenspersonen eingesetzt, die gut im Team kommunizieren können und auch eine Vertrauensbasis mit den Führungskräften haben. «

» Nun zu einem wichtigen Punkt: Ein Workshop, in dem alles definiert wird, ist gut und schön, aber was können wir tun, damit die Ergebnisse im Alltag nicht untergehen?

Das passiert so oft, ich verstehe das. Deshalb bin ich fünf Wochen später wieder vor Ort. Meine Aufgabe ist dann, mit der Projektleitung zu schauen, wo wir stehen, und zu fragen: »Was läuft gut? Was wird noch gebraucht?« Diese Überprüfungen sollten regelmäßig stattfinden. Die Teams müssen auch lernen, das Thema selbstständig in ihren wöchentlichen oder monatlichen Meetings voranzutreiben.

Die Teams sollten regelmäßig, am besten wöchentlich, diese Themen in ihren Meetings behandeln?

Genau, und das muss nicht lange dauern, zehn Minuten reichen oft schon. Aber die Regelmäßigkeit ist entscheidend. In meinen Teammeetings oder Coachings sehe ich oft, dass Teams, die regelmäßig zusammenkommen und offen kommunizieren, ihre Herausforderungen meistern. Bei anderen Kunden hingegen könnte man die negative Stimmung fast mit der Schere schneiden. Es ist wirklich unfassbar.

Was glaubst du, woran liegt es, dass manchmal eine so negative Atmosphäre entsteht?

Das liegt oft am fehlenden Vertrauen. Die Mitarbeiter vertrauen ihrer Führungskraft nicht und umgekehrt. Probleme werden nicht offen angesprochen. Stattdessen gibt es eine Art Schönfärberei: »Schaut, was wir schon erreicht haben«, ohne die wirklichen Probleme zu thematisieren. Führungskräfte, die keine klaren Ziele setzen oder keine Nachverfolgungen (Follow-ups) durchführen, tragen oft zu diesem Problem bei.

«

» **Das wäre das Gegenteil von dem, was du unter den wichtigsten Führungsprinzipien beschrieben hast. Diese Prinzipien scheinen ja oft missachtet zu werden.**

Ja, aber es gibt auch viele positive Beispiele, die erlebe ich häufig auf meinen Reisen. Ich war einige Monate für eine Nordrhein-Tour unterwegs und immer im gleichen Hotel. Warum? Bei meinem ersten Besuch wurde ich mit einem breiten Lächeln begrüßt, und die Mitarbeiter hatten offensichtlich Spaß an ihrer Arbeit. Das hat mich sofort angezogen.

Ich habe einen Mitarbeiter gefragt, wie sie das schaffen, und seine Antwort war einfach: Sie haben Freiheit innerhalb klarer Rahmenbedingungen, vertrauen ihrer Führung und erfahren das gleiche Vertrauen zurück. Sie halten regelmäßige kurze Abstimmungen, bevor der Tag beginnt, kein formelles Meeting, sondern einen schnellen Check-in, was ansteht, und Anerkennung wird großgeschrieben. Diese fünf Prinzipien werden hier klar gelebt, in einer Branche, die ständig über Fachkräftemangel klagt.

Es klingt fast esoterisch, aber ich denke, man merkt in einem Betrieb sehr schnell, ob man in einem positiv geladenen Umfeld ist.

Ja, das wirkt sich direkt auf mich als Kunde aus. Die Mitarbeiter sind glücklich, und das überträgt sich auf meinen Gemütszustand als Kunde. Es ist einfach toll, wenn man sich willkommen fühlt. Da ist z. B. dieser Mitarbeiter, über 60, der immer beim Frühstück da ist und jeden begrüßt. »Hey, schön, dass du wieder da bist. Was machst du heute?« Sich diese zwei Minuten Zeit zu nehmen, ist superwichtig.

Roel, deine Erkenntnisse und die Prinzipien einer lösungsfokussierten und vertrauensbasierten Führung sind sehr wertvoll. Vielen Dank für das Teilen dieser Erfahrungen und Einblicke.

«

ERREICHEN SIE IHRE ZIELE DURCH EINEN FOKUS AUF STÄRKEN, SELBSTFÜRSORGE UND WERTSCHÄTZUNG!

Das Interview mit Roel Schaart war ein echter Augenöffner und voll mit inspirierenden Ideen. Roel hat uns mit seinen Erfahrungen und praktischen Tipps gezeigt, wie entscheidend ein dynamisches Mindset ist. Er betonte, wie wichtig eine positive Perspektive, regelmäßige Selbstfürsorge und der Fokus auf Menschen sind. Hier sind drei weitere Chancen, die herausstechen:

CHANCE 4: FOKUSSIEREN SIE SICH AUF STÄRKEN

Roels Motto lautet: »Sehen Sie, was da ist, nicht was fehlt. Wenn Sie das aktiv praktizieren, verändert das alles.« Hören Sie somit auf, ständig nach Fehlern und Schwächen zu suchen, die Sie sowieso kaum beeinflussen können. Konzentrieren Sie sich auf Ihre vorhandenen Stärken und positiven Aspekte! Das verleiht Ihnen nicht nur mehr Energie, es hilft Ihnen auch, Ihre Potenziale besser zu nutzen und ein produktiveres Arbeitsumfeld zu schaffen. Indem Sie die vorhandenen Ressourcen und Fähigkeiten wertschätzen, fördern Sie ein unterstützendes und ermutigendes Umfeld, das Wachstum und Erfolg begünstigt.

CHANCE 5: FÜHREN SIE EIN MENTALES REBOOT DURCH

Ein dynamisches Mindset erfordert regelmäßige Pausen und Selbstfürsorge. Roel setzt auf Meditation, Sport, Familienzeit und klare Abgrenzungen wie arbeitsfreie Wochenenden. Klingt simpel? Dann setzen Sie es endlich um! Regelmäßige Meditationsübungen und das bewusste Nein-Sagen helfen Ihnen, die eigene Balance zu finden und sich mental zu erholen. Diese Praktiken unterstützen nicht nur Ihre mentale Gesundheit, sondern fördern auch langfristig Ihre Leistungsfähigkeit und Zufriedenheit im Berufs- und Privatleben.

CHANCE 6: LEITEN SIE IHR TEAM MIT WERTSCHÄTZUNG

»Ein zufriedenes Team trägt seine positive Energie nach außen« – Roel bringt es auf den Punkt: Erfolgreiche Führungskräfte machen ihre Mitarbeiter zur Priorität. Glauben Sie wirklich, dass Ihr Team motiviert ist, wenn Sie dessen Bedürfnisse unbeachtet lassen? Wer die Bedürfnisse und das Wohlbefinden seiner Mitarbeiter ignoriert, kann gleich einpacken. Priorisieren Sie Ihre Leute, schaffen Sie eine Arbeitsumgebung, die vor Motivation und Wertschätzung nur so sprüht. Das bedeutet: klare Kommunikation, konstruktives Feedback, gemeinsame Visionen und kontinuierliche Weiterentwicklung. Wenn Sie Ihre Mitarbeiter wertschätzen und anerkennen, stärken Sie deren Engagement und Loyalität – und das führt direkt zu einem harmonischen und erfolgreichen Arbeitsumfeld.

So können Sie diese Chancen in die Praxis umsetzen:

OUTSIDE-THE-BOX-IDEE NR. 4: STELLEN SIE EFFEKTIVE WEICHEN FÜR IHRE ZUKUNFT

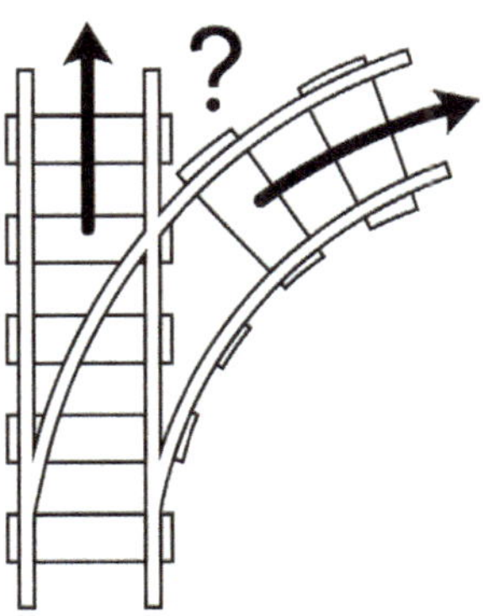

Stehen Sie vor einer kniffligen Herausforderung wie einem strategisch wichtigen Projekt oder einem größeren Change-Prozess? Wollen Sie dabei wirklich gut aufgestellt sein und effektiv mitgestalten? Dann aufgepasst! In der betriebswirtschaftlichen Literatur wird diese Methode für Produkte und Unternehmen empfohlen, aber Roel hat uns gezeigt, wie sie auch auf ein Team übertragen werden kann: Führen Sie eine SWOT-Analyse[12] mit Ihrem Team durch. Dieser strategische Radar hilft Ihnen, einen klareren Fokus zu bekommen. Das Kürzel SWOT steht für:

- **Stärken** (**S**trengths): Dies sind interne Faktoren, die Ihrem Unternehmen, Team oder Projekt einen Vorteil verschaffen. Beispiele sind eine starke Marke, einzigartige Technologie oder hervorragend ausgebildete Mitarbeiter.

- **Schwächen** (**W**eaknesses): Hierbei handelt es sich um interne Faktoren, die Ihrem Unternehmen, Team oder Projekt schaden können. Dazu zählen z. B. fehlende Ressourcen, unzureichende Finanzierung oder mangelnde Expertise.

- **Chancen** (**O**pportunities): Dabei geht es um externe Faktoren, die Ihr Unternehmen, Team oder Projekt nutzen kann, um erfolgreich zu sein. Das können beispielsweise Marktwachstum, neue Technologien oder veränderte Kundenbedürfnisse sein.

- **Bedrohungen** (**T**hreats): Dies sind externe Faktoren, die Ihrem Unternehmen, Team oder Projekt schaden könnten. Beispiele sind wirtschaftliche Abschwünge, neue Wettbewerber oder regulatorische Änderungen.

So führen Sie eine Team-SWOT-Analyse durch:

1. **Formulieren Sie eine zentrale Frage:** beispielsweise »Wie gut ist unser Team zurzeit im Unternehmen positioniert?«

2. **Teilen Sie Ihr Team in vier Gruppen auf:** Jede Gruppe nimmt sich zehn Minuten Zeit, um eine der vier SWOT-Komponenten zu erarbeiten.

3. **Ergebnisse vorstellen:** Jede Gruppe präsentiert ihre Ergebnisse. Konzentrieren Sie sich auf Stärken und Chancen. Durch den Fokus auf Möglichkeiten statt auf Nachteile und Bedrohungen erzeugen Sie eine positive und zukunftsorientierte Atmosphäre.

4. **Diskussion und Identifikation der wichtigsten Punkte:** Welche Stärken können weiter ausgebaut werden? Welche Chancen sollten prioritär verfolgt werden? Nutzen Sie diese Diskussion, um neue Ideen zu entwickeln und kreative Lösungen zu finden.

5. **Gemeinsamer Plan:** Erarbeiten Sie gemeinsam einen Plan, um die Stärken weiter auszubauen und die entdeckten Chancen zu bewerten, zu testen und umzusetzen. Legen Sie konkrete Maßnahmen fest und bestimmen Sie Verantwortliche sowie zeitliche Rahmen.

Eine regelmäßige SWOT-Analyse hilft Ihrem Unternehmen oder Team, immer am Puls der Zeit zu bleiben, strategisch zu denken und gemeinsam die Zukunft zu gestalten. Packen Sie es an und genießen Sie die Ergebnisse!

OUTSIDE-THE-BOX-IDEE NR. 5: MEISTERN SIE STRESS WIE EIN US NAVY SEAL

Kennen Sie das Gefühl, dass alles zu viel wird? Sie sitzen am Schreibtisch und können sich nicht konzentrieren. Die Präsentation ist noch nicht fertig und muss in einer halben Stunde versendet werden. Zahlreiche E-Mails stapeln sich im Posteingang und das nächste Meeting ist auch noch nicht vorbereitet. Ihr Chef hat gestern betont, dass der morgige Workshop mit dem Management immens wichtig ist, und Ihnen fehlt noch ein genialer Einstieg. Sie fühlen sich komplett überfordert.

Kommt Ihnen das bekannt vor? In solchen Momenten helfen keine Zeitmanagement-Seminare, keine Meditations-Retreats und keine produktivitätssteigernden Methoden – die haben Sie ja längst absolviert. Was Sie brauchen, ist eine sofortige Lösung, um sich blitzschnell zu erden. Eine der besten Techniken, um in solchen Momenten Ruhe zu bewahren, stammt von den Navy SEALs und nennt sich Box-Breathing.[13] Diese Atemtechnik besteht aus vier simplen Phasen:

1. Vier Sekunden einatmen
2. Vier Sekunden den Atem anhalten
3. Vier Sekunden ausatmen
4. Vier Sekunden anhalten

Der Zyklus beginnt dann von vorne. Die Bezeichnung »Box« wurde gewählt, weil alle Elemente eines Atemzuges wie die Seiten eines Quadrats (einer Box) gleich lang sind. Ob Sie nun jeden Schritt über vier, fünf oder zehn Sekunden strecken, liegt an Ihnen. Entscheidend ist, dass alle Phasen gleich lang sind. Stellen Sie sich vor, Sie führen die Atmungsphasen entlang der Kanten einer Box mit gleich langen Seiten durch.

Nach mehreren »Box«-Runden werden Sie zunehmend ruhiger und können gezielter und reflektierter mit Ihren Emotionen umgehen. Tägliches Training hilft, den Prozess der Reflexion und Beruhigung zu verinnerlichen. Die Methode ist so einfach, dass Sie sie überall anwenden können – sogar auf Zugfahrten oder direkt im Meeting, wenn Sie wieder einmal das Gefühl haben, innerlich in die Luft zu gehen. Testen Sie das Box-Breathing und Sie haben Ihr persönliches Reboot-Notfallset immer bei sich.

OUTSIDE-THE-BOX-IDEE NR. 6: WERDEN SIE EIN BESSERER ZUHÖRER

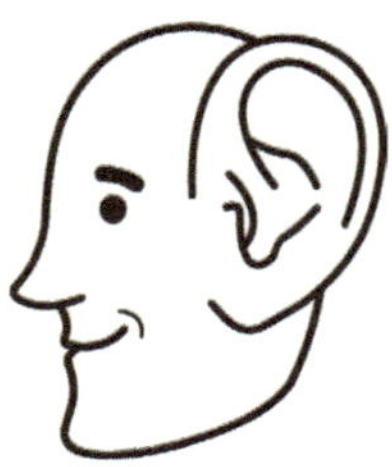

Der Zug kommt pünktlich, ich hole eine Kollegin vom Bahnhof ab, um gemeinsam mit ihr zu einem Seminar zu fahren. Die Fahrt zum Hotel dauert eine Dreiviertelstunde, wir haben also viel Zeit. Während der Fahrt plaudert meine Kollegin ununterbrochen über sich und die Welt – 95 Prozent Redeanteil. Mein Redeanteil: drei Fragen, die ich im Laufe des Gesprächs gestellt habe.

Klingt das bekannt? Wie oft haben Sie schon erlebt, dass Ihr Chef während eines Gesprächs abgelenkt war, ständig auf sein Handy schaute oder Anrufe entgegennahm? Das wirkt nicht nur unhöflich, sondern vermittelt auch den Eindruck, dass alles andere wichtiger ist als Ihr Anliegen. Von Wertschätzung und Fokussierung keine Spur.

Gutes Zuhören ist eine Superkraft, die in unserer hektischen Zeit oft unterschätzt wird. Es ist der Schlüssel, um Vertrauen aufzubauen und starke Beziehungen zu pflegen. Und ja, es ist kein Hexenwerk, ein besserer Zuhörer zu werden.

Fangen wir mit einem kleinen Check-up an:

- Hören Sie zu, um das Gesagte wirklich zu verstehen, oder warten Sie nur darauf, dass der andere endlich fertig wird?
- Unterbrechen Sie Ihre Gesprächspartner immer wieder, weil Sie glauben, Ihre Ideen seien dringlicher?
- Warten Sie nur auf Stichworte, um Ihr eigenes Thema einzubringen, anstatt dem Gespräch ernsthaft zu folgen?
- Sind Sie gedanklich oft woanders und schon beim nächsten Termin, während Sie reden?
- Stellen Sie Fragen, um das Gesagte nachzuvollziehen, oder spielen Sie eher den Ermittler auf der Suche nach Fehlern?
- Müssen Ihre Gesprächspartner manchmal wiederholen, was sie gesagt haben, weil Sie nicht richtig zugehört haben?
- Geben Sie ehrliche, durchdachte Antworten oder versuchen Sie nur, das Gespräch schnell zu beenden?

Wir alle stehen immer wieder einmal unter Stress, aber das ist keine Entschuldigung dafür, nicht zuzuhören.

HIER SIND EINIGE TIPPS, UM IHR ZUHÖR-GEN AUF DAS NÄCHSTE LEVEL ZU HEBEN:

- Vorurteile ade: Denken Sie, dass Sie schon ein guter Zuhörer sind? Es ist Zeit, Ihre vorgefassten Meinungen zu hinterfragen. Ihre Reaktionen sagen viel darüber aus, was auf Realität und was auf Missverständnissen basiert.
- Empathie rockt: Je empathischer Sie sind, desto eher fühlen sich Menschen verstanden und weniger allein. Richten Sie Ihre Auf-

merksamkeit auf die Gefühle anderer. Fragen Sie: »Verstehe ich Sie richtig, dass Sie ... (Gefühl einfügen)?«

- Lernen statt beeindrucken: Versuchen Sie nicht, die anderen zu beeindrucken. Hören Sie den Menschen zu und lernen Sie von ihnen. Lassen Sie die andere Person das Gespräch dominieren. Stellen Sie Fragen, hören Sie aufmerksam zu und reflektieren Sie das Gehörte.

- Lassen Sie zu, dass andere Dampf ablassen: Gestresste Menschen sind nicht gesprächsbereit. Lassen Sie sie »ausatmen«, indem Sie ihnen Raum zum Reden geben, ohne zu unterbrechen oder Vorschläge zu machen. Sagen Sie einfach: »Erzählen Sie mir mehr.«

Indem Sie ein besserer Zuhörer werden, stärken Sie Ihre Beziehungen, fördern die positive Kommunikation und schaffen eine wertschätzende Atmosphäre. Ihre Mitarbeiter und Kunden werden diese Wertschätzung schnell bemerken und honorieren. Und plötzlich wird selbst eine dreiviertelstündige Autofahrt mit einer Kollegin zu einer inspirierenden und wertvollen Erfahrung.

KAPITEL 3:
CHANCEN NUTZEN

Wie viele Chancen erhalten wir im Leben und wie oft verpassen wir entscheidende Ausfahrten? Gibt es wirklich naturgegebene Pechvögel und Glückspilze? Oder können wir lernen, Chancen schneller zu erkennen und dann den Mut aufzubringen, sie auch zu ergreifen und umzusetzen?

Vor zehn Jahren machte sich der Psychologe Richard Wiseman auf die Suche nach dem schwer fassbaren Glücksfaktor. Was machen glückliche Menschen anders als die, die sich ständig vom Pech verfolgt fühlen? Acht Jahre lang untersuchte er das Leben von Hunderten von Menschen und fand heraus: Sogenannte Glückskinder haben ein größeres Netzwerk, sind offener für neue Erfahrungen, vertrauen auf ihre Intuition, betrachten das Leben optimistischer und ziehen selbst aus Pech noch etwas Positives. Wir sind also unseres eigenen Glückes Schmied![14]

In einem faszinierenden Experiment filmte ein Forscherteam zwei Personen, Martin und Brenda. Beide wussten nicht, worum es in der Studie ging. Brenda nannte sich selbst einen Pechvogel, eine »wandelnde Katastrophe«. Martin hingegen hatte gerade in der Lotterie gewonnen und hielt sich für einen glücklichen Menschen. Beide wurden in ein Café geschickt und sollten dort auf einen Forscher warten. Das Team legte einen Fünf-Pfund-Schein vor dem Café auf den Boden.

Martin sah das Geld, hob es auf, ging hinein und begann ein angenehmes Gespräch mit einem Mann, der sich als erfolgreicher Geschäftsmann ausgab. Brenda bemerkte den Geldschein nicht, trat darüber hinweg, setzte sich neben denselben Mann und sprach mit niemandem. Anschließend befragten die Forscher beide. Martin freute sich über das Geld und das nette Gespräch, während Brenda ihren Morgen als ereignislos beschrieb. Beide hatten die gleichen Chancen gehabt, aber nur Martin fühlte sich glücklich und zufrieden.[15]

Die meisten Menschen verpassen Chancen nicht, weil sie nicht da sind, sondern weil sie nicht darauf vorbereitet sind, sie zu erkennen. Das gilt im Leben genauso wie im Business. Das Erfolgsgeheimnis liegt in der Offenheit für neue Erfahrungen, dem eigenen Zutrauen und einem zuverlässigen Netzwerk. Führung von morgen bedeutet, Chancen zu erkennen, sie sowohl für sich als auch für andere und mit anderen aktiv zu erarbeiten und dann umzusetzen – Wachstum anstreben und ermöglichen.

Darüber habe ich mich mit Anja Gstöttner unterhalten, die über 15 Jahre Erfahrung in Führungspositionen und mehr als zwei Jahrzehnte im Personalmanagement verfügt und seit mehr als sieben Jahren als Kompetenzpartnerin für menschenorientierte Unternehmensführung als selbstständige Organisations- und Personalentwicklerin tätig ist.[16]

INTERVIEW MIT ANJA GSTÖTTNER

» Anja, wie hat sich im Laufe der Jahre deine Sicht auf das Thema Führung verändert?

In das Thema bin ich durch die Personalbetreuung eingestiegen, anfangs vor allem in der Rekrutierung. Mit zunehmender Erfahrung bin ich dann in die Rolle des HR-Business-Partners für die Leitungsfunktionen der Fachbereiche gewachsen und habe auch früh Selbstführung übernommen. Schon mit 30 Jahren stand ich vor der Herausforderung, mich selbst zu reflektieren: Was ist mir wichtig in der Führung? Welches Menschenbild verfolge ich? Wie bringe ich meine Stärken als Führungskraft zur Geltung?

Interessanterweise wurde mein erstes Team das, in dem ich selbst einmal Mitglied war. Plötzlich war ich diejenige in der Führungsposition, was meinen Blick auf das Team und meine Verantwortung für die Ergebnisse komplett veränderte. Führung war für mich nie isoliert zu betrachten – ähnlich wie die HR-Funktion. Es war mir immer wichtig zu überlegen, wie ich mich und meine Rolle sinnvoll in den Unternehmenszweck einfügen kann.

Ich habe gelernt, meine HR-Strategie nicht nur aus den Unternehmensvisionen abzuleiten, sondern auch meine eigene Positionierung als Führungskraft zu schärfen. Wie fördere ich die individuellen Stärken meiner Mitarbeiter? Wie motiviere ich sie und entwickle sie weiter? Irgendwann war ich dann nicht mehr nur an die HR gebunden, sondern berichtete direkt an die Geschäftsführung. Dabei habe ich gesehen, wie entscheidend die Führungsprinzipien der obersten Ebene und das Menschenbild, das dort gelebt wird, sind. «

» Gab es ein Schlüsselerlebnis, das dich inspiriert hat?

Auf jeden Fall. Ein prägendes Beispiel dafür erlebte ich mit einem Geschäftsführer aus Franko-Kanada in meinem letzten Unternehmen. Er trat während einer sehr turbulenten Zeit bei uns ein und brachte den Slogan »All-in« mit. Er erklärte uns bald, was damit gemeint war: totale Hingabe für den Moment und das Gegenüber. In jedem Meeting war seine volle Aufmerksamkeit garantiert, ohne Ablenkungen durch Technik. Er praktizierte eine Art »Slow-Management«, sehr fokussiert und personenzentriert, und demonstrierte uns, wie man durch intensive Konzentration auf Termine diese effektiv nutzen und erfolgreich abschließen kann. Selbst in spontanen, kritischen Situationen, wie unerwarteten Anfragen vom Gesamtbetriebsrat, die ich ihm unterbreiten musste, blieb er vollkommen aufmerksam. Das hat mich sehr beeindruckt.

Gibt es ein Beispiel für eine Führungsweise, die du absolut ablehnst?

Was mich wirklich abstößt, ist eine Führung, die ich als »Gutsherrenart« bezeichne. Diese Art, bei der Personen glauben, sie könnten sich aufgrund ihrer Position im Unternehmen alles erlauben, geht für mich weit über das Akzeptable hinaus. Leider habe ich solche Fälle schon mehrfach erlebt.

Kannst du ein konkretes Beispiel nennen?

In einem Pharmaunternehmen, bei dem ich in der Personalabteilung tätig war, hat ein Geschäftsführer mir einmal offenbart, dass er sich von einem Abteilungsleiter trennen wird, einfach weil er ihn persönlich nicht mochte. Das hat mich schockiert. Wir sprechen hier nicht von einem kleinen Betrieb, sondern von einem Unternehmen mit Milliardenumsatz. Der betroffene Abteilungsleiter war absolut qualifiziert für seine Position. Wenn persönliche Differenzen zu einer solchen Entscheidung führen, finde ich das bedenklich. «

>> Absolut, das sind unethische Praktiken, die man vermeiden sollte.

Genau, in solchen Momenten denke ich immer, man muss tief durchatmen und professionell bleiben. Solche persönlichen Machenschaften sind für mich ein absolutes No-Go.

Welche Zukunftskompetenzen sind für Führungskräfte wichtig?

Ganz oben steht für mich die Anpassungsfähigkeit, aber nicht im Sinne einer opportunistischen Wendehalsmentalität. Es geht darum, sich schnell an sich verändernde Umstände anpassen zu können, seien es Krisen oder Transformationen. Diese Fähigkeit umfasst auch die Flexibilität im Umgang mit heterogenen Teams und unterschiedlichen Marktsituationen.

Das klingt nach einer umfassenden Anforderung.

Absolut. Dazu gehört auch eine hohe Lösungsorientierung. Aktuell erleben wir wieder zunehmende Krisenstimmungen, und es fällt auf, dass Entscheidungen oft aufgeschoben werden. Ich hoffe, dass der Anteil der Menschen, die aktiv Lösungen suchen und umsetzen, wächst. Man kann nicht mehr einfach warten und sehen, was passiert. Entscheidungen müssen getroffen werden.

Es scheint, als würde Lösungsorientierung eng mit Anpassungsfähigkeit verknüpft sein.

Genau, und nicht zu vergessen: Resilienz. Damit meine ich nicht nur positives Denken, sondern ein grundlegendes Verständnis davon, wie man Widerstandsfähigkeit aufbaut und erhält. Führungskräfte müssen wissen, wie sie ihre eigenen Energien aufladen und dieses Wissen an ihre Teams weitergeben können.

<<

» **Ich finde es spannend, dass Resilienz und Anpassungsfähigkeit eng miteinander verknüpft sind. Dies fördert auch die Lösungsorientierung, richtig?**

Ja, diese Fähigkeiten sind untrennbar miteinander verbunden. Je widerstandsfähiger eine Person ist, desto besser kann sie sich anpassen und Lösungen finden. Diese Fähigkeiten sind in der heutigen schnelllebigen Welt eng miteinander verknüpft und entscheidend für effektive Führung. Das hängt auch stark davon ab, welches Menschenbild eine Führungskraft hat. Wenn man grundsätzlich glaubt, dass Menschen beitragen wollen und eine sinnvolle Tätigkeit anstreben, und wenn man seinen Mitarbeitern vertraut, dann fördert das einen Grundoptimismus, der wiederum auf die drei von uns diskutierten Zukunftskompetenzen einzahlt.

Das bietet enorme Chancen, besonders jetzt, wo so viel über den Fachkräftemangel gesprochen wird.

Absolut, ein positives Menschenbild zu etablieren und zu leben, trägt erheblich dazu bei, Mitarbeiter nicht nur zu gewinnen, sondern auch zu binden und weiterzuentwickeln. Ich sehe Entwicklung auch als eine Form des lebenslangen Lernens. Unternehmen, die eine solche Kultur pflegen, werden vermutlich weniger Probleme bei der Rekrutierung haben.

Da passt der Begriff Chancenintelligenz als weitere wichtige Führungskompetenz. Was würdest du darunter verstehen?

Chancenintelligenz verbinde ich mit einem grundlegenden Optimismus. Es geht darum, Möglichkeiten zu sehen, statt sich von Problemen abhalten zu lassen. Diese Fähigkeit erfordert, zielgerichtet und erfolgsorientiert zu denken, ohne naiv zu sein. Man muss bereit sein, neue Wege zu gehen und zu experimentieren. Das erfordert Anpassungsfähigkeit, Lö- «

» sungsorientierung und Resilienz – die Stehauf-Mentalität, die es braucht, um immer wieder weiterzumachen.

Kannst du ein Beispiel nennen, das aufzeigt, wie eine Führungskraft Chancen gut genutzt hat?

Ja, während meiner Zeit als HR-Verantwortliche in einem Pharmaunternehmen gab es das Projekt, einen völlig neuen Bereich aufzubauen – das Gesundheitsmanagement. Das war eine Zeit ohne Blaupausen, es war Neuland. Wir mussten den Bereich Market Access entwickeln, der sich mit der Kosten-Nutzen-Bewertung von Medikamenten auseinandersetzt und den Zugang zum Markt strategisch plant.

Das klingt nach einer herausfordernden Aufgabe.

Es war sehr komplex. Beeindruckend war, wie der Bereichsleiter verschiedene Disziplinen zusammenbrachte und innovative Ansätze entwickelte. Er initiierte z. B. einen neuen Vertriebsansatz, indem er gezielt Einkäufer bei Krankenkassen ansprach, die genau verstanden, wie die Entscheidungsprozesse dort ablaufen. Statt sich von der möglichen Ablehnung abschrecken zu lassen, sah er es positiv und handelte proaktiv.

Ein beeindruckendes Beispiel dafür, wie Chancenintelligenz in der Praxis funktionieren kann.

Genau. Es zeigt, wie wichtig es ist, nicht nur Herausforderungen zu erkennen, sondern aktiv nach Lösungen und neuen Wegen zu suchen, um diese zu nutzen.

Wie könnte man deiner Erfahrung nach Chancenintelligenz trainieren?

Zuerst würde ich die Führungskräfte fragen, was sie unter Chancenintelligenz verstehen und wie sie diese in der Vergangenheit «

» genutzt haben. Das Selbstbild spielt hier eine große Rolle. Viele Führungskräfte sind sich ihrer eigenen Fähigkeiten nicht bewusst. Ich führte z. B. kürzlich Gespräche mit einer Führungskraft, die sich selbst als nicht innovativ empfand. Als wir ihre jüngsten Neuerungen und deren Umsetzung besprachen, wurde klar, dass sie bereits aktiv Chancenintelligenz umsetzt.

Was rätst du dann konkret?

Ich empfehle, sich besser zu vernetzen und ein breites internes Netzwerk im Unternehmen aufzubauen. Diese Führungskraft war früher kaum vernetzt, was auch im Unternehmen nicht üblich war. Ich motivierte sie, Kontakte über unterschiedliche Bereiche hinweg zu knüpfen, einschließlich der Zusammenarbeit mit jüngeren und älteren Führungskräften.

Zudem habe ich ihr geraten, regelmäßig Zeit für Selbstreflexion zu reservieren. Sie blockt jetzt jede Woche Zeit in ihrem Kalender, um zu reflektieren, welche Chancen sie ergriffen oder verpasst hat, und wie sie und ihr Team damit umgegangen sind.

Das klingt nach einer umfassenden Strategie, um Chancenintelligenz in der Praxis zu fördern.

Ja, es geht darum, ein Umfeld zu schaffen, in dem Führungskräfte und Teams lernen, Chancen zu erkennen und zu nutzen. Das ist ein fortlaufender Prozess, der wie ein Muskel trainiert und entwickelt werden muss.

Anpassungsfähigkeit, Lösungsorientierung, Resilienz und Chancenintelligenz – reicht das aus, um heute erfolgreich zu führen?

Das sind wichtige Aspekte, aber bevor eine Führungskraft ihr Team effektiv leiten kann, muss sie sich selbst intensiv reflektieren. Es ist entscheidend, dass sie versteht, warum ihre Rolle existiert und wie sie den größten Beitrag leisten kann. «

» Du hast einmal gesagt, man muss sich selbst führen können, bevor man andere führen kann. Stimmt das immer noch?

Absolut, das ist der Kern der Sache. Selbstführung ist essenziell, nicht nur für disziplinarische Führungskräfte, sondern auch für Projektleiter und alle, die in irgendeiner Form leitend tätig sind. Die Selbstführung ermöglicht es, das Team effektiv zu begleiten und anzuleiten.

»Ich muss mich selbst führen können« klingt zunächst theoretisch. Welche praktischen Tools könnten hier helfen?

Es gibt viele diagnostische Tools, z. B. Online-Fragebögen, die helfen zu erkennen, welcher Typ man ist. Aber nicht immer sind solche formalen Verfahren nötig. Wichtig ist, sich bewusst zu werden, welche Ziele man mit seiner Rolle verfolgt. Man sollte sich hinsetzen, die Ziele und gewünschten Erfolge seiner Rolle reflektieren und sie aufschreiben.

Und wie geht es dann weiter?

Nach dieser Bestandsaufnahme folgt die Reflexion. Es geht darum, ehrlich zu bewerten, wo man steht, was man gut kann und wo man sich noch verbessern muss. Diese Selbstreflexion sollte ein kontinuierlicher Prozess sein. Führungskräfte müssen ständig überprüfen, wie sich ihre Rolle und Verantwortlichkeiten verändern, und sich entsprechend anpassen. Es reicht nicht, das einmal zu tun und dann darauf zu verharren.

Also ein ständiger Prozess der Anpassung und Selbstoptimierung?

Genau. Und wenn man merkt, dass der ständige Wandel belastend ist, hilft es nicht, die Augen zu schließen und durchzuhalten. Es geht darum, aktiv zu gestalten, wie man durch diese Veränderungen kommt und sein Team dabei unterstützt. «

>> Gibt es in Zeiten der Unsicherheit und des ständigen Wandels eine Art Führungskompass, der Orientierung bietet?

Hierzu habe ich ein Modell entwickelt, das aus der Notwendigkeit heraus entstand, auf Anfragen von Kunden nach einem passenden Führungsansatz für die heutige Zeit zu reagieren. Sie sprachen von »Leadership 4.0«, passend zur Industrie 4.0. Dabei geht es um eine Reduzierung der Komplexität durch ein klares Verständnis der Führungsrolle.

Wie definierst du diese moderne Führungsrolle?

Ich teile die Führungsrolle in drei Aspekte: erstens den mechanistischen Manageransatz, der sich auf Zahlen, Daten und Fakten stützt. Zweitens die Rolle der coachenden Führungskraft, die Mitarbeiter durch gezielte Fragen unterstützt und anleitet, selbstständige Lösungen zu entwickeln. Drittens die Rolle des Inspirationsgebers, der über die täglichen Aufgaben hinaus das große Ganze vermittelt und das Team bei Veränderungen und Krisen begleitet.

Wie funktioniert dann die Integration in den Alltag?

Eine Führungskraft muss verstehen, wie sie ihre Rolle ausfüllen soll und ihre Mitarbeiter effektiv unterstützen kann. Sie sollte sich regelmäßig fragen, wie ihre Funktion und die ihres Teams zur Wertschöpfung des Unternehmens beitragen, insbesondere in Zeiten von Veränderung oder Transformation. Dies hilft nicht nur dabei, den Mitarbeitern ihre Bedeutung innerhalb des Unternehmens klarzumachen, sondern auch, sie für Veränderungen am Markt oder in der Organisation zu rüsten.

Inwiefern spielt Chancenintelligenz eine Rolle in diesem Modell?

Chancenintelligenz ist in allen drei Rollen essenziell. Bei Managern geht es darum, über die reinen Kennzahlen hinauszu- <<

» denken und Möglichkeiten aufzuzeigen. Die coachende Führungskraft nutzt sie, um durch gezieltes Fragen Mitarbeiter zur Selbstständigkeit und zum Erkennen von Chancen zu motivieren. Und der Inspirationsgeber nutzt Chancenintelligenz, um den Mitarbeitern eine Vision zu vermitteln und sie auf größere unternehmerische Ziele auszurichten.

Wie könnte man das Konzept konkret umsetzen, z. B. für die Leiterin einer Controlling-Abteilung, deren Aufgabenfeld recht klar definiert ist?

Ich sehe zwei Punkte, die entscheidend sind. Erstens sollte diese Leiterin ihre eigene Rolle und ihr Rollenverständnis innerhalb der Organisation reflektieren. Welche Erwartungen hat die Organisation an ihre Position und wie kann sie mit ihrem Team den größten Wert für das Unternehmen schaffen?

Natürlich gibt es im Controlling Routineaufgaben, wie den Jahres- und Wirtschaftsabschluss. Aber gleichzeitig kommen immer neue Anforderungen hinzu, z. B. Nachhaltigkeit und KI. Sie muss daher auch überlegen, wo die brüchigen Stellen in ihrer Abteilung sind und wo ihre Mitarbeiter vielleicht Unsicherheiten und Ängste haben. Zudem sollte sie erkennen, was in ihrem Bereich nicht mehr linear und vorhersehbar ist.

Wie könnte sie dann konkret vorgehen?

Hier kommt mein Leadership-4.0-Modell ins Spiel. Die drei Rollen, die sie verstehen und leben sollte, sehen folgendermaßen aus: Als Managerin sollte sie die Zahlen, Daten und Fakten verstehen und nutzen. Als Coach sollte sie ihre Mitarbeiter durch Fragen anleiten und motivieren, selbstständig Lösungen zu entwickeln, und als inspirierende Leaderin ist es wichtig, das große Ganze zu vermitteln und dem Team eine Vision zu geben.

«

» Diese Rollen sollte sie mit ihren Aufgaben in Einklang bringen und überlegen, was sie dafür braucht. Ich teile diesen Ansatz in drei Schritte:

Schritt 1 besteht aus Methoden und Rahmenwerken: Sie sollte sich überlegen, welche Methoden und Rahmenwerke für ihr Team sinnvoll sind. Automatisierung und künstliche Intelligenz könnten dabei helfen, Routineaufgaben zu reduzieren und mehr Raum für strategisches Denken zu schaffen. Gleichzeitig muss sie prüfen, ob bestehende Regularien das Business bremsen und mehr Agilität nötig ist.

Schritt 2 setzt sich aus Persönlichkeit und Haltung zusammen: Sie muss die richtige Einstellung mitbringen, um ihre Mitarbeiter zu unterstützen und Mikromanagement zu vermeiden. Zudem muss sie Selbstverantwortung und Eigenverantwortung fördern, gut vernetzt sein, um Schnittstellen effektiv zu steuern.

Schritt 3 umfasst Fachlichkeit und Entwicklung: Es reicht nicht mehr, lebenslang zu lernen. Sie und ihr Team müssen sich kontinuierlich weiterentwickeln und bereit sein, sich auf neue Profile und Rollen einzulassen.

Das Controlling-Verständnis muss aktuell bleiben, und sie sollte erkennen können, wie KI und andere Technologien ihre Arbeit verbessern können. Zudem muss sie das veränderte Rollenbild ihrer Abteilung verstehen: weg von Excel-Schiebern hin zu internen Consultants, die das Business unterstützen und steuern.

Ergänzend dazu könnten sie und ihr Team auch nach außen gerichtet arbeiten, oder?

Ja, sie sollten nicht nur intern, sondern auch extern agieren, um Kunden und Partner zu begleiten, zu coachen und zu steuern. Das schafft zusätzliche Möglichkeiten, Chancen zu erkennen und zu nutzen.

Wie können wir sicherstellen, dass das Team auch anfängt, innovativ zu denken und diese neuen Möglichkeiten selbst erkennt? «

» Sobald ein solides Fundament und Klarheit über die Rollen und Routinen im Team bestehen, können wir das Thema Innovation angehen. Es geht darum, Sicherheit zu schaffen, sodass Mitarbeiter wissen, was von ihnen erwartet wird und was sie leisten können. Dann kann man dazu übergehen, sie zu ermutigen, über ihre Positionierung im Unternehmen und ihre Beiträge zur Wertschöpfung nachzudenken.

Wie könnte man das fördern?

Führung durch Fragen ist ein Schlüssel. Indem man ungewöhnliche und herausfordernde Fragen stellt, regt man zum tieferen Nachdenken an, was wiederum die Innovation fördert. Der inspirierende Leader könnte beispielsweise eine Vision für die Zukunft des Controllings als Inhouse-Konzernberatung aufzeigen. Diese Vision führt dann in eine coachende Führung, bei der durch gezielte Fragen Mitarbeiter dazu geleitet werden, selbst Lösungen zu finden.

Also geht es darum, die Mitarbeiter kontinuierlich herauszufordern?

Genau. Das Team ist nicht nur zu leiten, sondern auch aktiv in die Entwicklung neuer Rollen einzubinden. Auch wenn das Tagesgeschäft schnelllebig ist, sollte das Team die Möglichkeit haben, Veränderungen aktiv mitzugestalten. Dabei sollte man allerdings beachten, dass nicht jeder Mitarbeiter im Controlling von Natur aus auf Veränderungen und Innovation aus ist. Viele schätzen gerade die Beständigkeit ihrer Aufgaben. Es geht also auch darum, ein Gleichgewicht zu finden und diejenigen, die für Innovationen offen sind, entsprechend zu fördern und zu fordern.

Und wie misst man den Erfolg solcher Bemühungen?

Erfolg lässt sich durch klare Zielsetzungen und regelmäßige Überprüfungen messen. Die Mitarbeiter sollten verstehen, in- «

» wieweit ihre Arbeit zur Erreichung der Unternehmensziele beiträgt und wie ihre Leistungen bewertet werden. Das schafft Transparenz und ermöglicht es, Fortschritte sichtbar zu machen und gegebenenfalls Anpassungen vorzunehmen.

In einem diversen Team wird die Einführung von neuen Führungsstilen, wie Leadership 4.0, möglicherweise auf Widerstände stoßen.

In meiner Arbeit mit einem großen Einkaufsbereich, der sich stark verändert hat, habe ich gesehen, wie wichtig es ist, kontinuierliche Veränderungen und die Einführung von Technologien wie KI zu managen. Die Rolle des operativen Einkäufers etwa könnte bald obsolet werden, und das stellt uns vor die Herausforderung zu überlegen, wie wir mit solchen Veränderungen umgehen.

Welche Maßnahmen könnten ergriffen werden, um diesen Übergang zu erleichtern?

Es ist entscheidend, dass die Führungskraft die Bedürfnisse und Interessen ihrer Mitarbeiter versteht und berücksichtigt. Wenn beispielsweise ältere Mitarbeiter, die jahrzehntelang als operative Einkäufer tätig waren, weniger Interesse an einer Weiterentwicklung haben, sollte die Führungskraft proaktiv planen, wie sie Routineaufgaben umschichten kann. Dies ermöglicht es, Mitarbeitern, die innovativ arbeiten und sich auf projektbezogene Aufgaben konzentrieren möchten, mehr Freiräume zu geben.

Also geht es darum, Aufgaben nach persönlichen Interessen und Fähigkeiten zu verteilen?

Genau, es ist eine strategische Neuausrichtung der Aufgaben notwendig. Früher hatten operative Einkäufer andere Anforderungen als heute. Jetzt benötigen wir im Einkauf zunehmend Mitarbeiter mit höheren Qualifikationen im Projektmanagement, «

» rechtlichen Kenntnissen und Sprachfähigkeiten. Das bedeutet auch, dass wir fortlaufend die Rollen anpassen müssen, um sicherzustellen, dass alle Mitarbeiter, auch solche, die durch technologische Veränderungen betroffen sind, sinnvoll eingebunden bleiben und entsprechend ihrer Fähigkeiten eingesetzt werden.

Eine kontinuierliche Anpassung und Weiterentwicklung der Rollen innerhalb des Teams?

Absolut, wir müssen nicht nur auf technologische Veränderungen reagieren, sondern auch proaktiv das Potenzial jedes Teammitglieds fördern, um die gesamte Abteilung zukunftssicher zu machen. Diese Art der Führung hilft dabei, sowohl die Mitarbeiter als auch das Unternehmen durch Zeiten des Wandels zu navigieren.

Und wie könnte eine Führungskraft mit den unvermeidlichen Veränderungen umgehen?

Es ist entscheidend, dass Führungskräfte nicht warten, bis große Veränderungen unvermeidlich werden und es zum sprichwörtlichen Knall kommt. Ich habe erlebt, dass Führungskräfte oft zu lange warten, was zu Angst und Unsicherheit bei den Mitarbeitern führt. Transparenz ist hierbei der Schlüssel. Führungskräfte müssen deutlich machen, dass alle gemeinsam auf diese Reise gehen und niemand zurückgelassen wird.

Wie kannst du sicherstellen, dass die Veränderungen möglichst reibungslos ablaufen?

Während meiner Zusammenarbeit mit einem Einkaufsbereich, der sich stark verändert hat, haben wir frühzeitig begonnen, die Mitarbeiter auf die kommenden Veränderungen vorzubereiten. Dies hat sich ausgezahlt. Es gab keine Entlassungen, stattdessen haben wir in die Weiterentwicklung der Mitarbeiter investiert. Durch diese proaktive Herangehensweise konnten wir größere Krisen vermeiden. «

» Also ist ein offener Ansatz in der Veränderungsphase Erfolg versprechender?

Genau. Es wird zwar an einigen Stellen Herausforderungen geben, aber ein totaler Zusammenbruch, ein »Knall«, lässt sich vermeiden. Führungskräfte sollten sensibel und aufmerksam bleiben und ihre Teams aktiv einbeziehen. Die Mitarbeiter waren in den von mir begleiteten Projekten oft besser auf Veränderungen vorbereitet als erwartet, was zeigt, wie wichtig es ist, sie in den gesamten Prozess einzubeziehen und ihre Gedanken und Sorgen ernst zu nehmen.

Vielen Dank, Anja, für deine vielen Impulse für Führung 4.0 und deine Einsichten in die Anwendung von Chancenintelligenz im Führungsalltag. «

NUTZEN SIE IHRE CHANCENINTELLIGENZ, FLEXIBILITÄT UND LEADERSHIP 4.0 FÜR DIE ZUKUNFT DER FÜHRUNG!

Das Interview mit Anja Gstöttner hat einige wertvolle Einblicke in ihre Führungsphilosophie und -erfahrungen ermöglicht: Anpassungsfähigkeit, Lösungsorientierung und Visionierung sind die Fähigkeiten, die moderne Führungskräfte brauchen. Unter dem Dach der Chancenkompetenz sehe ich drei Chancen, die uns als Führungskräfte fitter für die Zukunft machen:

CHANCE 7: VERTIEFEN SIE IHRE CHANCENINTELLIGENZ

Lassen Sie sich nicht von Problemen bremsen! Chancenintelligenz bedeutet, Möglichkeiten zu erkennen und zu nutzen. Anja betont, dass ein optimistisches und lösungsorientiertes Denken Ihnen und Ihrem Team hilft, proaktiv auf Veränderungen zu reagieren und Spielräume effektiv auszunutzen. Indem Sie den Fokus auf Chancen legen und eine positive Einstellung bewahren, können Sie auch in schwierigen Situationen kreative und innovative Lösungen finden, die Ihren langfristigen Erfolg sichern.

CHANCE 8: ERHÖHEN SIE IHRE FLEXIBILITÄT

In unserer sich ständig verändernden Welt ist Anpassungsfähigkeit nicht nur eine wertvolle Fähigkeit, sondern eine Notwendigkeit zum Überleben. Anja hat durch ihre langjährige Erfahrung erkannt, dass die Fähigkeit, flexibel auf unterschiedliche Teams und wechselnde Marktsituationen zu reagieren, von entscheidender Bedeutung ist. Diese Haltung fördert nicht nur die Agilität, sondern ermöglicht es Ihnen und Ihrem Team, Veränderungen proaktiv zu begegnen und sie strategisch zu nutzen. Flexibilität ist der wesentliche Schlüssel, um in einem dynamischen und oft unvorhersehbaren Umfeld nicht nur zu bestehen, sondern erfolgreich zu sein.

CHANCE 9: LEBEN SIE LEADERSHIP 4.0

Die Zukunft der Führung umfasst eine dreiteilige Rolle: als Manager datenbasierte Entscheidungen treffen, als Coach Ihre Mitarbeiter zur Selbstständigkeit motivieren und als Visionär das große Ganze vermitteln und Ihr Team durch Krisen führen. Diese Kombination fördert effizientes, inspirierendes und zukunftsorientiertes Arbeiten. Meistern Sie diese drei Rollen und Sie werden Ihr Team stärken, Innovationen vorantreiben und eine nachhaltige Unternehmenskultur schaffen, die auf Vertrauen und gemeinsamen Zielen basiert.

So können Sie diese Chancen in die Praxis umsetzen:

OUTSIDE-THE-BOX-IDEE NR. 7: TRAINIEREN SIE IHRE CHANCENINTELLIGENZ

Die Zeit tickt unaufhaltsam und schon wieder frage ich mich: »Was mache ich eigentlich hier?« Ein Kollege erläutert sein Projekt in allen Einzelheiten, obwohl es kaum etwas mit meiner Arbeit zu tun hat. Dann sind noch drei weitere Kollegen dran. Im Online-Meeting drängelt mein innerer Schweinehund, die Kamera auszuschalten und etwas Spannenderes zu tun. Manche Leute schicken inzwischen sogar Avatare in solche Meetings! Nur mit Mühe halte ich durch.

Kennen Sie das, diese Zeitfresser-Meetings, die einem den letzten Nerv rauben und wertvolle Arbeitszeit verschwenden? Millionen solcher Zusammenkünfte finden weltweit täglich statt und kosten unzählige Ressourcen. Mal ehrlich, wie viel Zeit und Geld gehen da wohl verloren?

Hier schlägt der Rebell in mir Alarm:

- Muss wirklich jeder reihum seine Projekte ausbreiten?
- Muss jeder über alle Schritte informiert werden, die gerade in jedem einzelnen Projekt passieren?
- Kann man diese Zeitverschwendung nicht in produktivere, spannendere und dynamischere Gespräche verwandeln?

Es geht auch anders! Trainieren Sie Ihre Chancenintelligenz und bringen Sie frischen Wind in Ihre Meetings. Wie? Probieren Sie mal diese Fragen:

- Was ist euch in der vergangenen Woche Unerwartetes aufgefallen?
- Was werdet ihr in der kommenden Woche Neues ausprobieren?
- Welche Person im Unternehmen würdet ihr gern besser kennenlernen? Kontaktiert sie!

Diese Fragen sind Gold wert, weil sie die Routine sprengen und die Teilnehmer zwingen, aus ihrer Komfortzone zu kommen. Natürlich kann es unangenehm sein, etwas Neues zu wagen oder auf eine fremde Person zuzugehen. Aber genau daran wachsen wir und schärfen unseren Blick für neue Chancen.

Reduzieren Sie die Projektberichte auf das Nötigste – die Details klärt man besser im Jour fixe unter vier Augen. Verpassen Sie langweiligen Meetings ein Upgrade und nutzen Sie sie, um neue Ideen zu fördern und Möglichkeiten zu erkennen!

OUTSIDE-THE-BOX-IDEE NR. 8: BRINGEN SIE MEHR TEAMDYNAMIK IN IHRE PROJEKTE

Ich nehme an einem fünftägigen »Business Mastery« mit Anthony Robbins in London teil. Mit mir im Konferenzsaal befinden sich etwa 1.000 Teilnehmer aus aller Welt. Tony fordert uns auf, uns spontan in Kleingruppen zusammenzufinden, um brillante Ideen im Brainstorming zu erarbeiten, Businessmodelle herauszufordern und neue Wege zu erkunden. Mein Team umfasst Mike aus Arizona und seine griechische Frau Alex, die ein Softwareunternehmen betreiben, sowie Tom, der in England Non-Profit-Organisationen unterstützt. Der Raum pulsiert vor Energie und Kreativität, die Vorträge sind fesselnd und die Musik in den Pausen bringt die Stimmung auf Disko-Level.

Es ist unglaublich aufregend, Projekte gemeinsam mit Kollegen aus anderen Bereichen zu entwickeln. Das Konzept heißt »Working Out Loud«[17] und bringt Teamdynamik und Innovation auf ein neues Level. Es funktioniert folgendermaßen:

1. **Formen Sie kleine, temporäre Teams:** Treffen Sie sich regelmäßig mit den Teams, um an Ihren Projekten zu arbeiten. Um

den Fortschritt am Laufen zu halten, ist ein vierwöchiger Turnus sinnvoll.

2. **Setzen Sie klare, erreichbare Ziele für jede Sitzung:** Je konkreter, desto besser. Klare Ziele sind der Treibstoff für Motivation und messbare Ergebnisse.

3. **Nutzen Sie die Treffen für Austausch und Feedback:** Jeder im Team sollte die Möglichkeit haben, seine Ideen vorzustellen und ein konstruktives Feedback zu erhalten. Lernen Sie voneinander und lassen Sie neue Perspektiven einfließen.

4. **Holen Sie sich Input von außerhalb:** Laden Sie Interessierte aus anderen Abteilungen oder Bereichen ein. In größeren Städten können unternehmensübergreifende »Working Out Loud«-Gruppen auch in Netzwerken stattfinden, was zusätzliche Perspektiven und Ideen einbringt.

Vergessen Sie langweilige Meetings und ödes Projektmanagement! »Working Out Loud« bringt frischen Wind in Ihre Projekte und fördert die Teamdynamik. Durch den kontinuierlichen Austausch und die verschiedenen Perspektiven werden ständig spannende Impulse und Ideen entstehen.

OUTSIDE-THE-BOX-IDEE NR. 9: ENTWICKELN SIE EINE BEGEISTERNDE VISION

Vor einigen Jahren bestand unsere Trainingsabteilung aus vier Subteams: IT-Training, Führungskräfteentwicklung, Verkaufstrainings und die Begleitung strategischer Projekte. In einem Tagungshotel in Bayreuth trafen wir uns für einen zweitägigen Workshop, um endlich eine gemeinsame Vision zu entwickeln, die uns begeistert. Eine externe Moderatorin führte uns durch den Prozess, und am zweiten Tag einigten wir uns auf die »Kompetenzschmiede« als unsere gemeinsame Identität. Diese Vision war nicht nur inspirierend für uns, sondern so griffig, dass auch unsere Kunden sofort darauf ansprangen.

Haben Sie eine Vision für Ihr Team oder nutzen Sie immer noch Abteilungsbezeichnungen wie Marketing, HR oder Controlling? Es wird Zeit, den Schreibtisch zu verlassen, sich mit Ihrem Team einzuschließen und eine klare, begeisternde Vision zu erarbeiten, die sich nach vorne richtet und motiviert. So gehen Sie es richtig an:

1. **Status quo analysieren:** Zeit für eine schonungslose Bestandsaufnahme! Wo stehen Sie gerade? Welche Stärken und Schwächen haben Sie? Welche Chancen und Bedrohungen lauern in Ihrem Umfeld? Seien Sie kreativ – nur so legen Sie den Grundstein für eine Vision, die wirklich begeistert.

2. **Vision entwickeln:** Holen Sie Ideen und Vorschläge von allen Teammitgliedern ein. Wo wollen Sie hin? Welche Kernkompetenzen bringen Sie mit? Welchen Nutzen stiften Sie heute und in Zukunft? Diskutieren Sie diese Ideen offen und ohne Filter. Das Ziel: eine Vision, die alle vom Hocker haut – inspirierend, zukunftsorientiert und für jeden im Team nachvollziehbar.

3. **Positionierung festlegen:** Entwickeln Sie auf Basis der Vision eine klare Positionierung, die begeisternd und zukunftsoffen ist. Wie sehen Sie sich am Markt oder innerhalb Ihres Unternehmens? Wie sollen Ihre Kunden und Kollegen Sie wahrnehmen? Idealerweise ist Ihre Positionierung so einprägsam und einzigartig, dass niemand an Ihnen vorbeikommt.

Ein Tipp: Vermeiden Sie abgedroschene Bilder wie »Lotsen durch die Herausforderungen der Businesswelt«. Ich habe erlebt, dass auf einer Veranstaltung gleich drei Abteilungen ein und desselben Unternehmens diesen Titel für sich beanspruchten – Chaos pur! Sie und Ihr

Team sind einzigartig. Ihre Vision und Positionierung dürfen es auch sein.

KAPITEL 4:
WACHSTUM STÄRKEN

Wachstum ist die Fähigkeit, aus Krisen gestärkt hervorzugehen, indem man aus Herausforderungen lernt, sich an veränderte Umstände anpasst und neue Lösungen entwickelt. Dies lässt sich anhand der nachfolgend beschriebenen Situation aufzeigen:

Ein Unternehmen lädt zu einer Kundenfortbildung in der wunderschönen Türkei ein. Nach dem offiziellen Teil schlägt ein unternehmungslustiger Außendienstmitarbeiter vor, ein Floß zu mieten und eine Rafting-Tour zu machen. Sechs mutige Kunden und einige Kollegen sind sofort dabei, und schon eine Stunde später geht es los. Das Wetter ist perfekt, die Natur atemberaubend – bis die ersten Stromschnellen auftauchen. Plötzlich wird es hektisch, das Floß wackelt bedrohlich, und der Bootsführer verliert die Kontrolle. Das Ergebnis? Zwei Schwerverletzte, die per Rettungshubschrauber in die Klinik müssen. Am nächsten Tag überbieten sich negative Pressemeldungen und die Staatsanwaltschaft steht in der deutschen Niederlassung vor der Tür, um Einblicke in die Geschäftsunterlagen einzufordern.

Zum Glück ist das nur ein fiktives Szenario, das wir in einem eintägigen Planspiel durchdenken. Ein absoluter Worst Case, der den Ruf des Unternehmens schwer beschädigen und ernsthafte juristische Konsequenzen nach sich ziehen könnte. Dieses Planspiel basiert auf den Prinzipien von »Kill Your Company«. Die Idee dahinter ist, dass man sich katastrophale Ereignisse vorstellt, die die eigene Organisation in die Knie zwingen könnten. Anschließend wird überlegt, wie man solche Krisen abwenden oder das Geschäftsmodell retten könnte.

Es geht nicht darum, ob es wirklich so schlimm kommt, sondern darum, den Blick zu öffnen und das Schlimmste anzunehmen. Daraus lassen sich wertvolle Schlüsse ziehen und Maßnahmen entwickeln, um kraftvoller aus der Situation hervorzugehen. Das ist echtes Wachstum. Nichts zu tun ist keine Option, denn wer könnte sich das Risiko leisten, untätig zu sein?

Menschen, die auf Wachstum ausgerichtet sind, haben klare Ziele, setzen ihre Ideen um und handeln – auch in Krisenzeiten.

Ein großartiges Beispiel dafür ist Kilian Sörgel. Er ist als Netzwerker und Gründungsberater aktiv, unterstützt Start-ups von der ersten Idee bis zur operativen Umsetzung und lebt täglich seine Begeisterung neu.

Von ihm wollte ich wissen, was man von einer Start-up-Mentalität lernen kann, um sich krisenfester aufzustellen und mutig in die Zukunft zu blicken.[18]

INTERVIEW MIT KILIAN SÖRGEL

>> Kilian, du hast über ein Vierteljahrhundert ein Familienunternehmen geführt. Was hast du auf diesem Weg gelernt?

Unser Familienbetrieb wurde 1905 von meinem Urgroßvater Karl Sörgel gegründet. Als ich 1995 nach Nürnberg kam und BWL studierte, ergaben sich die ersten Berührungspunkte mit dem Unternehmen. Wir hatten damals zwei Unternehmensbereiche, Elektrogroßhandel und Werksvertreter für Autoteile. Nach meinem Praktikum und der engen Zusammenarbeit mit meinem Onkel, der zur dritten Generation im Unternehmen gehörte, war mir klar, dass ich nicht direkt nach dem Studium einsteigen würde. Ich wollte außerhalb des Familienbetriebs Erfahrungen sammeln. Nach zwei Jahren eröffnete sich die Möglichkeit, als Qualitätsmanagementbeauftragter im Unternehmen anzufangen. Das war auch mein erstes Projekt, das ich von Grund auf aufbaute.

Wie hast du das Qualitätsmanagement etabliert? War das wie ein Change-Prozess?

Genau, es war ein umfassender Change-Prozess, den ich von Anfang an leitete. Ich nahm Mitarbeiter mit ins Boot und entwickelte gemeinsam mit ihnen das neue System. Diese enge Zusammenarbeit half mir, das Unternehmen und seine Prozesse tiefgehend zu verstehen.

Welches Projekt hast du danach in Angriff genommen?

Als Nächstes widmete ich mich dem Elektrogroßhandel. Wir erkannten schnell, dass es sinnvoll ist, diesen kleineren Bereich <<

» zu verkaufen. Das wurde mein erstes großes Projekt, in dem ich nicht nur die Leitung übernahm, sondern auch erfolgreich einen Käufer fand und den Verkauf abwickelte.

Nach dem Verkauf des Elektrogroßhandels habt ihr euch auf den Großhandel mit Autoteilen konzentriert. Wie hat sich dieser Geschäftsbereich entwickelt?

Genau, der Großhandel mit Autoteilen wurde zu unserem Hauptgeschäft. Über Jahrzehnte hinweg haben wir uns als Werkstattvertreter etabliert und mussten kontinuierlich Innovationen vorantreiben, gerade im Zuge der Digitalisierung. Mit zwei ursprünglich autarken Standorten standen wir vor der Herausforderung, diese effizient zu integrieren. Das hat die Logistik maßgeblich beeinflusst. Meine zehnjährige intensive Zusammenarbeit mit meinem Onkel gab mir dabei den nötigen Freiraum, um innovative Ansätze zu verfolgen – wie ein Start-up innerhalb des eigenen Unternehmens.

Auf welche Herausforderungen musstest du reagieren und welche Maßnahmen hast du ergriffen?

Wir standen ständig vor der Herausforderung, nicht vom Markt verdrängt zu werden. Ich habe die Digitalisierung von Beginn an zur Chefsache gemacht und wir erzielten signifikante Fortschritte. Durch verstärkte Kooperationen in den Bereichen Einkauf und Logistik konnten wir uns weiterentwickeln. Dann, im August 2014, erlebten wir einen schweren Rückschlag, als einer unserer Standorte vollständig niederbrannte.

Das klingt nach einem enormen Schock. Wie hast du diese Krise gemeistert?

Das war ein dramatischer Augenblick, nicht nur beruflich, sondern auch persönlich. Ich erinnere mich noch genau: Es war der 27. August 2014. Wir waren auf der Hochzeit eines Freundes und «

» wurden nachts um drei Uhr über den Brand informiert. Zunächst dachte ich, es wäre nicht so schlimm, doch es stellte sich als Vollbrand heraus, der Schäden in Höhe von fünf Millionen Euro verursachte. Dieses Ereignis war nicht nur ein Wendepunkt für unser Unternehmen, sondern auch ein einschneidender Moment in meinem Leben.

Was war dein erster Gedanke in dieser Situation?

Nach der Schocknachricht bin ich zunächst nach Hause gefahren und habe versucht, noch etwas Ruhe zu finden. Schon in den frühen Morgenstunden war mir klar, was zu tun ist. Diese Klarheit hat mir geholfen, zielstrebig und konsequent zu handeln. Bereits am nächsten Tag haben wir Maßnahmen ergriffen, einen Übergangsstandort in Fürth aufgebaut und am abgebrannten Standort mit dem Neubau begonnen.

Wie ging es mit dem Unternehmen weiter?

Mein Naturell hat mir dabei geholfen, die Situation anzunehmen und nicht aufzugeben. Wir haben den Neubau als Herzensprojekt betrachtet und ihn im Juni 2018 in Betrieb genommen. Die Versicherung hat glücklicherweise den Großteil der Kosten übernommen, sodass wir finanziell einigermaßen glimpflich aus der Sache herausgekommen sind.

Du hast also die Krise sehr strukturiert und pragmatisch gemeistert.

Möglich war das nur durch die Unterstützung meiner Mitarbeiter, die ab der ersten Sekunde an meiner Seite standen. Trotz der Herausforderungen im normalen Geschäftsbetrieb hat es auch Spaß gemacht, etwas Neues aufzubauen. Ich habe in dieser Zeit keine Krankheitstage gehabt – man entwickelt in solchen Situationen eine Art Superkraft.

«

» Es klingt, als sei Resilienz ein zentraler Aspekt deiner Führungsstärke. Gibt es weitere Herausforderungen, die du bewältigen musstest?

Ja, die Herausforderungen hörten nicht auf. Als wir den neuen Standort in Betrieb nahmen, veränderte sich der Markt weiter. Einer unserer großen Kunden wurde insolvent, was zu erheblichen Forderungsausfällen führte. Im Gesellschafterkreis entschieden wir, einen Sanierungsplan zu erstellen und auch den Verkauf des Unternehmens anzustoßen. Doch kurz vor dem entscheidenden Termin zog sich der potenzielle Käufer zurück, was unsere Finanzierungspläne zunichtemachte und uns in eine Planinsolvenz führte.

Wie bist du damit umgegangen?

Es gab einen magischen Moment, der alles veränderte. Ich hatte ein Gebäude in Fürth, mein persönliches Projekt, das ich liebevoll mein »Baby« nenne. Über meinen Architekten lernte ich zwei Unternehmer kennen, die das Gebäude am 17. März 2020 besichtigten. Mit großer Begeisterung und Leidenschaft führte ich sie durch das Gebäude. Ihre Begeisterung war sofort spürbar, sie kauften es und waren sehr zufrieden. Sie erkannten meine Leidenschaft und beschlossen, mit mir zusammenzuarbeiten. Ich übernahm spannende Projekte für sie, einschließlich des Aufbaus eines Family-Offices.

Das klingt nach einem neuen Anfang für dich. Wie hat sich das weiterentwickelt?

Genau, es war ein Neuanfang. Ich baute für die beiden Unternehmer eine Beteiligungsgesellschaft, mit dem Ziel, in Innovationen zu investieren, und begleitete sie bei drei großen Investitionen, bei denen sie Millionenbeträge anlegten.

«

>> **Deine umfassende Erfahrung scheint dir in dieser neuen Welt sehr geholfen zu haben. Was machst du jetzt?**

Jetzt kann ich meiner Leidenschaft nachgehen, und das ohne die Strukturen eines Unternehmens um mich herum. Ich netzwerke den ganzen Tag, und das liebe ich. Aus diesen Netzwerkaktivitäten sind konkrete Mandate entstanden. Ich nutze meine 25-jährige Erfahrung, um Unternehmer zusammenzubringen und Start-ups zu begleiten. Jeder Tag bietet mir neue Chancen.

Welche Eigenschaften sind deiner Meinung nach entscheidend, um ein Start-up zu gründen?

Begeisterungsfähigkeit steht ganz oben auf der Liste. Man muss offen sein für neue Themen und Innovationen. Resilienz und viel Durchhaltevermögen sind ebenfalls unerlässlich. Es gehört dazu, auch mal innezuhalten und sich neu zu fokussieren. Ein klares Ziel vor Augen zu haben und dieses dann auch umzusetzen, ist entscheidend, um den Markt zu erreichen. Man sollte nicht immer absolute Perfektion anstreben, manchmal auch einfach Verrücktheit zulassen und etwas ganz anderes wagen. Am wichtigsten ist es, die richtigen Wegbegleiter zu finden. Man muss frühzeitig Veränderungen vornehmen, wenn man spürt, dass es im Team nicht funktioniert. Ich sehe oft technikverliebte Gründer, die ihr eigenes Business kaum erklären können, deren Produkte kompliziert sind und die weit entfernt vom Markt agieren.

Man braucht also nicht nur die individuellen Fähigkeiten, sondern ein tiefes Verständnis von Teamdynamik und Marktgegebenheiten.

Genau, und zusätzlich ist es wichtig, nicht nur Spezialisten zu beschäftigen. Ein Unternehmen sollte eher generalistisch unterwegs sein, mit einem Hang zur Multi-Passioniertheit. Das treibt auch mich an. Es lässt mich morgens aufstehen und gespannt sein, was der Tag bringt. <<

» Man plant vielleicht ein paar Termine, aber oft sind es die zufälligen Begegnungen, die neue Netzwerkpartner bringen. Ich habe mittlerweile ein kleines Team um mich, in dem wir Ideen spinnen, aber auch konkret schauen, wie wir Projekte monetarisieren können. Aus meiner Erfahrung weiß ich, dass alles länger dauert und mehr kostet, als man denkt – es braucht ungefähr zehn Jahre, bis man ein Unternehmen wirklich etabliert hat.

Was würde sich in der Unternehmenswelt ändern, wenn mehr Mitarbeiter das Start-up-Denken übernehmen würden?

Das freiere Denken fördert Innovationen. Dadurch können nicht nur neue Geschäftsmodelle entstehen, sondern auch bestehende Ansätze hinterfragt werden. Dieser Prozess muss behutsam angegangen werden, und man muss die Mitarbeiter mitnehmen. Es ist entscheidend, ihnen den Mut und die Freiheit zu geben, ihre verborgenen Fähigkeiten und Kreativität einzubringen. Viele Unternehmen sind kreativ, doch dieses Potenzial ist oft verborgen. Das zu ändern, könnte die Unternehmenswelt revolutionieren.

Was würde passieren, wenn jede Führungskraft ihren Bereich wie ein Start-up führen würde? Brächte das die Innovationskultur deutlich voran?

Natürlich, das ist dringend nötig. Wir werden sonst in puncto Innovationen links und rechts überholt. Deutschland war einmal das Land der Erfinder, bekannt für die meisten Patente. Das sind wir immer noch, aber es geht nicht nur darum, Ideen zu haben, sondern sie auch umzusetzen. Das war noch nie unsere Stärke. Große Konzerne sind voller Ideen, die aber oft nicht den Markt erreichen, weil sie in den Hierarchien verloren gehen. Was passiert dann? Sie kaufen Unternehmen hinzu, aber die Integration zweier unterschiedlicher Unternehmenskulturen hemmt meist die Innovation. «

» **Du hast viel Erfahrung mit Start-ups, bis hin zur Rolle als Investor. Wenn du eine potenzielle Zusammenarbeit mit einem Start-up erwägst, worauf legst du Wert, um das Erfolgspotenzial zu beurteilen?**

Für mich ist es am wichtigsten, die Personen hinter dem Start-up kennenzulernen, und das nicht nur einmal, sondern wiederholt und in verschiedenen Situationen. Ein Pitch Deck ist oft der erste Kontakt, aber wenn dieses nicht sofort überzeugt, wird es meist beiseitegelegt.

Entscheidend sind für mich die Fragen: Verstehe ich die Technologie? Kann der Gründer mir in wenigen Sätzen erklären, was genau er tut? Sehe ich das Leuchten in seinen Augen? Gibt es eine reelle Chance, das Produkt oder die Technologie auf den Markt zu bringen und einen Nutzen zu erkennen? Oft gibt es keinen echten Mehrwert. Meine Unternehmer-DNA ist darauf fokussiert, Vertrieb zu machen, Umsätze zu generieren und letztendlich Gewinn zu erzielen.

Gibt es aktuell ein Projekt, das du intensiv begleitest?

Ja, ich begleite derzeit das spannende Projekt eines Online-Metzgers. Das Ganze begann mit einem Rebranding für einen traditionellen Metzger im Allgäu, eine Initiative meines guten Freundes und Geschäftspartners Thorsten Weich. Die Grundidee war, die Qualität und den regionalen Charakter der Metzgerei über einen Online-Shop deutschlandweit anzubieten, als Alternative zu Supermarktketten.

Wie hat sich das Projekt entwickelt?

Thorsten, ursprünglich als Berater für Branding und Marke tätig, nahm sich der Herausforderung an, das Geschäftskonzept auf den Online-Bereich auszuweiten. Er hat mit der Auswahl der richtigen Software begonnen und auch die Social-Media-Strategie strukturiert aufgebaut, beginnend auf der grünen Wiese im «

» Allgäu. Er hat den Markt sondiert und sich am Wettbewerb orientiert, ohne das Rad neu zu erfinden.

Was macht diesen Online-Metzger herausragend?

Das Highlight des Angebots ist die Weißwurst, die deutschlandweit, in Städten wie Hamburg und München, sehr beliebt ist. Ziel ist es, eine einzigartige Qualität und ein vielfältiges Sortiment zu entwickeln. Dabei konnte ich Thorsten mit Impulsen aus meinem Netzwerk und Kontakten in der Fleischbranche unterstützen.

Du betonst immer wieder, dass die Zusammenarbeit mit Sparringspartnern entscheidend für deinen Weg war. Wie siehst du das?

Wenn man offen auf andere zugeht und gemeinsam Wege beschreitet, entsteht eine Magie. Diese Offenheit und Neugier führen zu Begegnungen, die anfangs ungewiss sind, aber das Potenzial haben, etwas Großes zu werden. Je länger man in dieser Welt aktiv ist, desto besser versteht man, wo und wie es funktionieren könnte.

Was kann eine Führungskraft konkret tun, um sich eine Start-up-Mentalität anzueignen?

Der Schlüssel ist, das gewohnte Unternehmensumfeld zu verlassen und aktiv zu netzwerken. Es geht darum, auf Veranstaltungen zu gehen und Menschen aus anderen Branchen zu treffen. Viele wertvolle Erkenntnisse liegen außerhalb des Bekannten. Man kann viel über Innovation und Generalisten lesen, aber letztendlich zählen das aktive Handeln und der Mut, Neues zu wagen. Oft scheuen Menschen davor zurück, weil sie nicht wissen, was konkret dabei herauskommt. Genau aus solchen unerwarteten Begegnungen entstehen häufig die besten Chancen.

«

» Wie erzeugt man einen »magischen Moment«, wenn man rausgeht und netzwerkt?

Indem man offen und locker bleibt. Es kann so einfach sein wie in der Stadt zu stehen und die Menschen zu beobachten, oder wie das aktive Zugehen auf andere. Oft geschehen die interessantesten Begegnungen zufällig, etwa in einer Warteschlange oder bei einem gesellschaftlichen Anlass. Es erfordert ein Gespür für Atmosphäre und Stimmung, um solche Momente wirklich nutzen zu können.

Wie könnte eine Führungskraft die Start-up-Kultur in ihrem Team weiterentwickeln? Hast du dazu konkrete Ideen?

Ja, absolut. Mein Vorschlag wäre, die Mitarbeiter aktiv in den Prozess einzubeziehen. Ich würde sie zu Netzwerkveranstaltungen mitnehmen, sie inspirieren und dazu ermutigen, über den Tellerrand hinauszudenken und aus den bestehenden Strukturen auszubrechen.

Es geht ja darum, Begeisterung zu wecken. Wenn man als Führungskraft vorlebt, wie man offen für neue Ideen ist und sich von externen Einflüssen inspirieren lässt, kann das enorm motivierend wirken. Vielleicht hilft es sogar, eine externe Veranstaltung zu besuchen, die nicht direkt mit der eigenen Branche verbunden ist. Das gemeinsame Erleben und die anschließende Diskussion darüber, was jeder Einzelne mitgenommen hat, stärken den Teamgeist und die Kreativität.

Inwiefern trägt das zur Mitarbeitermotivation und zur Bindung im Unternehmen bei?

Dieser Ansatz zielt darauf ab, die Mitarbeitermotivation zu steigern und die Bindung im Unternehmen zu vertiefen. Dadurch wird das Unternehmen letztendlich zukunftsfähiger. Eine Führungskraft sollte immer die Stimmung innerhalb des Teams im Blick haben. Auch in mittelständischen Unternehmen, in denen «

» man meint, jeden gut zu kennen, gibt es oft unentdeckte Stimmungen und Bedürfnisse. Ein regelmäßiges »Stimmungsbarometer« könnte helfen, schnell auf Veränderungen zu reagieren und das Teamklima positiv zu beeinflussen.

Du sprichst davon, auf Feedback und die Potenziale der Mitarbeiter einzugehen. Wie könnte das in der Praxis umgesetzt werden?

Das Ziel ist, die Potenziale der Mitarbeiter besser zu erkennen und ihnen zu zeigen, dass ihr Feedback ernst genommen wird. In meinem Unternehmen haben wir Mitarbeiterbefragungen durchgeführt, die anfangs vielleicht etwas unprofessionell waren. Dabei kamen viele wichtige Punkte zum Vorschein, die wir zunächst schwer angehen konnten. Man muss bereit sein zuzugeben, dass man Fehler übersehen hat oder falschlag. Das Eingestehen von Fehlern und das Bemühen, diese zu beheben, sind entscheidend.

Also ist das Eingeständnis von Fehlern ein wichtiger Schritt für eine Führungskraft?

Absolut. Es zeugt von Reife und Verantwortungsbewusstsein, Fehler einzugestehen und um Unterstützung bei der Lösungsfindung zu bitten. Das funktioniert bei jeder Führungskraft, unabhängig von der Unternehmensstruktur, ob hierarchisch oder altersdivers. Der erste Schritt sollte immer sein, die bestehenden Mitarbeiter zu binden, bevor man sich auf die Suche nach neuen macht. Das ist für mittelständische Unternehmen wichtig, denn ihre Mitarbeiter sind ihr größtes Kapital. Nur wenn man die Kreativität und die Fähigkeiten seiner Beschäftigten voll ausschöpft, ist man auf dem richtigen Weg.

Das klingt nach einem durchdachten Ansatz. Gibt es abschließende Gedanken, die du mit unseren Lesern teilen möchtest? «

» Wir müssen immer bereit sein, uns selbst zu hinterfragen und zu verbessern. Wenn man das schafft, ist man gut aufgestellt, um die Herausforderungen der Zukunft zu meistern. Die Mitarbeiter sind das Herzstück eines jeden Unternehmens, und ihre Bindung und Motivation sind entscheidend für den Erfolg.

Vielen Dank, Kilian, für diese spannenden Impulse aus deiner Unternehmer- und Start-up-Welt. «

FÖRDERN SIE BEGEISTERUNG, TEAMDYNAMIK UND KRISENRESILIENZ ALS WACHSTUMSMOTOR!

Kilian Sörgel hat sein Familienunternehmen über ein Vierteljahrhundert durch alle Höhen und Tiefen geführt. Mit Resilienz, Teamdynamik und kreativen Lösungsansätzen meisterte er die Herausforderungen und entwickelte das Unternehmen kontinuierlich weiter. Hier sehe ich drei entscheidende Chancen, wie auch Sie sich und Ihr Team in die Zukunft navigieren können.

CHANCE 10: FÖRDERN SIE BEGEISTERUNG UND NEUGIERDE

Stellen Sie sich vor, Ihre Mitarbeiter sind so neugierig wie ein Kind im Spielzeugladen und so begeistert wie ein Fan im Fußballstadion. Genau diese Kultur der Begeisterung und Neugierde will Kilian in seinem Unternehmen fördern. Zufällige Begegnungen und ein lebendiges Netzwerk decken neue Chancen auf und bringen Ihr Unternehmen voran. Schaffen Sie eine Atmosphäre, in der kreative Ideen nicht nur willkommen sind, sondern gefeiert werden.

CHANCE 11: BIETEN SIE TRANSPARENZ UND MITBESTIMMUNG

Das alte Führungsmodell mit Top-down-Entscheidungen ist überholt. Die Zukunft gehört denen, die ihre Mitarbeiter in jeden Schritt des Entscheidungsprozesses einbinden. Kilian hat erkannt: Ein starkes Team entsteht durch echte Mitbestimmung. Transparenz ist nicht nur ein Schlagwort, sondern eine Notwendigkeit. Wenn Ihre Mitarbeiter wissen, was läuft, und aktiv an der Gestaltung beteiligt sind, schöpfen sie ihr volles Potenzial aus. Ein offener Führungsstil baut nicht nur Vertrauen auf, sondern macht Ihr Team unschlagbar motiviert und leistungsstark.

CHANCE 12: STÄRKEN SIE IHRE RESILIENZ

Viele meinen, sie könnten Krisen einfach aussitzen. Vergessen Sie es! Die Zukunft ist unsicher, und Resilienz ist Ihr einziger Weg, um nicht nur zu überleben, sondern zu gedeihen. Kilian hat es vorgemacht: Nach einem verheerenden Brand baute er sein Unternehmen wieder auf – stärker und besser als zuvor. Resilienz bedeutet, auch in den krisengebeutelten Zeiten klar zu entscheiden und flexibel zu bleiben. Seien Sie der Fels in der Brandung für Ihr Team.

So können Sie diese Chancen in die Praxis umsetzen:

OUTSIDE-THE-BOX-IDEE NR. 10: LASSEN SIE SICH VON ANDEREN BRANCHEN INSPIRIEREN

Haben Sie sich schon einmal gefragt, wie ein traditioneller Wursthersteller plötzlich zu einem Trendsetter in der veganen Szene wird? Ich bin fasziniert, als ich auf unserer Jahresauftaktveranstaltung dem Vortrag des CEO von Rügenwalder lausche. Er erzählt begeistert, wie sich das Unternehmen seit einigen Jahren auf die vegane (echt jetzt?) Nische konzentriert und mittlerweile eigene Regale in vielen Supermärkten füllt. Neugierig stehe ich eine Woche später im Supermarkt und überlege, welche der vielen veganen Wurstsorten wohl am besten schmeckt.

»Learning from other industries« ist das Motto. Es gibt zahlreiche Veranstaltungen, bei denen externe Referenten aus anderen Branchen inspirierende Vorträge halten, die uns helfen sollen, über den Tellerrand hinauszublicken. Der wahre Trick liegt im Transfer dieser Ideen in unseren eigenen Alltag. Hier ist meine Idee: Laden Sie einen Referenten aus einem anderen Unternehmen ein, von dem Sie sich gute Ideen und einen unterhaltsamen Vortrag erwarten. Danach organisieren Sie einen kleinen gemeinsamen Workshop.

So funktioniert es:

1. **Kleingruppen bilden:** Teilen Sie die Teilnehmer in Gruppen von maximal vier Personen auf.

2. **Reflektieren und diskutieren:** Laden Sie alle dazu ein, über die folgenden Fragen zu reflektieren und zu diskutieren:
   - Was hat mich am Vortrag begeistert?
   - Welche Impulse nehme ich mit?
   - Warum könnte das in meinem Alltag Mehrwert stiften?
   - Was könnte ich Neues ausprobieren?

3. **Antworten aufschreiben:** Lassen Sie jeden seine Antworten auf ein Blatt Papier schreiben. Mit dieser Methode erhöhen Sie meiner Erfahrung nach die Wahrscheinlichkeit signifikant, dass eine Umsetzung erfolgt.

4. **Ideen vorstellen und Feedback erhalten:** Ermöglichen Sie einigen Teilnehmern, ihre Ideen im Plenum vorzustellen und Feedback vom Referenten zu erhalten. So machen Sie aus einem reinen Vortrag eine wertvolle Ideensession, wertschätzen den Referenten und geben allen Anwesenden das Gefühl, etwas mitzunehmen.

Ein ungetrübter Blick von außen kann erstaunliche Erkenntnisse und innovative Ideen erzeugen. Bringen Sie frischen Wind in Ihre Teammeetings, lassen Sie sich von den Erfolgen anderer motivieren und verwandeln Sie inspirierende Vorträge in handfeste Ideen.

OUTSIDE-THE-BOX-IDEE NR. 11: MOTIVIEREN SIE DURCH MEHR TRANSPARENZ

Wie jedes Jahr im Januar sitze ich mit meiner Chefin im Büro und bespreche meine Jahresziele. Aber diesmal ist es anders: Sie zeigt mir nicht nur meine Ziele, sondern auch ihre eigenen und die des CEOs, ihres Vorgesetzten. Plötzlich sehe ich das große Ganze – und nicht nur meine kleine Abteilungswelt. Ich weiß genau, was von mir und meinem Team erwartet wird, und im Geiste delegiere ich bereits Aufgaben. Nach einer Stunde bin ich nicht nur informiert, sondern fühle mich mit meiner Chefin auf Augenhöhe. Diese Transparenz zeigt mir klar auf, wohin das Unternehmen steuert und wie ich dazu beitragen kann.

Vergessen Sie altmodische Ansätze wie »Schicken Sie mir Ihre Ziele und dann gehen wir diese durch.« Das ist von gestern! Ich fühle mich jetzt wie ein echter Businesspartner, der genau weiß, wohin die Reise geht und welchen Beitrag er leisten kann. Das erzeugt nicht nur Klarheit, sondern auch einen gewaltigen Motivationsschub.

So bringen Sie diese Transparenz in Ihr Team:

1. **Offene Zielvereinbarungen:** Vermeiden Sie das Geheimniskrämerische. Zeigen Sie jedem Teammitglied, was von ihm erwartet wird – und legen Sie am besten auch die Ziele Ihrer Vorgesetzten offen. Keine halben Sachen mehr.

2. **Einblicke in das große Ganze:** Helfen Sie Ihrem Team, über den eigenen Tellerrand hinauszuschauen. Das stärkt das Verständnis für die Unternehmensziele und die eigene Rolle darin. Geben Sie Ihren Mitarbeitern das Gefühl, Teil einer größeren Mission zu sein.

3. **Eigenverantwortung fördern:** Transparenz und eine klare Kommunikation lassen jeden Mitarbeiter wissen, dass er ein wichtiger Teil des Unternehmens ist. Das motiviert mehr als jede Prämie.

Mit regelmäßigen Zwischenbilanz-Gesprächen, beispielsweise einmal im Quartal, halten Sie das Team auf Kurs. Machen Sie klar: Wir haben uns verpflichtet, wir wissen, wo wir stehen, und wir wissen, was zu tun ist.

OUTSIDE-THE-BOX-IDEE NR. 12: HOLEN SIE SICH IMPULSE AUS DER ZUKUNFT

Resilienztraining einmal anders: Es ist ein aufregender Nachmittag bei einem einzigartigen »Future Walk« durch Fürth. Ausgerüstet mit einem »Zukunfts-Reisepass« erkunden Anja Gstöttner und ich, angeleitet von unserem »Reiseleiter« Tobias Leisgang, wie unsere Welt in den kommenden Jahrzehnten aussehen könnte. Klingt spannend, oder?

Unsere geistigen Highlights:

- **2030:** Diskussion über Wasserknappheit und innovative Biotechnologien. An der Fontäne im Stadtpark starten wir mit dem Thema »Wasser« und überlegen, wie Biotechnologie helfen könnte, sauberes Trinkwasser zu produzieren.

- **2035:** Überlegungen zum Schulsystem und individuelle Lernprogramme durch KI. Auf einer Brücke über dem Fluss denken wir darüber nach, wie sich Bildung durch neue Technologien verändern könnte.

- **2040:** Unwetterkraftwerke und regionale Superfood-Produktion. Bei zunehmenden Unwettern stellen wir uns vor, wie neue Energiequellen uns dabei unterstützen könnten, die Energiekrise zu bewältigen.

Ein möglicher Future Walk für Sie und Ihr Team in fünf Schritten:

1. **Treffen an einem inspirierenden Ort:** Beginnen Sie in einem Park oder an einem historischen Gebäude. Geben Sie jedem Teilnehmer ein »Zukunfts-Logbuch«, in das er seine Gedanken notieren kann, und erklären Sie den Ablauf des Future Walks.

2. **Station 1 – Die fünf Jahre:** Gehen Sie zu einem nahegelegenen Platz und diskutieren Sie kurzfristige Zukunftsthemen wie Digitalisierung und Automatisierung. Lassen Sie die Teilnehmer ihre Gedanken und Ideen aufschreiben und teilen.

3. **Station 2 – Vision zehn Jahre später**: Begeben Sie sich an einen anderen Ort, vielleicht zu einem Aussichtspunkt, und sprechen Sie über längerfristige Themen wie Nachhaltigkeit und Klimawandel. Ermutigen Sie das Team, innovative Lösungen und Projekte zu entwickeln.

4. **Station 3 – Langfristige Perspektiven**, 20 Jahre danach: Wählen Sie einen ruhigen Ort, um visionäre Themen wie künstliche Intelligenz und zukünftige Arbeitsmodelle zu diskutieren. Regen Sie die Teilnehmer an, in Kleingruppen Szenarien zu entwickeln und zu präsentieren.

5. **Abschluss:** Beenden Sie den Future Walk an einem gemütlichen Ort wie einem Café oder einer Grünfläche. Diskutieren Sie die gesammelten Ideen und überlegen Sie gemeinsam, wie Sie einige davon in die aktuelle Unternehmensstrategie integrieren können.

Veränderungen sind unvermeidlich – ob durch Managemententscheidungen, Stellenabbau oder technische Probleme. Ein Future Walk bietet frische Perspektiven und motiviert dazu, über den Tellerrand hinauszuschauen und aktiv an einer besseren Zukunft zu arbeiten – fernab von schwarzmalenden Medien. Das wiederum punktet auf Ihrem Resilienzkonto!

KAPITEL 5:

PERFORMANCE ROCKEN

Der Comic-Kater Garfield ist faul, sarkastisch, Lasagne-süchtig und hasst Montage. Sein Alltag besteht aus Schlafen, Lasagne futtern und dem Ärgern des Hundes Odie. Kein 9-to-5-Job, kein nerviger Chef – man könnte annehmen, Garfield führt das perfekte Leben.

In einem Interview wurde Garfields Schöpfer, Jim Davis, zu genau dieser absurden Logik befragt. Und seine Antwort? Statt einfach zuzugeben, dass Garfields »Ich hasse Montag«-Haltung ein cleverer Marketingtrick für Kaffeetassen, T-Shirts und Kalender war, erklärte Davis, dass diese Einstellung aus einem tiefen existenziellen Unwohlsein geboren wurde.

»Garfield hat keinen Job, geht nicht zur Schule, und jeder Tag ist gleich«, gestand Davis. *»Trotzdem ist jeder Montag eine ständige Erinnerung daran, dass sein Leben ein endloses Hamsterrad ist. Montags ist für Garfield einfach ein weiterer Tag im immer gleichen Trott.«*[19]

Montage scheinen allgemein unbeliebt zu sein und bekommen sogar in der Rockmusik ihr Fett weg. Seit Ende 1985 singen die Bangles von den verrückten Montagen:

»It's just another manic Monday
I wish it was Sunday
'Cause that's my fun day«[20]

Aber es gibt Hoffnung für den ersten Tag in der Woche! Zwei Mathematiker aus Vermont haben eine interessante Studie durchgeführt. Sie analysierten mehr als 2,4 Millionen Blogs und insgesamt über zehn Millionen Sätze, um das Wohlbefinden der Menschen je nach Wochentag zu untersuchen. Dabei fanden sie heraus, dass sich Blogger am Sonntag am wohlsten fühlten – das passt auch zum Lebensgefühl aus dem Song der Bangles. Überraschenderweise konnten viele diese Wohlfühlstimmung mit in den Montag nehmen.

Dieser Studie zufolge ist der Montag also gar nicht der schlimmste Tag der Woche. Der Übeltäter ist stattdessen der Mittwoch! An diesem Tag ist der Wochenanfangsschwung verpufft und es stehen noch zwei lange Arbeitstage bevor, bevor das Wochenende eingeläutet wird.[21]

Das nächste Mal, wenn Sie sich über einen Montag ärgern, denken Sie daran: Selbst Garfield, der Kater ohne Verpflichtungen, leidet mit Ihnen. Aber am Ende liegt es an uns, den Montag beschwingter anzugehen.

Vielleicht sollten wir einmal hinterfragen, ob es wirklich der Tag an sich ist, den wir hassen, oder ob es an unserem Job liegt.

Darüber, wie man Montage und den Teamspirit »rockt«, habe ich mich mit Prof. Dr. Christoph Schönfelder unterhalten. Er ist Professor für Personal- und Organisationsentwicklung an der FOM Hochschule für Oekonomie & Management und Mitgründer des Unternehmens MONDAY.ROCKS, das die Performance von Mitarbeiterführung steigert und so auf ganzer Linie zum Rocken bringt.[22]

INTERVIEW MIT PROF. DR. CHRISTOPH SCHÖNFELDER

›› Christoph, was inspirierte dich zur Gründung von MONDAY.ROCKS? Gab es ein besonderes Schlüsselerlebnis?

Absolut, es gab ein prägendes Erlebnis. In meiner vorherigen Position hatte ich das Glück, sehr dynamische und lebensfrohe Menschen zu rekrutieren. Leider musste ich feststellen, dass sie von unserem System innerhalb kürzester Zeit förmlich absorbiert wurden. Ihre Freude und Leichtigkeit verschwanden schnell. Diese Beobachtung machte ich in einem Bereich mit rund 1.500 Mitarbeitern, die ich begleiten durfte. Auffällig war dies bei unseren Auszubildenden und jungen Talenten. Die kritische Frage, die sich mir stellte, war: Warum passiert das?

Viele Rückmeldungen aus meinem Umfeld wiesen darauf hin, dass ich meine Arbeit wirklich genieße und mich stark einbringe. Das brachte mich zum Nachdenken. Es war glücklicherweise so, dass ich meiner Leidenschaft und meinen Werten in meiner Arbeit nah sein konnte, was es für mich nicht wie Arbeit, sondern mehr wie eine Berufung erscheinen ließ. Diese Erkenntnis führte zu der Idee, dass wir alle Freude und Spaß am Job haben sollten. Das war der Auslöser für MONDAY.ROCKS.

Zunächst dachten wir an Coaching, aber das allein war nicht ausreichend. Wir wollten auf daten- und evidenzbasierte Ansätze setzen, um den Mitarbeitenden zu helfen, ihre eigenen Werte und Leidenschaften zu verfolgen. Es war auch viel Glück und Zufall ‹‹

» dabei, dass wir Gleichgesinnte trafen, die ähnliche Fragen hatten: Wie können wir mehr Werte- und Passionsorientierung in die Arbeitswelt bringen? Wie ist es möglich, das durch Software und Daten zu unterstützen? Das war der Grundstein unserer Idee, die wir verfolgen wollten.

Ihr habt einen sehr ungewöhnlichen Namen: MONDAY.ROCKS. Wie seid ihr darauf gekommen?

Der Name stammt von unserem CEO Mario Reis, er hatte diese tolle Idee. Wir wollten, dass jeder Wochentag begeistert, insbesondere der Montag, der oft als schwierig empfunden wird. Studien zeigen, dass die Leistung montags oft niedriger ist, was teilweise daran liegt, dass man sich erst wieder an den Arbeitskontext gewöhnen muss.

Viele Menschen schlafen auch von Sonntag auf Montag am schlechtesten, was den Start in die Woche erschwert. Das hat mit dem veränderten Schlafrhythmus am Wochenende zu tun, aber auch mit den Gedanken an die anstehenden Aufgaben der Woche. All diese Punkte fließen mit ein in unseren Namen MONDAY.ROCKS, um schlussendlich einen positiven Start in die Woche zu fördern.

Welche Werte motivieren dich persönlich und wie spiegeln sie sich bei MONDAY.ROCKS wider?

Ich schätze Freiheit und Abenteuer. Diese Werte sind für mich essenziell. Wenn ich sie in meinem Arbeitsalltag erleben kann, bin ich zufrieden. Fehlen sie, macht die Arbeit weniger Spaß, und das kann zu Motivationsproblemen führen. Bei MONDAY.ROCKS ist es deshalb wichtig, die Vielfalt der Werte im Arbeitskontext zu nutzen und zu operationalisieren. Ich umgebe mich gern mit Menschen, die mich in meinen Werten ergänzen und Aufgaben übernehmen können, die ihren eigenen Werten entsprechen. Das ist ein Grundprinzip von MONDAY.ROCKS.

«

>> Gab es Situationen, die derart gegen deine Wertestruktur gingen, dass du gesagt hast, hier ziehe ich die Reißleine?

Ja. Ein Beispiel waren Lehraufträge an verschiedenen Hochschulen. Dort stieß ich auf ein zu kleinteiliges System, das mir einfach nicht zusagte. Ich sollte mich um Anwesenheitslisten kümmern, was mir grundlegend widerstrebte. Das fand ich im Lehrkontext problematisch. Nach der ersten Erfahrung lehnte ich weitere Lehraufträge ab.

Früher waren Begriffe wie ‚Werte' und ‚Passion' in der Arbeit eher Fremdwörter. Warum ist es heute so wichtig, dass sich Führungskräfte damit auseinandersetzen?

In der Vergangenheit wurde oft gesagt, das sei zu weich. Aber im unternehmerischen Kontext ist es entscheidend, Leistung in Teams zu entfachen. Das geht am besten, wenn die Mitarbeitenden ihre Arbeit gern ausüben. Intrinsische Motivation, also Spaß am Job, ist der Schlüssel zu höherer Leistung. Druck funktioniert heute nicht mehr wie früher. Die Arbeitswelt bietet den Arbeitnehmern eine große Flexibilität, sie können leicht den Bereich wechseln. Das finde ich positiv.

Angst und Druck sind veraltete, unkluge und ungesunde Methoden. Es freut mich, dass werte- und passionsorientiertes Arbeiten mehr Beachtung findet, und Studien zeigen, dass solche Organisationen am Markt höher geschätzt werden. Dies fördert auch die Innovationsfähigkeit und reduziert Fluktuation.

Wie steht es um das Erreichen von Zielen? Gibt es da Widersprüche zur werteorientierten Führung?

Nein, es gibt keinen Widerspruch. Business bleibt Business, und Profite sind essenziell. Wir arbeiten in einem System, in dem Arbeitszeit gegen Geld getauscht wird. Die Herausforderung für Unternehmen liegt darin, die Zielerreichung effektiv zu gestalten. Dabei spielt die intrinsische Motivation eine zentrale Rolle. <<

» Die Märkte sind international und die Produktdifferenzierung nimmt zu, was die Anforderungen an die Mitarbeitenden steigert.

Gibt es Tools, die Unternehmen implementieren sollten, um sowohl werteorientiert zu führen als auch Ziele zu sichern?

Der Markt entwickelt sich gerade in Richtung Nutzung künstlicher Intelligenz. Wir wissen noch nicht genau, wo sie überall eingesetzt werden kann, aber es wird kaum einen Bereich geben, der ohne KI auskommen wird. Es ist eines der wichtigsten Werkzeuge unserer aktuellen Zeit. Wir müssen jetzt genau überlegen, an welchen Stellen KI-Systeme uns am klügsten unterstützen können.

Welche speziellen Herausforderungen siehst du, wenn es um die Implementierung wertebasierter Führung geht?

Die Herausforderung für Führungskräfte liegt oft darin, die Wertekonstrukte im Team zu verstehen. Hier gilt es, die spezifischen Werte und Passionen zu erkennen und darauf basierend die Kommunikation anzupassen. Jeder Wert und jede Passion benötigen eine eigene Ansprache. Dabei ist Flexibilität entscheidend, um unterschiedliche Verbindungsmöglichkeiten als Führungskraft zu schaffen und ein tiefes Verständnis für die Einzigartigkeit der Mitarbeitenden zu entwickeln.

Warum wird eine werteorientierte Führung oft vernachlässigt?

Das liegt häufig am Zeitmangel und an der Frage nach dem Mehrwert solcher Maßnahmen. Viele Führungskräfte sind in ihrer Hierarchie gefangen und beharren darauf, dass ihre eigene Perspektive die richtige ist. Sie projizieren ihre Werte auf andere und erwarten konformes Verhalten. Was oft fehlt, ist der Versuch, sich in die Perspektive der Mitarbeitenden zu versetzen und zu verstehen, was diese antreibt und wie sie auf Veränderungen «

» oder bestimmte Projekte reagieren. Dieser Perspektivenwechsel ist eine kluge Investition, die auch Empathie erfordert. Als Führungskraft muss man erkennen, dass man allein sehr begrenzt ist. Es braucht ein vielfältiges Team, das unterschiedliche Perspektiven einbringt, um nachhaltige Lösungen zu entwickeln.

Welche konkreten Ideen kannst du Führungskräften mitgeben, um die verschiedenen Werte ihrer Teammitglieder zu verstehen und weiterzuentwickeln?

Ich empfehle, mit einer Struktur zu beginnen, die wir bei MONDAY.ROCKS das »Spielfeld der Zusammenarbeit« nennen. Es geht darum, die Architektur des Teams zu verstehen und zu wissen, wer was gern macht. Man kann die Teammitglieder entlang von Achsen analysieren. Die erste Achse betrifft Innovation versus Umsetzung: Ist jemand stark in der Ideenfindung oder in der Ausführung?

Die zweite Achse bezieht sich auf Außen- versus Innenorientierung: Ist jemand ein Kommunikator, der sich gut mit externen Partnern oder Kunden versteht, oder jemand, der stark auf das interne Team fokussiert ist? Diese Analyse hilft dabei, ein besseres Verständnis für die Stärken und Präferenzen jedes Einzelnen zu entwickeln und zu prüfen, ob im Team eine gute Diversität vorhanden ist.

Können wir das Konzept der Teamzusammenstellung somit auf eine einfache Vier-Felder-Matrix herunterbrechen?

Genau, das ist eine übersichtliche Methode. Auf der X-Achse haben wir Außen- und Innenorientierung, auf der Y-Achse Innovations- und Umsetzungsorientierung. Dies hilft, die Teammitglieder entsprechend ihrer Fähigkeiten einzuteilen. Es ist eine schnelle und einfache Übung, die sich in wenigen Minuten durchführen lässt. Auf Basis dieser Einteilung wird erkennbar, wie das Team für verschiedene Projekte oder Weiterentwicklungsaufgaben am besten eingesetzt werden kann. Es bietet eine klare und schnel- «

» le Übersicht über die Vielfalt im Team, und das Wissen um die Teamarchitektur ist für die Steuerung von Teams sehr hilfreich.

Was wäre ein nächster Schritt, nachdem die Führungskraft die Teammitglieder eingeteilt hat, um spezifisch die Werte im Team zu identifizieren?

Nach der initialen Einteilung ist es wichtig, die aktuellen Herausforderungen des Teams zu betrachten. Was sind unsere Prioritäten? Was könnten wir als Team besser machen? Hierbei sollte die Führungskraft das Team direkt involvieren und die Meinungen der Teammitglieder einholen. Basierend auf den identifizierten Herausforderungen kann man dann überlegen, welche Fähigkeiten benötigt werden. Brauchen wir innovative Ideen? Dann benötigen wir jemanden, der stark in der Innovation ist. Geht es darum, Prozesse zu konkretisieren und umzusetzen? Dann ist vielleicht eine Person gefragt, deren Stärken in der detaillierten Ausarbeitung, etwa dem Erstellen von Excel-Listen oder Strukturplänen, liegen. Die Verknüpfung dieser Architektur mit den aktuellen Herausforderungen ermöglicht es, jedes Teammitglied auf Basis seiner Werte und Stärken einzubinden, anstatt nur auf Stellenbeschreibungen zu setzen.

Wie kann eine Führungskraft ihr Team auch ohne den Einsatz von KI motivieren, innovativ zu denken?

Der Schlüssel liegt im Aufbau von Vertrauen. Bevor wir über Innovation sprechen, muss das Teamvertrauen gestärkt sein. Das ist die Basis, um ein hochinnovatives oder High-Performance-Team zu entwickeln. Es geht darum, eine sichere Umgebung zu schaffen, in der Fehler als Lernchancen gesehen werden und eine offene Kommunikation möglich ist. Wenn etwas schiefgeht, sollte das Team zusammenstehen und konstruktives Feedback geben können, ohne Angst vor negativen persönlichen Konsequenzen haben zu müssen.

«

›› Vertrauen bedeutet also auch, dem Team Freiheiten zu geben ...

Genau, es geht darum, Sicherheit in der Zusammenarbeit zu gewährleisten. Das Team sollte sich sicher fühlen, offen zu sprechen, selbst wenn es darum geht, Probleme zu thematisieren. Diese Sicherheit führt dazu, dass Teammitglieder eigenständig handeln können, ohne ständige Überwachung. Dies ist entscheidend, um eine Kultur der Eigeninitiative und Selbstverantwortung zu fördern. Neben dem Punkt des Vertrauens gilt es auch die positive Fehlerkultur zu stärken, denn Fehler sind die häufigste Konsequenz, wenn wir uns an neuen Dingen ausprobieren.

Was sind die nächsten Schritte, nachdem das Vertrauen aufgebaut wurde, um innovatives Denken weiter zu fördern?

Nachdem die Basis geschaffen wurde, ist es wichtig, klare Prioritäten und Erwartungen zu setzen. Jedes Teammitglied sollte verstehen, was von ihm erwartet wird und wie es zur Erreichung gemeinsamer Ziele beitragen kann. Diese Klarheit hilft, die individuellen Beiträge zu fokussieren und regelmäßig zu überprüfen, ob das Team den Erwartungen entspricht oder sie sogar übertrifft. Dies sollte in regelmäßigen Abständen reevaluiert werden, wie bei den Retrospektiven in der IT-Entwicklung.

Gibt es weitere Komponenten, um speziell das innovative Denken im Team zu stärken?

Innovation bedeutet, Chancen zu ergreifen und bereit zu sein, Risiken einzugehen. Eine Führungskraft sollte eine Atmosphäre schaffen, in der Optimismus herrscht und das Scheitern eines Experiments nicht als Misserfolg, sondern als Schritt zur Innovation gesehen wird. Mitarbeitende müssen ermutigt werden, neue Ansätze auszuprobieren und offen über ihre Versuche zu sprechen. Dies umfasst auch die Bereitschaft, über Sprints mehrere Ansätze zu testen und den besten Weg durch direktes Feedback sowie iterative Verbesserungen zu finden. ‹‹

» Wie definierst du einen Sprint?

Ein Sprint ist eine Methode, mit der sich große, abstrakte Ziele wie Umsatzorientierung in kleinere, greifbare Einheiten operationalisieren lassen. In der IT-Branche hat es sich bewährt, in 14-tägigen Sprints zu arbeiten. In unserem Team wenden wir das auch an. Alle 14 Tage kommt die IT zusammen, um zu überprüfen, ob alle auf Kurs mit unseren Quartalszielen sind. Es geht darum, regelmäßig zu reflektieren, wo wir stehen, was wir erreicht haben und was wir bis zum nächsten Meeting erreichen wollen. Das hilft uns, die großen Ziele in kleinere, umsetzbare Maßnahmen zu zerlegen und den Fortschritt kontinuierlich zu überwachen.

Diese Methode ist also effektiv, um schnelles Denken und Handeln zu fördern?

Absolut, Sprints sind ein State of the Art-Tool, um nicht nur innovatives Denken zu fördern, sondern auch die Umsetzung und das Einbringen von Werten und Leidenschaften in den Prozess. Durch die Dynamik und Komplexität unserer Zeit können wir uns nicht mehr auf langfristige Strategien verlassen. Stattdessen fokussieren wir uns auf das Hier und Jetzt. Jedes Teammitglied kann im Rahmen dieser Sprints einen Unterschied bewirken, Initiativen starten und flexibel auf Veränderungen reagieren. Dies fördert die Individualität und ermöglicht es jedem, direkt zur Zielerreichung beizutragen.

Steht die Führung durch künstliche Intelligenz (KI) an der Schwelle zu einer neuen Ära?

Ja. Wir stehen gerade am Anfang einer revolutionären Entwicklung. Was wir bislang von KI sehen, sind nur die ersten Schritte ihres Potenzials, insbesondere in der Arbeitswelt. Die Technologie entwickelt sich exponentiell. In naher Zukunft erwarten wir eine enorme Steigerung der Rechenkapazitäten, was alles, was «

» wir bisher kennen, in den Schatten stellen wird. Ich bin überzeugt, dass KI die größte technologische Innovation meines Lebens sein wird, auch im Bereich der Führungsverbesserung.

Wo kann man künstliche Intelligenz in der Führung schon jetzt sinnvoll nutzen?

KI kann bereits heute als eine Art persönlicher Führungscoach fungieren. Sie ist in der Lage, dabei zu helfen, die Werte und Positionen der Teammitglieder zu analysieren, Herausforderungen zu identifizieren und passende Lösungsstrategien zu entwickeln. Das alles kann dazu beitragen, Teams effektiver und schneller voranzubringen. Dies ist keine ferne Zukunftsmusik, sondern schon jetzt umsetzbar.

Welche speziellen Einsatzmöglichkeiten siehst du für KI in der Führung in den kommenden Jahren?

Die Zukunft gehört den Spezial-KIs, die auf spezifische Gebiete zugeschnitten sind. Diese werden in verschiedenen Unternehmensbereichen zum Einsatz kommen. KI wird z. B. bereits heute zur Generierung von Ideen oder zur Unterstützung bei der Konzeptentwicklung genutzt. Sie erstellt Texte, Grafiken und hilft schon jetzt in vielen Bereichen der Arbeit. Als Assistenzsystem wird KI fast jedes Gebiet der Arbeitswelt bereichern.

Könntest du konkretisieren, wie künstliche Intelligenz Führungskräften helfen kann, Entwicklungspläne effizienter zu gestalten?

Absolut. Nehmen wir die Matrix, die wir vorhin diskutiert haben – »Umsetzung stark, weniger außenorientiert«. KI kann blitzschnell individuelle Entwicklungspläne für Mitarbeitende erstellen, die sonst viel Zeit in Anspruch nehmen würden. Diese Technologie ermöglicht es, solche Pläne auf der Grundlage detaillierter Daten zu entwickeln, was ohne eine entsprechende Ausbildung schwierig wäre. «

›› Viele Führungskräfte schöpfen das Potenzial von KI noch lange nicht vollständig aus ...

Das liegt daran, dass wir uns noch in einer Entwicklungsphase befinden. Derzeit nutzen nur wenige Führungskräfte das volle Potenzial der KI, meist lediglich im einstelligen Prozentbereich. Das Feld ist neu, und viele Führungskräfte müssen die Vorteile und Möglichkeiten, die KI bietet, erst vollständig verstehen lernen.

Welche Aufgaben siehst du in Zukunft als die wichtigsten für eine Führungskraft?

Der Kern der Führung wird sich nicht ändern. Es geht darum, Mitarbeitende dazu zu motivieren, an einer gemeinsamen Idee mitzuwirken und Ziele gemeinsam zu erreichen. Diese Grundprinzipien von Führung – das Einladen und Integrieren jedes Einzelnen mit seiner spezifischen Perspektive – bleiben bestehen. Das Zusammenarbeiten ist ein wesentlicher Teil dessen, was uns als Menschen ausmacht und uns Freude bereitet.

Warum sollte eine Führungskraft, die sich mit KI beschäftigt, nicht in Panik geraten, bald durch Technologien wie ChatGPT oder Ähnliches ersetzt zu werden?

Es ist klar, dass sich bestimmte Fachlichkeiten verändern werden, unterstützt durch KI-Systeme. KI kann z. B. beim Schreiben helfen. Aber menschliche Interaktion hat eine lange und tiefe Geschichte. Es wird noch Generationen dauern, bis wir vollständig verstehen, wie sich menschliche Beziehungen zu humanoiden Robotern oder ähnlichen Technologien entwickeln könnten. Die Interaktion von Mensch zu Mensch ist extrem stark und bietet eine Bindung und Zugehörigkeit, die durch Technologie nicht einfach ersetzt werden kann.

‹‹

» Was können Führungskräfte nun tun, um die neuen Möglichkeiten der KI bestmöglich zu nutzen?

Führungskräfte sollten ihre Neugierde bewahren und sich ständig weiterbilden. Sie sollten lernen, wie verschiedene Systeme funktionieren, selbst experimentieren und ihre Erfahrungen teilen. Plattformen wie LinkedIn eignen sich hervorragend zum Austausch von Wissen und Erfahrungen.

Es ist auch wichtig, die eigene Persönlichkeit zu reflektieren: Welche Werte und Leidenschaften treiben mich an? Wie gestalte ich Interaktionen und baue Vertrauen auf? Das Zwischenmenschliche sollte im Fokus stehen, denn authentische emotionale Verbindungen zu knüpfen, ist entscheidend für effektive Führung.

KI spielt ja auch eine große Rolle bei MONDAY.ROCKS. Welche messbaren Ergebnisse habt ihr damit erzielt?

Unsere Methode unterstützt Führungskräfte dabei, einen echten Mehrwert im Team zu generieren. Wir beginnen mit der Analyse der aktuellen Herausforderungen und schauen, wer zusammenarbeitet. Dann betrachten wir Werte, Passungen und Architektur. Im dritten Schritt evaluieren wir die besten Handlungsmöglichkeiten. Ein wichtiger Indikator ist für uns die Team-Effektivität, die wir signifikant steigern konnten.

Was bedeutet »Team-Effektivität« genau?

Die Team-Effektivität zeigt auf, wie gut ein Team zusammenarbeitet und seine Ziele erreicht. Wir messen 16 Indikatoren, z. B. Innovationsfähigkeit, Handlungsfähigkeit, Konfliktmanagement und Offenheit für Neuerungen. Diese Indikatoren sind sekundäre Leistungsfaktoren von Teams. Mit uns können Teams, das zeigen unsere Daten, diese Faktoren um durchschnittlich 18 Prozent innerhalb eines Jahres verbessern.

«

» Gibt es weitere Beispiele für Verbesserungen durch eure Methoden?

Teams, die mit unserer Methode arbeiten, zeigen bessere Abschlusszahlen und eine erhöhte Interaktionsrate. Wir beobachten auch eine sinkende Fluktuation, was die Stärkung der Teamorientierung unterstreicht. Wir glauben, dass Intelligenz oft in Teams und nicht unbedingt in Einzelpersonen liegt. Dieses Potenzial heben wir an und ermöglichen zudem eine stressfreie Teamführung.

Wie setzt ihr KI konkret ein?

Wir nutzen sie, um aus den gesammelten Daten Handlungsimpulse zu generieren, die den Teams helfen, ihre Herausforderungen menschlich und effektiv anzugehen. KI unterstützt uns dabei, den Teamzusammenhalt und die Kooperation regelmäßig zu stärken, indem sie hilft, Unterschiede zu verstehen und Konflikte aufzulösen.

Vielen Dank, Christoph, da sind wir noch am Anfang einer starken Entwicklung, die nicht nur leistungsfähige, sondern auch gesündere Unternehmensstrukturen fördert. «

ROCKEN SIE IHRE PERFORMANCE DURCH WERTEBASIERTES FÜHREN, VERTRAUEN UND NEUE TECHNOLOGIEN!

Im Interview erzählt Prof. Dr. Christoph Schönfelder von der Bedeutung werteorientierter Führung und demonstriert, wie künstliche Intelligenz Führung und Unternehmertum leistungsfähiger und gesünder machen kann. Um den Teamspirit richtig zu rocken, sind Freude und Leidenschaft bei der Arbeit essenziell – und datenbasierte Ansätze können dabei eine große Hilfe sein. Hieraus ergeben sich drei spannende Chancen:

CHANCE 13: FÜHREN SIE WERTEBASIERT

Was wäre, wenn Ihr Team nicht nur motiviert in die Arbeit kommt, sondern sich sogar auf den Montag freut? Christoph betont, dass Freude und Leidenschaft am Arbeitsplatz durch die Verfolgung individueller Werte und Passionen gestärkt werden können. Eine Führungskraft, die die einzigartigen Werte ihrer Teammitglieder versteht und fördert, schafft ein dynamisches und leistungsfähiges Team. Indem Sie den Fokus auf die persönlichen Ideale und Leidenschaften legen, können Sie eine tiefere Verbindung und ein größeres Engagement der Mitarbeiter erreichen.

CHANCE 14: BAUEN SIE VERTRAUEN UND SICHERHEIT AUF

In einer vertrauensvollen und sicheren Arbeitsumgebung fühlen sich Teammitglieder ermutigt, offen zu kommunizieren und Fehler als Lernchancen zu betrachten. Christoph weist darauf hin, dass diese Vertrauensbasis entscheidend ist, damit ein Team eigenständig und kreativ arbeiten kann – ohne Angst vor negativen Konsequenzen. Das wiederum stärkt eine Kultur der Experimentierfreude und Resilienz. Vertrauen und Sicherheit sind die Grundpfeiler für Motivation und langfristigen Erfolg.

CHANCE 15: ADAPTIEREN SIE FRÜHZEITIG NEUE TECHNOLOGIEN

Wer technologieaffin ist, gewinnt an Vorsprung. Nutzen Sie KI, um die Stärken Ihrer Teammitglieder zu analysieren und individuelle Entwicklungspläne zu erstellen. Neue Technologien sind nicht nur Spielereien, sondern mächtige Werkzeuge für die Optimierung von Arbeitsprozessen und die Steigerung der Produktivität. Durch die schnelle Adaption neuer Technologien können Sie und Ihr Team nicht nur effizienter arbeiten, sondern auch wettbewerbsfähig bleiben und kontinuierlich wachsen. Das ist Teamspirit pur!

So können Sie diese Chancen in die Praxis umsetzen:

OUTSIDE-THE-BOX-IDEE NR. 13:
TEAMSPIRIT DURCH GELEBTE WERTE VERBESSERN

Haben Sie schon einmal in einem Verhandlungstraining von den zwei Schwestern gehört, die sich um die letzte Orange im Obstkorb streiten? Die übliche Antwort lautet natürlich: Teilen. Aber mal ehrlich, ist das wirklich die beste Lösung? Die Magie liegt darin, zu verstehen, was jede Schwester wirklich will. Eine braucht vielleicht den Saft, die andere die Schale für ihren Kuchen. Eine klassische Halbierung würde keiner von beiden wirklich helfen.

Menschen handeln basierend auf ihren Werten und Interessen, die nicht immer sofort sichtbar sind. Mein höchster Wert ist z. B. die Gesundheit. Deshalb entscheide ich mich immer für das, was meiner Gesundheit zugutekommt. Aufträge, die mich stressen, lehne ich ab, auch wenn sie lukrativ sind. Gleichzeitig strebe ich nach Qualität, was mich dazu gebracht hat, ein Schild über meinen Schreibtisch zu hängen: »Achtung – STOP dem Perfektionismus!«

Teambuilding-Methoden wie Brückenbauen oder Escape-Rooms sind schön und gut, aber was bringen sie wirklich für den Arbeitsalltag? Ein Abteilungsleiter hat mich vor ein paar Jahren gebeten, einen Werte-Workshop mit seinem Team durchzuführen, um die Zusammenarbeit zu verbessern. Was daraus entstand, war einfach verblüffend.

Zwei Teilnehmerinnen hatten sich kurz vorher richtig in die Haare gekriegt. Sie mussten an einem Projekt zusammenarbeiten und dachten, die andere drücke sich vor der Arbeit. Unser Workshop deckte auf, dass beide das gleiche Ziel hatten – Erfolg. Aber ihre unterschiedlichen Werte ließen sie komplett verschiedene Wege gehen. Das führte zu Konflikten.

Durch das Aufdecken dieser Werte konnten sie neue Erkenntnisse gewinnen und die Zusammenarbeit mit Verständnis und Toleranz für die Sichtweise der jeweils anderen Teilnehmerin wieder aufnehmen. Am Ende des Tages war das Team begeistert und einig, dass dies der wertvollste Workshop war, den sie in den vergangenen Jahren erlebt hatten.

Probieren Sie es einmal aus:

1. **Werteübersicht verteilen:** Geben Sie allen Teilnehmern eine Liste mit 40 bis 50 Werten (auf Google werden Sie fündig).

2. **Zehn Werte auswählen:** Lassen Sie jeden spontan seine zehn wichtigsten Werte auswählen – das klärt die persönlichen Prioritäten.

3. **Kernwerte herausfiltern:** Durch einen paarweisen Vergleich dieser zehn Werte werden dann die zwei wichtigsten herausgefiltert.

4. **Vorstellen und erklären:** Jeder stellt diese beiden Werte im Team vor und erklärt, was erfüllt sein muss, damit sie Bestand haben, und was eine Wertverletzung herbeiführt.

5. **Intensiver Austausch in kleinen Gruppen:** In kleinen Gruppen tauschen sich die Teilnehmer intensiver über ihre Werteerlebnisse und -wünsche aus.

Ein Werte-Workshop kann im Hinblick auf die Optimierung des Teamspirits Wunder bewirken. Indem Sie die zugrunde liegenden Werte und Interessen Ihrer Teammitglieder aufdecken, fördern Sie ein tieferes Verständnis und eine bessere Zusammenarbeit!

OUTSIDE-THE-BOX-IDEE NR. 14: KREATIVITÄT ENTFESSELN UND INTERNE PROBLEME AUFDECKEN

»Bei uns in der Agentur läuft's kommunikativ nicht rund!« Diese Notruf-Mail von meiner Bekannten landet in meinem Postfach. Ihr 12-köpfiges Team steckt tief in der Krise, niemand spricht Klartext. Da hilft nur eins: Kreativität als Lösungshammer schwingen! Ein paar Wochen später versammeln wir uns zum Gruppencoaching. Die Mission: den Elefanten im Raum entlarven. Ich lasse die Teilnehmer in Zweiergruppen auf einem Flipchart ein großes Wappen mit vier Feldern unterteilt aufmalen und diese mit folgenden Überschriften versehen:

- **Oben links:** »Das läuft super!«
- **Oben rechts:** »Das ist zäh, aber noch tragbar.«
- **Unten links:** »Das nervt tierisch.«
- **Unten rechts:** »Das wünsche ich mir.«

Jetzt ist Zeichnen angesagt! Jede Gruppe füllt die Felder des Wappens mit Skizzen oder Symbolen, die die Lage und Gefühle darstellen. Die Aussage »Ich kann nicht malen« gilt hier nicht, Linien und Striche bekommt jeder hin. Zehn Minuten später wird die »Wappen-Vernissage« eröffnet. Jede Gruppe präsentiert ihre Meisterwerke, die von den anderen kommentiert werden, bevor die »Künstler« ihre wahren Intentionen preisgeben. Die Runde geht weiter zum nächsten Kunstwerk – es zeigt sich eine Offenbarung nach der anderen.

Wollen Sie dieses kreative Feuerwerk auch in Ihrem Team zünden? Hier finden Sie die dafür notwendigen Schritte:

1. **Auswertung der Ergebnisse:** Sammeln Sie die Flipcharts und notieren Sie die dringlichsten Punkte aus jedem Feld. Dies ist Ihr Kompass, der sowohl das Gute als auch die Problembereiche zeigt.

2. **Offene Diskussion:** Jetzt wird Tacheles geredet. Fragen Sie nach den Ursachen der Probleme und fordern Sie Ideen für Lösungen ein. Keine Tabus!

3. **Maßnahmenplan entwickeln:** Schmieden Sie aus den Erkenntnissen einen klaren Aktionsplan. Bestimmen Sie Verantwortliche und setzen Sie messbare Ziele sowie einen sinnvollen Zeitrahmen.

Diese Methode ist ein echter Gamechanger. Schluss mit der Denkblockade – lassen Sie die Kreativität sprudeln! Indem Sie über die Zeichnungen die rechte Gehirnhälfte, die für Intuition und visuelles Denken zuständig ist, aktivieren, schaffen Sie eine Atmosphäre der Neugier und Offenheit. Die Teilnehmer sprechen offener über ihre Gefühle und Wahrnehmungen, und plötzlich liegen Lösungen auf dem Tisch, die vorher undenkbar erschienen.

OUTSIDE-THE-BOX-IDEE NR. 15: NEUE TECHNOLOGIEN TESTEN WIE EIN START-UP

Neulich auf der Betriebsversammlung: »Ab nächster Woche müssen wir das neue CRM-Tool benutzen!« oder »Ab sofort wird die neue interaktive Marketingbroschüre per iPad beim Kunden eingesetzt!«. Solche Ansagen des Managements sorgen garantiert für Frust und Widerstand. Statt Teamspirit gibt es dann Teamspaltung. Mit der Einführung von KI und anderen technischen Spielereien wird das in Zukunft leider noch häufiger passieren. Einfach so übergestülpt, sorgen diese Maßnahmen nur für Ärger: Die einen steigen sofort aus und überlegen, wie sie das System umgehen können, während die anderen lautstark protestieren.

Aber jetzt mal ehrlich: Es gibt einen viel smarteren Weg! Die Lösung heißt Sprints.[23] Ursprünglich von einem Google-Mitarbeiter entwickelt, um neue Produkte schnell und kurzfristig zu testen, sind Sprints auch perfekt, um technische Innovationen geschmeidig einzuführen:

1. **Kleines Ziel setzen:** Definieren Sie gemeinsam ein Ziel für einen kurzen Zeitraum, z. B. eine Woche oder einen Monat. Ob neue Softwarefunktion oder Prozessverbesserung – das Ziel muss klar und knackig sein.

2. Etappenplan entwickeln: Erstellen Sie einen detaillierten Plan mit den wichtigsten Schritten und Erfolgskriterien. Was bedeutet Erfolg,

Benutzerfreundlichkeit oder Effizienzsteigerung? Legen Sie fest, woran Sie sich messen lassen wollen.

3. **Prototyp festlegen:** Entscheiden Sie sich für einen Prototypen, der die grundlegenden Funktionen der neuen Technologie oder des Produkts abbildet. Dabei ist unerheblich, ob es sich um eine einfache Modellversion der Software, ein physisches Modell oder eine vorläufige Dienstleistung handelt – Hauptsache, es funktioniert.

4. **Prototyp testen:** Testen Sie den Prototypen unter echten Bedingungen. Holen Sie sich ehrliches Feedback, indem Sie ihn von einer begrenzten Nutzergruppe oder im Rahmen eines Pilotprojekts ausprobieren lassen.

5. **Feedback nutzen und weiterentwickeln:** Analysieren Sie das Feedback und Ihre eigenen Erfahrungen. Identifizieren Sie Schwachstellen und setzen Sie Verbesserungen um. Starten Sie dann einen neuen Sprint, um die verbesserte Version zu testen und weiterzuentwickeln.

Diese Methode ist ein Hammer, denn in wenigen Tagen kann das Erfolgspotenzial einer Neueinführung in einem kleineren Kreis überprüft werden. Start-ups setzen sie ein, um flexibel und kostensparend neue Technologien, Prozesse oder Serviceangebote zu testen und auf den Markt zu bringen. Wenn sie im kleinen Kreis funktionieren, werden diese Erfahrungen zu Leuchttürmen, die dann auch die anderen Kollegen leichter überzeugen.

Also, warum nicht einmal die Dinge wie ein Start-up angehen und die Power von Sprints nutzen – mit weniger Frust und dafür mehr Überzeugung?

KAPITEL 6:

REGELN BRECHEN

Die zentrale Frage, die mich seit Jahren beschäftigt und meine berufliche Laufbahn stark geprägt hat, lautet: Wie schaffe ich es, kreatives, strategisches und innovatives Denken systematisch zu trainieren?

Früher dachte ich immer, Kreativität hätte nur etwas mit künstlerischen Tätigkeiten wie Malen, Musik oder Schreiben zu tun. Viele Kreativitäts-Workshops beginnen mit einem Brainstorming darüber, was man alles aus einer Büroklammer machen kann, und das finde ich nicht hilfreich. Solche Übungen erscheinen mir losgelöst vom praktischen Alltag und bieten kaum Ansätze für echte Problemlösungen. In der Realität zucken viele mit den Schultern und hoffen, dass jemand anderes eine Lösung findet, wenn es irgendwo Probleme gibt.

In meiner langjährigen Tätigkeit als Angestellter und Führungskraft hatte ich oft das Privileg, einen großen Teil meiner Aufgaben selbst zu definieren und neu zu erschaffen. Das erforderte viel Kreativität sowie die Fähigkeit, sinn- und freudvolle Möglichkeiten zu erkennen und umzusetzen. Diese Art zu denken wird nirgendwo umfassend gelehrt; sie entwickelt sich durch Ausprobieren, Verbessern und Neuerfinden.

Dieses Vorgehen hat mir immer Freude gemacht und morgens den Antrieb gegeben, zur Arbeit zu gehen. Zum Glück hatte ich einen Arbeitgeber, der diese Form des Arbeitens unterstützte und willkommen hieß. Meine Philosophie des kreativen »Regelbrechens« habe ich meinem Team vermittelt, was zu hochmotivierten Mitarbeitern und einer starken internen Positionierung führte.

Ein Schlüsselerlebnis hatte ich zu Beginn meiner Karriere, als ich einen höher gestellten Manager aus einem anderen Bereich überzeugen sollte, seine Daten uns gegenüber offenzulegen und zu kooperieren. Meine Chefin sagte nur: »Das überlasse ich Ihrer Kreativität.« Da wurde mir bewusst, dass Kreativität auch bedeutet, neue Denkwege in der Kommunikation zu gehen. Angespornt durch diese Antwort, ging ich erneut zu dem Manager und überzeugte ihn mit einigen Nutzenargumenten. Er stimmte zu.

Im Laufe der Jahre musste ich oft in schwierigen Situationen Lösungen finden, um Profite zu erzielen oder Einsparmaßnahmen möglichst verträglich umzusetzen. Als Leiter der Abteilung Pricing standen mein

Team und ich einmal vor der großen Frage, welche Strategie wir bei einer Ausschreibung wählen sollten, um den Zuschlag zu bekommen.

Die theoretischen Szenarien auf dem Papier waren unbefriedigend. Deshalb kam ich auf die Idee, die Ausschreibung mit Kollegen aus anderen Bereichen zu simulieren. Durch die verschiedenen Blickwinkel dieser Simulation wurde uns klar, welche Strategie am besten wäre und wie unsere Mitbewerber wahrscheinlich agieren würden. Unser Planspiel ging auf, und wir gewannen die Ausschreibung.

Die Botschaft, die ich Ihnen mitgeben möchte, ist folgende: Regelbruch ist der wahre Motor der Innovation. Wer immer den Regeln folgt, bleibt im Mittelmaß stecken. Traditionen zu brechen bedeutet nicht Respektlosigkeit, es bildet einen ersten Schritt zum echten Fortschritt.

Es gibt keine wirkliche Anleitung, aber trainierbares Handwerk für kreatives und innovatives Denken. Kreativität zu fördern bedeutet, den Mut zu haben, neue Wege zu gehen, Regelbrüche zu wagen und eine Umgebung zu schaffen, in der Ideen gedeihen können. Dies ist der Schlüssel zu einer innovativen und zukunftsfähigen Unternehmenskultur.

Martin Gaedt, mein Gesprächspartner, ist Provotainer, Anpacker und Geschäftsführer der Provotainment GmbH. Er hat unter anderem die Bücher »Rock Your Idea«[24] und »SMART ARBEITEN MIT DER DELETE-STRATEGIE. Überflüssiges streichen, Produktivität steigern, kreatives Potenzial freisetzen«[25] geschrieben. Aufgrund seiner Expertise über Regelbrüche wollte ich von ihm wissen, wie das in der Praxis gestaltet werden könnte.[26]

INTERVIEW MIT MARTIN GAEDT

» Martin, unser Thema heute ist »Regelbruch«. Eine kritische Frage, die viele Unternehmer umtreibt, lautet: Was passiert, wenn sie in ihre Mitarbeiter investieren und diese dann das Unternehmen verlassen?

Genau, das ist die Kernfrage. Schauen wir uns die itemis AG an – ein Paradebeispiel. Im letzten Jahr stellten sie 120 Software- «

>> entwickler ein, obwohl oft behauptet wird, dass diese auf dem Arbeitsmarkt kaum vorhanden seien. Ihr Modell: Vier Tage in der Woche wird in Projekten gearbeitet, und einen ganzen weiteren Tag pro Woche wählen die Mitarbeitenden eine Fortbildung für sich aus. Pro Jahr summiert sich das auf 13.600 Fortbildungstage. Das Resultat: keine Fluktuation. Das Unternehmen hat 120 neue Entwickler eingestellt, alle haben das neueste Know-how für die Kunden.[27]

Ein faszinierendes Beispiel!

Absolut. Es zeigt, wie man durch das Brechen von Regeln auf deine Frage antwortet. Die Firma bietet optimale Bedingungen, also warum sollten die Leute gehen? Es ist natürlich und gesund, dass manchmal Mitarbeiter gehen und neue kommen. Als ich meine Softwarefirmen leitete, sagten die besten Entwickler schon beim Vorstellungsgespräch, dass sie nicht länger als drei Jahre bleiben würden. Wir dachten dann: »Halleluja, wir haben gute drei Jahre vor uns.« Die besten Entwickler suchen ständig neue Herausforderungen und wollen sich weiterentwickeln. Entweder wir bieten ihnen diese Möglichkeiten, oder sie ziehen weiter und neue Talente rücken nach.

Ständige Weiterbildung ist ja nicht nur für Softwareentwickler entscheidend.

So ist es. Die Arbeitswelt wird sich in den nächsten zehn Jahren drastisch ändern – stärker als in den letzten dreißig. Technologische Fortschritte und neue Anwendungen treiben diese Entwicklung voran. Ohne fortlaufende Weiterbildung werden die Menschen schlichtweg nicht mehr in der Lage sein, effektiv zu arbeiten.

Mitarbeiterfortbildung ist auch innovationsfördernd.

<<

» Schauen wir auf das Handwerk, etwa ein Sanitär- und Heizungsunternehmen. Sie haben enorme Entwicklungen durch die Integration von Wärmepumpen und Solarenergie gemacht. Die regelmäßige Fortbildung ihrer Mitarbeiter ist der Schlüssel zu diesem Know-how der Zukunft. Ihr Umsatz steigt.

Ein wichtiger Aspekt sind kreative Auszeiten, die ja nicht nur Erholung, sondern vor allem Arbeitsfortschritt ermöglichen. Hast du hierfür ein vorbildliches Beispiel?

Nehmen wir die Filmfirma Sons of Motion Pictures in Leipzig. Zum zehnjährigen Jubiläum gab der Geschäftsführer Florian Arndt seinem Team zwei Tage frei, um sich intensiv mit KI-Tools auseinanderzusetzen, die in ihrem Bereich relevant sind – sei es in der Animation, der Bildgestaltung, dem Ton oder der Regie. Florian hat es so formuliert: »Wir machen Hollywood für den Mittelstand.« Alle Abteilungen nutzen jetzt KI, und das Unternehmen kann Produktionen teilweise zum Fünftel der früheren Kosten anbieten. Das zeigt, wie wichtig es ist, dass Führungskräfte aktiv Zeit für die Entwicklung ihrer Teams bereitstellen. Es geht darum, Freiraum zur Weiterentwicklung zu schaffen, statt ausgefüllte Tage noch voller zu stopfen.[28]

Apropos Zeit. Meetings sind ja heute ein lästiger Zeitfresser. Gibt es da auch Möglichkeiten, so ein Alltagsproblem kreativer zu lösen?

Ein Mitarbeiter des Unternehmens Shopify hat ein Google Chrome-Plug-in entwickelt, das zu jedem geplanten Meeting die Kosten anzeigt. Plötzlich wurde allen bewusst, wie teuer diese Meetings sind – ein Meeting, das zwei Stunden dauert, kann umgerechnet etwa 1.400 kanadische Dollar kosten. Seit der Einführung dieses Plug-ins hat Shopify jährlich 322.000 Stunden an Meeting-Zeit eingespart.[29] Das zeigt, wie kleine Tools große Veränderungen bewirken können. «

>> Kleine Maßnahme, riesige Wirkung. Ich bin beeindruckt. Es gibt ja eine Menge an Vorannahmen, z. B.: »Das Meeting XY ist entscheidend für den Projekterfolg«. Wenn wir das nicht regelmäßig hinterfragen, wird sich nichts ändern.

Einer meiner Lieblingssprüche ist »nicht raten, fragen«. Oft werden Projekte auf Basis von Annahmen gestartet, die sich später als falsch herausstellen. In meinem ersten Unternehmen war das eine große Erkenntnis. Wir haben immer mit den Zielgruppen, also den Kunden unserer Kunden, gesprochen und festgestellt, dass deren Bedürfnisse häufig ganz anders waren, als unsere Kunden dachten. Das hilft, Vorannahmen zu vermeiden und wertvolle Lösungen zu entwickeln.

Du hast in deinem Buch »Rock Your Idea« zwei sehr interessante Fragen gestellt: »Was bedeutet das Risiko, nichts zu tun?«[30] und »Wissen Unternehmen, wer sich nicht bei ihnen bewirbt?«[31] Diese Art zu fragen eröffnet völlig neue Perspektiven.

Ja, diese Fragen helfen mir, tiefer zu bohren und nicht einfach Annahmen zu akzeptieren. Bei allen Unternehmen hat sich die Mehrheit potenziell passender Fachkräfte noch nie beworben. Diese Klarheit eröffnet eine neue Sichtweise auf den Fachkräftemangel. Das Potenzial ist unendlich groß. Im Dialog mit Menschen kannst du den gemeinsamen Nenner einer Zielgruppe herausfinden. Nehmen wir das Beispiel der Musikvorlieben von Ingenieuren und Softwareentwicklern, die oft Heavy Metal mögen. Kluge Unternehmen nutzen solche Informationen gezielt, um potenzielle Mitarbeiter anzulocken.

Da gibt es sicherlich einige Vorreiter …

Ja, ein Unternehmen kaufte beispielsweise vier Tickets für das Wacken-Festival[32], bevor sie ausverkauft waren, und bot sie als Anreiz in Stellenanzeigen an. Sie haben dadurch unglaublich vie- <<

» le qualifizierte Bewerbungen erhalten. Ähnlich hat eine Stadtverwaltung, die dringend Bauingenieure suchte, Freikarten für eine Heavy Metal-Kreuzfahrt als Anreiz verwendet, was zu einer erfolgreichen Rekrutierungskampagne führte.[33]

Das zeigt, wie kreatives Denken einen Unterschied bewirken kann. Und es funktioniert sogar in Behörden, die ja eher weniger für innovatives Denken stehen. Wie können Unternehmen eine Kultur des innovativen Denkens und des Regelbruchs fördern, ohne die Stabilität zu gefährden?

Es ist entscheidend, dass wir unsere Komfortzone verlassen, aber gleichzeitig ihre Bedeutung anerkennen. Wir brauchen Stabilität als Basis, um Ressourcen für Weiterentwicklung zu haben. Ein gutes Modell dafür ist die »70-30-Regelung«. Damit meine ich, dass Mitarbeiter zu 70 Prozent ihrer Zeit Standardaufgaben nachgehen und 30 Prozent ihrer Zeit für Weiterbildung und Innovation nutzen. Eine andere Möglichkeit ist, innerhalb des Unternehmens ein Start-up zu gründen, in dem sich Mitarbeiter voll auf neue Ideen konzentrieren können.

Hier kann ich mir schon die ersten Bedenkenträger lebhaft vorstellen. Wie können Unternehmen sicherstellen, dass diese Modelle effektiv funktionieren, ohne die grundlegende Geschäftstätigkeit zu vernachlässigen?

Die Herausforderung liegt darin, dass diejenigen, die an neuen Ideen arbeiten, das Bewährte wertschätzen müssen und umgekehrt. Es kommt oft zu Konflikten, weil die Verantwortlichen für das Bewährte diejenigen, die Neues entwickeln, als Störfaktor sehen. Unternehmen müssen also eine Kultur schaffen, in der Innovation und bewährte Praktiken gleichwertig respektiert werden. Das ist der Schlüssel, um sowohl Innovation zu fördern als auch die notwendige Stabilität zu wahren, damit das Geschäft erfolgreich bleibt.

«

»Viele Unternehmen starten ja mit großem Elan Initiativen, bilden Projektgruppen, und nach der Präsentation der Ergebnisse landen viele Projektideen in der Schublade. Wie kommt das?

Das Problem ist, dass oft nicht verstanden wird, dass eine Idee noch keine Innovation ist. Sie ist lediglich ein Anstoß, ein Impuls – ich vergleiche es gern mit einem Baby. In direktem Vergleich mit dem etablierten Business wird das Baby, also die neue Idee, immer unterlegen sein, weil das Bestehende natürlich erfolgreicher scheint. Es ist unmöglich zu erkennen, welche großartigen Fähigkeiten in einer Idee stecken, genauso wenig wie man bei einem Baby vorhersagen kann, ob es später ein herausragender Pianist oder eine Spitzen-Wasserballerin wird. Wir müssen lernen, das Potenzial von Ideen zu erkennen und zu fördern, anstatt sie frühzeitig aufzugeben.

Eine gute Herangehensweise hierfür wäre ...

... experimentieren. Wir können wie ein Kleinkind alle Schubladen öffnen, alles herausziehen und uns tief in die Idee vertiefen. Erlebnisse mit der Idee fördern das Erkennen der Talente. Erst wenn die Idee wie ein rebellischer Jugendlicher durch alle Entwicklungsphasen gegangen ist, können wir wirklich bewerten, ob wir sie etablieren wollen

Selbst wenn Ideen als gut bewertet werden, scheitern sie oft in der Umsetzung. Hast du dafür eine Erklärung?

Die Hauptprobleme sind oft die Zeit und die Ressourcen, die für eine Idee zur Verfügung gestellt werden. In einem Unternehmen habe ich erlebt, dass zwei Mitarbeiter 50 Prozent ihrer Arbeitszeit der Innovation widmen sollten, ohne jedoch zusätzliche finanzielle Mittel oder andere notwendige Ressourcen zu erhalten. Das ist ein fundamentales Missverständnis darüber, was Innovation wirklich erfordert. «

» Wie können Unternehmen nun sicherstellen, dass neue Ideen nicht nur entwickelt, sondern auch erfolgreich umgesetzt werden?

Eine Idee wird erst dann wirklich erfolgreich, wenn sie zum neuen Standard wird, zu etwas Alltäglichem und »Langweiligem«. Dafür benötigt es einen klaren Nutzen für die Anwender, Kunden und das Unternehmen selbst. Der Schlüssel liegt darin, neue Zielgruppen zu erschließen oder bestehenden Kunden mehr zu bieten. Häufig scheitern neue Produkte daran, dass sie im Vertrieb nicht priorisiert werden, weil die Vertriebler lieber das verkaufen, was ihnen die höchsten Boni bringt. Und das sind meist die älteren, etablierten Produkte.

Es klingt, als ob Marketing und Vertrieb hier eine entscheidende Rolle spielen?

Absolut. Oft höre ich von Unternehmensangehörigen, dass neue Produkte und Angebote nicht aktiv vermarktet werden. Selbst wenn ein Produkt fertig entwickelt ist, kann es in der Implementierungsphase stecken bleiben, weil es einfach nicht mit der gleichen Energie vertrieben wird wie bestehende Produkte.

Viele Unternehmen fokussieren sich eher auf ihre »Cashcows« als auf ihre »Rising Stars«.

Es ist sicherlich völlig legitim, wenn Unternehmen sich erst einmal darauf konzentrieren, das Maximum aus ihren erfolgreichsten Produkten herauszuholen. Das ist oft die Realität im Geschäftsleben. Aber Studien zeigen auch, dass die durchschnittliche Lebensdauer eines Unternehmens in Deutschland neun Jahre beträgt, in den USA zehn Jahre. Das verdeutlicht die Herausforderungen und die Dynamik im Geschäftsumfeld.

Hier kommt mir das Geschäftsmodell der »Hidden Champions« in den Sinn. Wie bewertest du das? «

» »Hidden Champions« zeigen die Innovationskraft des deutschen Mittelstands. Sie fokussieren sich auf nachhaltige Entwicklung und regionales Engagement. Sie melken nicht einfach ihre Cashcows, sondern entwickeln sie behutsam weiter. Das fördert nicht nur die Langlebigkeit des Unternehmens, sondern auch die Mitarbeiterzufriedenheit.

Das Hauptanliegen Nummer eins der Mitarbeiter, laut vielen Umfragen, ist Sicherheit. Das zeigt, wie wichtig es für Unternehmen ist, eine Balance zwischen Bewahren und Innovieren zu finden, um langfristig erfolgreich und attraktiv für Fachkräfte zu bleiben.

Welche Führungsprinzipien sind hierfür erforderlich?

Gelingende Innovation erlebe ich immer dort, wo das Management wirklich menschenorientiert agiert. Das bedeutet, die Mitarbeiterinnen und Mitarbeiter zuerst zu entlasten, ihnen damit Ressourcen für ihre Weiterentwicklung zur Verfügung zu stellen und so die gesamte Unternehmenskultur darauf auszurichten, Innovation zu fördern.

Viele Führungskräfte fühlen sich in einer Sandwichposition: Sie erhalten von oben Druck und sehen sich gleichzeitig mit Erwartungen und Wünschen ihrer Mitarbeiter konfrontiert. Der Alltag ist wiederum dominiert von Bürokratie. Wie können sie Freiräume schaffen und innovatives Denken in ihren Teams fördern?

Führungskräfte sollten ihre Rolle überdenken. Die Hauptaufgabe wird immer mehr darin bestehen, Altes zu entsorgen, den Fokus zu stärken und dem Team Freiräume zu eröffnen. Dazu gehört auch, vom Mikromanagement abzurücken. Es geht darum, Rahmenbedingungen zu etablieren, die sowohl für sie selbst als auch für ihre Mitarbeitenden attraktiv sind. Diese Veränderung macht das Unternehmen nicht nur intern effektiver, sondern auch extern attraktiver für potenzielle neue Mitarbeitende. «

» Und das wird dann auch von außen wahrgenommen?

Ja, Zufriedenheit der Mitarbeitenden spricht sich schnell herum – durch Gespräche mit Freunden, Familie und Nachbarn. Viele Unternehmen unterschätzen diesen Effekt. Es gibt Unternehmen, die finden alle neuen Mitarbeitenden über Empfehlungen der zufriedenen Crew, die schon an Bord ist. Ein Tischler, den ich kenne, hat zusätzlich alle seine Kunden um Tipps gebeten und hat so neun Tischlerinnen und Tischler eingestellt.

Martin, wir haben nun viele wertvolle Einsichten gesammelt. Wie sähe jetzt eine konkrete Umsetzung aus?

Zuerst ist es wichtig, eine klare Trennung zwischen dem bestehenden Business und den neuen Ideen vorzunehmen. Die Basis ist »die Welt, die wir geschaffen haben«. Führungskräfte agieren gleichzeitig in zwei Welten: der Welt des bestehenden Geschäftsmodells und der Welt der Ideen.

Welche Schritte könnten Führungskräfte in diesem Kontext unternehmen?

Der Prozess beginnt mit dem Hinterfragen des Bestehenden und dem Aufwerfen neuer Fragen, was in die Welt der Ideen führt. Jede Innovation beginnt mit Fragen. Dies führt dann zur Welt der Experimente, in der Ideen getestet und Talente entdeckt werden. Aus diesen Experimenten entstehen neue »Key-Faktoren«, auf deren Grundlage dann neue Spielregeln für Produkte und Services entwickelt werden. Schließlich müssen diese Innovationen durch Marketing und Vertrieb in der alten Welt etabliert werden. Diese vier Welten – Bestehendes, Ideen, Experimente und Etablierung des Neuen – müssen von einer Führungskraft klar unterschieden und durchlaufen werden.

Welche praktischen Tipps kannst du Führungskräften geben, um diesen Prozess zu starten? «

» Führungskräfte sollten sich intensiv mit den Prozessen ihrer Organisation auseinandersetzen und verstehen, was notwendig ist, um Innovation zu fördern. Sie sollten lernen, kontinuierlich Fragen zu stellen. Mein Werkzeug der Innovation umfasst 18 »Trainingsgeräte«. Man kann dies täglich üben. Stellt man an jeder roten Ampel 44 Fragen, äußert man in sieben Jahren eine Million Fragen. Werden keine Fragen gestellt, wird auch keine Weiterentwicklung stattfinden. Innovation beginnt immer mit einer Frage. Darauf aufbauend wird dann vertieft, umgedreht, gestrichen, neu kombiniert usw. Es geht darum, das Handwerk zu beherrschen und nicht nur große, eintägige Workshops zu veranstalten.

Was wären dann die nächsten Schritte?

Beginnen wir mit den grundlegenden Schritten, die jede Führungskraft beachten sollte:

Schritt 1 wäre, zuerst das bestehende Geschäft als eine eigene Welt zu betrachten. Diese Welt bildet die Basis für alles andere und liefert sowohl die Herausforderungen als auch die Chancen für Innovationen. Eine Führungskraft sollte erkennen, dass sie zwischen verschiedenen Welten navigiert.

Wenn man in Schritt 2 anfängt, kritisch zu hinterfragen und neu zu kombinieren, betritt man die Welt der Ideen. Das ist der Raum, in dem Innovation beginnt, wenn bestehende Annahmen umgedreht werden. Das Neue ist zuerst unbekannt, unvertraut, ungewollt, erschreckend. Wäre es bereits bekannt, wäre es nicht neu.

Nach den Ideen folgt Schritt 3, die Welt der Experimente. Hier wird getestet und konkretisiert, welche Neuerungen tragfähig sind. Es geht darum, aus Ideen greifbare Produkte oder Dienstleistungen zu entwickeln und diese zu verfeinern.

Sobald ein neues Konzept steht, muss es im Markt eingeführt werden. Das erfordert in Schritt 4 die Suche nach neuen Partnern, z. B. im Marketing und Vertrieb, um die Innovationen erfolgreich zu platzieren.

«

» Ein erster konkreter Anfang könnte eine umfassende »Delete-Liste« sein. Welche Routinearbeiten und Aufgaben können gestrichen werden? Es muss Raum geschaffen werden, indem man Altes reduziert, bevor Neues hinzugefügt wird.

Gestrichen wird eher selten, wobei wir wieder beim Thema »Kritisches Hinterfragen« sind.

Es ist wie ein Glas, das nur 0,3 Liter fassen kann, aber man versucht, einen Liter hineinzugießen. Ab einem gewissen Punkt läuft es über. Im Geschäftsalltag passiert das Gleiche mit unseren Kapazitäten. Wenn wir immer mehr Aufgaben hinzufügen, werden die Menschen überlastet und sind verständlicherweise unzufrieden. Das kann zu Burn-out führen. Schätzungen zufolge leiden 20 Prozent der Arbeitnehmerinnen und Arbeitnehmer unter den Auswirkungen davon. In einer Welt, die durch Globalisierung und die Flut an neuen Technologien immer komplexer wird, ist es die Aufgabe der Führungskräfte, für Entlastung zu sorgen. Wir müssen entrümpeln und die notwendigen Kapazitäten schaffen, damit sich die Mitarbeiter auf die wesentlichen Aufgaben konzentrieren können.

Also, das Setzen klarer Prioritäten ist essenziell, ebenso wie der Mut, andere Wege zu gehen?

Genau. So hat z. B. die SKS Steuerberatung stille Stunden eingeführt. Von 10 bis 12 Uhr und von 14 bis 15 Uhr bleibt das Telefon stumm. Das Ergebnis sind konzentriertere, effektivere Arbeitsstunden. Diese Maßnahme ermöglichte es ihnen, ihre Arbeitswoche auf 34 Stunden zu reduzieren, und das ohne Leistungseinbußen – im Gegenteil, sie haben sogar ihre Produktivität gesteigert.[34]

Das klingt nach einem Modell, das mehr Unternehmen übernehmen könnten.

«

» Absolut, und es zeigt, wie wichtig es ist, mutige Entscheidungen zu treffen. Viele haben Angst vor der Reaktion der Kunden, aber wenn die Qualität der Arbeit steigt und die Erreichbarkeit von Ansprechpartnern effizient organisiert ist, dann wird das von den Kunden sogar geschätzt. Wir müssen uns trauen, alte Muster zu durchbrechen und neue Wege zu gehen. Das ist der Schlüssel zu einer gesunden Arbeitsumgebung und letztendlich auch zu einem erfolgreichen Geschäft.

Du hast vorhin erwähnt, dass man Neues schaffen kann, indem man bestimmte Dinge neu kombiniert. Könntest du ein konkretes Beispiel geben, wie diese Technik zu realen Innovationen führen kann?

Sicher, ein aktuelles Beispiel ist die Arbeit eines Professors an der Technischen Universität Berlin, der an der Entwicklung menschlicher Organe aus dem 3D-Drucker arbeitet.[35] Diese Organe können für Medikamententests genutzt werden, was die Notwendigkeit von Tierversuchen verringern könnte.

Dies zeigt, wie die Kombination bestehender Technologien – in diesem Fall der 3D-Druck – mit neuen Anwendungsgebieten revolutionäre Auswirkungen haben kann. Zudem steigt die Aussagekraft der Experimente, da die meisten Tierversuche nichts über die Wirkung bei Menschen aussagen. Ein weiteres Beispiel wäre der 3D-Druck von Häusern. Hierzu wurden in den USA Methoden entwickelt, die es ermöglichen, ein Haus zu »recyceln«, indem man das gedruckte Haus komplett absaugt und woanders wieder aufbaut, also neu druckt.

Lass uns deine Ideen in den Alltag eines normalen Unternehmens übertragen. Wie könnte man deine Methode nutzen, um innovativer zu denken und Innovationen effizienter zu gestalten?

Nimm z. B. die Caritas Geldern-Kevelaer und Rhein-Sieg bei Düsseldorf. Sie haben sich entschieden, bei der Ausbildung auf Lebensläufe, Anschreiben und Vorstellungsgespräche zu ver- «

» zichten. Die Aktion heißt »bei Anruf Ausbildung«.[36] Das Ergebnis? Die Zahl der Auszubildenden hat sich vervierfacht. Oder schau dir Buurtzorg in den Niederlanden an: Sie haben das traditionelle Managementmodell abgeschafft. Stattdessen organisieren sich 15.000 Pflegekräfte selbst in Teams.[37] Das Ergebnis? Buurtzorg wurde fünfmal hintereinander zum beliebtesten Arbeitgeber gewählt. Diese Beispiele zeigen, dass oft gerade das Weglassen und Vereinfachen zu den innovativsten und attraktivsten Lösungen führt.

Das klingt nach einer ungewöhnlichen Herangehensweise. Glaubst du, dass solche Ansätze in jeder Branche anwendbar sind?

Absolut. Es geht nicht darum, was man tut, sondern wie man es tut. Jedes Unternehmen kann von dieser Art des Denkens profitieren. Es geht darum, alte Zöpfe abzuschneiden und sich auf das zu konzentrieren, was wirklich Wert schafft. Es ist eine Kulturfrage und eine Frage der Bereitschaft, eingefahrene Wege zu verlassen und Neues zu wagen.

Martin, du bist bekannt für deine Begeisterung für Entrümpelung und Erneuerung. Was ist dein persönliches Rezept, um immer wieder Neugier zu entfachen und den Antrieb zur Verbesserung zu behalten?

Für mich ist der Austausch mit Menschen aus verschiedenen Branchen entscheidend. Ihre Geschichten und ihre Leidenschaft inspirieren mich täglich. Wenn ich auf Reisen bin oder Vorträge halte, treffe ich oft Menschen, die ich über soziale Netzwerke wie X (vormals Twitter), Instagram oder LinkedIn kennengelernt habe. Das gibt mir die Möglichkeit, aus einer Vielzahl von Perspektiven zu lernen. Außerdem lese ich viel, etwa 120 Bücher pro Jahr, und ziehe Inspiration aus Themenfeldern, die scheinbar nichts mit meinem eigenen zu tun haben, z. B. Neurowissenschaften oder Medizin. «

»Das klingt nach einem wirklich integrierten Ansatz. Wie übersetzt sich diese ständige Lernbereitschaft in deine berufliche Praxis?

Es geht darum, sich auf Neues einzulassen. Meine erste Firma »Knack die Nuss« habe ich mit einem Freund gegründet. Er fragte mich, ob ich mitmache, und ich habe spontan zugesagt. Das war der Startschuss für meine Karriere als Unternehmer. Seitdem habe ich zehn weitere Unternehmen gegründet und bin seit 25 Jahren im Geschäft. Ich sage oft Ja zu neuen Herausforderungen, auch wenn sie mich aus meiner Komfortzone führen. Es hat mich gelehrt, dass das Unerwartete oft die größten Lernchancen bietet.

Danke Martin, du lebst es vor: Deine Bereitschaft, neue Wege zu gehen, ist einer der Schlüssel zu deinem Erfolg. «

BRECHEN SIE REGELN DURCH KRITISCHES HINTERFRAGEN, EXPERIMENTE UND ZEIT FÜR KREATIVITÄT!

Martin Gaedt betonte, wie Unternehmen durch gezielte Mitarbeiterentwicklung und kreative Freiräume nicht nur die Fluktuation reduzieren, sondern auch branchenübergreifende Innovationen fördern können. In unserem Gespräch bin ich auf die drei nachfolgend angeführten Chancen gestoßen, die auch Sie nutzen können, um Ihre Wettbewerbsfähigkeit und Attraktivität als Arbeitgeber zu steigern.

CHANCE 16: HINTERFRAGEN SIE KRITISCH UND BRECHEN SIE REGELN

Wer besser sein will als der Wettbewerb, muss gewohnte Wege verlassen. Martin empfiehlt, bestehende Annahmen kritisch zu betrachten und etablierte Regeln zu brechen, um neue und bessere Produkte oder Dienstleistungen zu erfinden, Herausforderungen zu meistern und Bürokratie abzubauen. Wenn Sie den Mut haben, traditionelle Denkweisen zu hinterfragen und innovative Ansätze zu verfolgen, können Sie sich von der Konkurrenz abheben und langfristigen Erfolg sichern.

CHANCE 17: FÜHREN SIE EXPERIMENTE DURCH

Spielerisch wie Kinder oder Jugendliche an Neues herangehen, funktioniert auch in der Businesswelt. Martins Idee dazu: Altes neu zusammensetzen. Indem Sie Ihre Mitarbeiter dazu ermutigen, regelmäßig neue Ideen zu testen und bestehende Angebote und Prozesse neu zu kombinieren, können Sie unerwartete Produkte und Serviceleistungen hervorbringen sowie neue Talente entdecken. Diese experimentelle Herangehensweise fördert nicht nur die Kreativität, sie hilft auch dabei, ungenutzte Potenziale zu identifizieren und innovative Lösungen zu entwickeln.

CHANCE 18: NEHMEN SIE SICH ZEIT FÜR KREATIVITÄT

Ohne Muße entstehen keine Innovationen. Unternehmen, so Martin, müssen neben dem Standardbetrieb bewusst Zeit für kreative Arbeit und das Lernen aus Fehlern einplanen. Damit unterstützen Sie nicht nur die Kreativität Ihrer Mitarbeiter, sondern auch die kontinuierliche Verbesserung von Kompetenzen, Arbeitsabläufen und allgemeiner Zufriedenheit. Indem Sie Raum für kreatives Denken schaffen, fördern Sie eine Kultur der Innovation und stellen sicher, dass Ihre Mitarbeiter inspiriert und motiviert bleiben, ständig nach Verbesserungen und neuen Möglichkeiten zu suchen.

So können Sie diese Chancen in die Praxis umsetzen:

OUTSIDE-THE-BOX-IDEE NR. 16: ENTWICKELN SIE EINEN BULLSHIT-RADAR

»Ich bin total genervt, unser Chef hat mich gestern Abend schon wieder um 21:00 Uhr angerufen, weil er noch Details zur aktuellen Ausschreibung wissen wollte«, erzählt mir mein Kollege. »Warum hast du den Anruf überhaupt angenommen?«, frage ich neugierig. »Ging ja nicht anders, das ist wichtig, da musste ich ran …«

Ist das wirklich so? Jedes Handy hat eine Ausschalt-Taste. Derselbe Chef, der ja auch meiner ist, hat mich ebenfalls schon zweimal nach 20 Uhr angerufen, aber mein Handy war eben aus. Ich habe seine Nachricht am nächsten Morgen abgehört und es war alles in Ordnung. Die Angelegenheit konnte warten, und ich musste ihm nie erklären, warum ich nicht rund um die Uhr verfügbar bin.

Leider gibt es viele unausgesprochene Regeln und Vorannahmen, die nicht hinterfragt werden. Menschen wie mein Kollege glauben, dass nur durch ständige Verfügbarkeit ein guter Mitarbeiter aus ihnen wird. Aber es gibt noch mehr Bremsen, die innovative und kreative Ansätze verhindern. Zu den häufigsten gehören:

- »Schlechter Zeitpunkt, besser später.«
- »Dazu fehlt uns Geld/Manpower/Zeit.«
- »Das kennen wir bereits.«
- »Das haben wir schon letztes Jahr ausprobiert.«
- »Das kann ich meinen Kunden nicht vermitteln.«

Klar, die Zeiten sind herausfordernd, aber genau deswegen müssen wir neue Wege gehen. Komfortzonenbewohner und Schmalspurdenker finden sich überall und sind Gift für neue Denkansätze. Setzen Sie sich mit Ihrem Team zusammen und sammeln Sie solche Vorannahmen und »Bullshit-Sprüche«. Diskutieren Sie diese anhand der folgenden Fragen :[38]

1. Ist mein Gedanke/dieser Spruch wirklich wahr? (Bei einem klaren NEIN gehen Sie weiter zu Frage 3)
2. Bin ich zu 100 Prozent sicher, dass er wahr ist?
3. Was macht es mit mir/meinem Denken/meiner Motivation, wenn ich glaube, dass dieser Gedanke/Spruch wahr ist?
4. Wie würde ich ohne diesen Gedanken/Spruch denken/handeln/mich fühlen?

Setzen Sie einen internen Bullshit-Radar auf und hinterfragen Sie diese Phrasen regelmäßig. Lassen Sie nicht zu, dass solche Aussagen Sie und Ihr Team ausbremsen. Sie sind es nicht wert.

OUTSIDE-THE-BOX-IDEE NR. 17: ERSCHAFFEN SIE NEUE MÖGLICHKEITEN DURCH »OUTSIDE-THE-BOX«-DENKEN

Wir sitzen zu viert am Tisch und haben gerade aus den zwei Stapeln, die vor uns liegen, jeweils eine Karte gezogen. Der Timer läuft, und unsere Herausforderung besteht darin, in drei Minuten aus den beiden Vorgaben eine Business-Idee zu entwickeln. Im Spiel »Think Outside The Box«[39], entwickelt von Ivo Matthias Feuerbach und Alina Pastorius, ist kreatives Denken gefragt. Es geht darum, aus zwei Vorgaben – einer Branche und einer fehlenden Ressource – eine interessante Geschäftsidee zu präsentieren. Die beste Idee gewinnt.

Ich soll die Bereiche »Fitnessstudio« und »ohne Zeitaufwand« miteinander kombinieren. Spontan habe ich eine Idee: Warum nicht ein virtuelles Fitnessprogramm auf dem Smartphone mit Übungsanleitungen, die in nahezu jeder Situation ausgeführt werden können, anbieten? Es umfasst kleine Trainingseinheiten ohne zusätzlichen Zeitaufwand, ob im Zug oder beim Zähneputzen – die Möglichkeiten sind vielfältig. Rasch schreibe ich die Idee auf und präsentiere sie, nachdem der Timer klingelt. Utes Konzept setzt sich durch: Sie stellt einen »Baumarkt« vor, der »ohne regulären Strom« seine eigenen Solarzellen nutzt, um nachhaltiger zu wirtschaften. Chapeau für diese Business-Idee.

Ähnlich wie dieses Spiel können Sie diesen Denkansatz jederzeit im Businesskontext umsetzen. Gerade in Bereichen, in denen Ressourcen wie Zeit, Geld oder Personal knapp sind, kann das systematische Verknüpfen von Bestehendem zu neuen Lösungen erstaunliche Möglichkeiten eröffnen.

So gehen Sie vor:

1. **Planen Sie zwei Stunden ein:** Blocken Sie die Zeit, um sich dem kreativen Prozess ungestört zu widmen.

2. **Listen Sie auf einem Flipchart Ihre täglichen Aufgaben und Ressourcen (linke Spalte) sowie Ihre Angebote/Serviceleistungen (rechte Spalte) auf:** Dies hilft, den Überblick zu behalten und kreative Verknüpfungen zu erkennen.

3. **Jeder im Team soll fünf Minuten lang so viele Ideen wie möglich auflisten, um aus diesen Möglichkeiten neue Kombinationen zu generieren:** Fördern Sie freies Denken und sammeln Sie eine Vielzahl von Ideen.

4. **Lassen Sie jeden kurz seine drei besten Ideen vorstellen (max. eine Minute pro Idee):** Kurze, prägnante Präsentationen helfen, die besten Ansätze schnell zu identifizieren.

5. **Erfassen Sie die Ideen auf einem weiteren Flipchart. Jeder bekommt fünf Punkte und darf diese nach Belieben auf seine Favoriten verteilen:** Dies ermöglicht eine demokratische Bewertung und hebt die vielversprechendsten Ideen hervor.

6. **Werten Sie die Punktevergabe aus, um den Sieger zu ermitteln, und überlegen Sie gemeinsam, wie Sie diese Idee umsetzen kön-**

nen: Entwickeln Sie konkrete Schritte, um die Gewinneridee in die Tat umzusetzen.

Nutzen Sie das »Outside-the-Box«-Denken, um innovative und praktische Lösungen für Ihre täglichen Herausforderungen zu finden. Dieser kreative Ansatz fördert Teamgeist, eröffnet neue Perspektiven und kann Ihrem Team und Unternehmen helfen, flexibel und anpassungsfähig zu bleiben.

OUTSIDE-THE-BOX-IDEE NR. 18: WERDEN SIE KREATIVER MIT DER »70-30-REGEL«

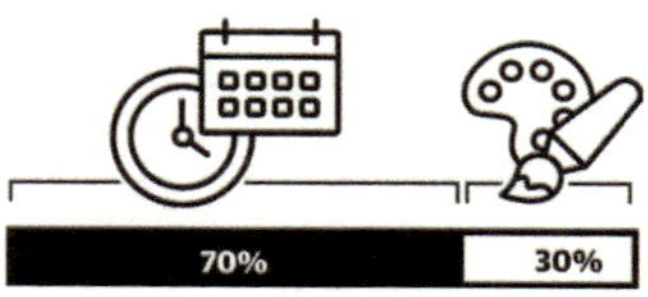

Die besten Ideen kommen mir immer, wenn ich eine Weile nichts vorhabe – etwa im Flugzeug auf dem Weg in den Urlaub oder am Pool mit viel Zeit zum Nachdenken. Ein kreativer Nachmittag auf der Insel Usedom ist mir in Erinnerung geblieben: Ich ging vom Strand in ein höher gelegenes Strandcafé, bewaffnet mit einem dicken Notizbuch und einem Stift. Bei einem Kaffee begann ich, mein Konzept für ein mehrtägiges Präsentationstraining für Ärzte zu entwickeln. Die Ideen flossen quasi von selbst auf das Papier. Drei Stunden später war mein Notizbuch vollgekritzelt, und ich hatte Mühe, das Wirrwarr einige Tage später daheim zu entziffern.

Seit vielen Jahren besteht meine Leidenschaft darin, neue Konzepte zu entwickeln, zu testen und umzusetzen. Doch das kann ich nicht im Büro. Wie damals auf Usedom kommen meine Ideen nicht in den vier Wänden meines Arbeitsplatzes, sondern entfalten sich, wenn ich eine innere Freiheit verspüre, die Lust macht, »outside the Box« zu denken. Mein Credo lautet deshalb: Rausgehen, nach Möglichkeiten Ausschau halten und diese gewinnbringend im Beruf umsetzen. Ich bin überzeugt, dass viele Tüftler und Experimentierer unter Ihnen ungenutzte Potenziale haben, weil der Büroalltag die Kreativität ausbremst.

Deshalb unterstütze ich die Idee von Martin, jedem, der möchte, die 70-30-Regel anzubieten: einen Tag in der Woche, um an eigenen Projekten und Experimenten zu arbeiten, die das Unternehmen voranbringen. Ich höre schon die Kritiker: »Wo kämen wir denn hin, wenn jeder macht, was er will?« Meine Antwort: Wir kämen voran, würden vielleicht mit viel mehr Freude und frischen Ideen zurück ins Büro kommen und hätten mehr Energie, unsere Ideen leichter und schneller umzusetzen. Sie meinen, ein Tag pro Woche sei zu viel? Okay, man muss ja nicht gleich eine Regel daraus machen. Testen Sie es einfach mal aus.

Nutzen Sie die 70-30-Regel, um kreative Freiräume zu schaffen und neue Ideen zu entwickeln. Geben Sie Ihren Mitarbeitern die Chance, einen Tag pro Woche an eigenen Projekten zu arbeiten, und erleben Sie, wie frische Ideen und innovative Ansätze entstehen. Veranstalten Sie regelmäßig Events, um die Ergebnisse zu präsentieren und gemeinsam an deren Umsetzung zu arbeiten. So schaffen Sie eine dynamische und kreative Unternehmenskultur, die für alle Beteiligten gewinnbringend ist.

KAPITEL 7:

EMOTIONEN ERLEBEN

Stellen Sie sich vor, Sie arbeiten bei einem Biotech-Start-up und haben eine Substanz entwickelt, die Schlaganfälle effektiv behandelt. Jetzt brauchen Sie nur noch einen Investor, um das Verfahren auf den Markt zu bringen. In fünf Minuten haben Sie einen Termin mit einem Gremium von skeptischen Wall Street-Bankern. Die Uhr tickt, und Sie wissen: Wenn Sie hier nicht überzeugen, war all Ihre harte Arbeit umsonst.

In meinen 30 Jahren in der Life-Sciences-Branche habe ich viele geniale Ideen scheitern sehen. Warum? Weil ihre Urheber, wenn sie diese Ideen vor anderen präsentierten, genau das geboten haben, was jeden Tag in Tausenden von Meetingräumen auf der ganzen Welt passiert: Langeweile statt Emotionen. Die Präsentationen werden mit einer trockenen Agenda gestartet – Klick – die erste nichtssagende Headline – Klick – sieben ausführliche Bulletpoints – Klick – nächstes Slide. Und danach folgen noch 27 weitere Folien, die keinen wirklich interessieren …

Da verwundert es nicht, dass laut Wall Street Journal 40 Prozent der Zuhörer solcher Vorstellungen geistig abschalten und 44 Prozent sich zu Tode langweilen. Nur 3 Prozent aller Präsentationen erreichen ihr Ziel und begeistern das Publikum.[40]

Houston, wir haben ein Problem! Wie können Sie ein überzeugendes JA Ihres Publikums gewinnen?

Der portugiesische Neurowissenschaftler António Damásio hat Patienten mit einer geschädigten Amygdala untersucht. Diese Menschen konnten keine Emotionen mehr empfinden. Obwohl sie vorher beruflich erfolgreich waren, scheiterten sie nun an den einfachsten Entscheidungen. Kein Gefühl, keine Entscheidung, kein Erfolg.[41]

Um Ihre Banker zu überzeugen, müssen Sie emotionale Geschichten erzählen, je packender, desto besser. Beschreiben Sie die Rettung Ihres Lieblingsonkels durch Ihr Mittel in letzter Minute. Berichten Sie von der dramatischen Auseinandersetzung mit starren Behörden, um die Zulassung zu erhalten. Teilen Sie eine Anekdote über die nervenaufreibende Überzeugungsarbeit bei neidischen Kollegen, die Ihre Forschung zunächst torpediert haben.

Setzen Sie dann gern noch einen drauf: »Wir haben das Rennen gewonnen und wollen schnellstmöglich mit dem Patent an die Börse gehen, um Millionen Menschenleben zu retten.« Voilà – Sie haben die besten Chancen, dass Ihnen das Geld angeboten wird.

Eine Meisterin der emotionalen Geschichten ist Maria Tricarico. Mit ihrer Boutique »Mary Lou« hat sie das »kleine Wirtschaftswunder von Fürth« geschaffen und begeistert ihre Kundinnen jeden Tag aufs Neue. Mit ihr habe ich über die Leichtigkeit des Verkaufens und die Bedeutung von Emotionen dabei gesprochen.[42]

INTERVIEW MIT MARIA TRICARICO

» **Liebe Maria, heute ist ein ganz besonderer Tag, denn du hast mir eben verraten, dass das Modegeschäft Mary Lou seinen 34. Geburtstag feiert. Insofern ist es für mich eine besondere Ehre und Freude, dass wir gerade heute unser gemeinsames Gespräch haben. Es geht um das Thema »Emotionen leben«, ein sehr wichtiger Aspekt im Verkauf. Daher möchte ich gern einmal wissen, wann dein Interesse fürs Verkaufen entstanden ist. Du hast mir mal verraten, dass es schon in deiner Kindheit einen Kaufladen gab …**

Ja, das stimmt. Wir waren eine Großfamilie mit vielen Geschwistern. Es war wenig Geld vorhanden, um Spielsachen zu kaufen, also haben wir unseren eigenen Kaufladen gemacht. Meine Mama hat den aufgebaut und wir haben aus Papier Geldscheine gebastelt und Pfennige gesammelt, um Wechselgeld zu haben. Ich hatte schon als Kind immer den Traum, zu verkaufen.

Was genau war für dich so begeisternd am Verkaufen?

Das Verkaufen hat eine Freude in mir entwickelt, Menschen Dinge anzubieten. Man redet ja viel im Verkauf, und als Kind habe ich sehr gern viel geredet, mehr als heute. Heutzutage versuche ich, weniger zu reden, aber als Kind plaudert man ja alles heraus. Das Kommunikative hat mich immer begeistert. Ich wurde «

»in Italien geboren und kam mit sechs Jahren und drei Monaten als Kind eines Gastarbeiters nach Deutschland, nach Karlsruhe. Das möchte ich gern erwähnt haben, weil es da viele Geschichten gibt, die Teil meiner Erfahrung sind.

Wie geht Verkaufen auf Italienisch?

Früher kamen die Männer mit einem Lieferwagen, ausgebaut wie ein mobiler Kaufladen, in meinen Geburtsort in Italien. Darin war alles zu finden, von Waschpulver bis hin zu Spielsachen. Es war ein richtiges Ereignis, alles spielte sich auf der Straße ab. Das war lebendig und hat mich als Kind total begeistert. Jemand wollte eine Bürste, ein anderer Waschpulver, manche kauften einfach alles dort.

Meine Mutter hatte damals noch keine Waschmaschine, es gab nur ein Waschbrett. Das hatte meine Mutter auch dort gekauft. Diese Wagen, die zu uns in den Ort kamen, haben mir immer wieder die Inspiration gegeben, selbst einmal einen Kaufladen zu haben.

Toll, dieses italienische Gefühl, also wenn ich das jetzt einfach mal so sagen darf, lag dir auch immer im Blut?

Immer. Ich finde, da ist eine Leichtigkeit dabei. Und es ist schön, dass ich, Gott sei Dank, in Italien geboren bin. Darüber bin ich echt froh, aus einem wunderschönen Land zu stammen, von dem ich denke, dass die Leichtigkeit dort schon durch die Adern fließt. Mein Vater war ein sehr guter, lustiger und gut gelaunter Mensch, meine Mutter ebenfalls, sie war eine talentierte Persönlichkeit. Meine Mutter war eine umtriebige Person, die alles gemacht hat, und ich denke, diese Gabe habe ich wirklich von ihr bekommen.

Hast du dann versucht, das später mit einem eigenen kleinen Kaufladen nachzuspielen?

«

>> Genau, meine Geschwister waren dann meine Kunden.

Und viele Jahre später hast du verschiedene Jobs im Verkauf gehabt?

Ja, immer in der Modebranche. Als Jugendliche habe ich auch viel im Café gearbeitet. Später, als meine Kinder klein waren und es kaum Kitaplätze gab, habe ich verschiedene Jobs angenommen, um meine Familie zu unterstützen. Aber ich war immer im Verkauf tätig. Mit Menschen zu arbeiten, hat mir immer Spaß gemacht. Ich liebe es, mit Menschen zusammen zu sein, eine Verbundenheit und Kommunikation herzustellen. Bereits als Kind habe ich gespürt, wie man schön mit Menschen kommunizieren kann.

Wird man als Verkäuferin geboren?

Verkaufen kann man lernen, aber es ist auch ein Talent, das man in sich trägt. Manche Menschen spüren das rechtzeitig, andere brauchen Jahre, um das zu realisieren.

Viele Menschen haben Aversionen gegen das Verkaufen ...

Das Verkäuferdasein wird oft nicht wertgeschätzt. Ich finde, Verkäufer wurden und werden oft unterbewertet. In Italien habe ich eine Leichtigkeit im Verkaufen erlebt, die ich bei uns oft so nicht sehe.

Im Supermarkt werden Tätigkeiten wie Kassieren oder Regale einräumen häufig als weniger wertvoll angesehen. Ein anderer Aspekt, den ich oft höre, ist die Gleichsetzung von Verkaufen in der heutigen Zeit mit dem Gefühl, jemanden über den Tisch zu ziehen. Wie siehst du das im Vergleich zu Italien?

Das stimmt, Kai. In Italien, wo ich oft unterwegs bin, erlebe ich eine andere Atmosphäre in den kleinen Läden. Ich war neulich <<

» mit meiner Tochter Sheila dort, die auch in unserem Team als Nachwuchsführungskraft tätig ist. Sie bemerkte, wie freundlich die Verkäufer dort sind, und fragte mich, warum das bei uns nicht so ist. Das zeigt, wie unterschiedlich die Wahrnehmungen sein können.

Was ist deine Philosophie beim Verkaufen?

Mein Ansatz ist es, Verkaufen nicht als Aufdrängen zu sehen, sondern als Möglichkeit, die Bedürfnisse der Menschen zu erkennen und zu erfüllen. Ich denke, wenn eine Kundin zu uns kommt, hat sie ein Bedürfnis, und es ist unsere Aufgabe, dieses Bedürfnis zu verstehen und zu bedienen.

Du hast viele Jahre Erfahrung im Verkauf gesammelt, trotzdem warst du erst 24 Jahre alt, als du den Mut hattest, einen Neuanfang zu starten und die Boutique Mary Lou zu eröffnen.

Ich bin dazu gekommen, weil Freunde, die selbstständig waren, meine Talente erkannt haben. Sie haben mir früh Mut gemacht, mich selbstständig zu machen. Mit 22 Jahren und zwei Kindern hatte ich noch nicht den Mut dazu, das war 1988. Viele Menschen planen lange im Voraus, haben Visionen und setzen sich Ziele. Ich muss ehrlich sagen, es ist erst durch meinen Wunsch ans Universum und meine Intuition Wirklichkeit geworden – ich habe nicht gesucht, ich habe es einfach bekommen.

Wie kann ich mir das vorstellen?

Unsere Freunde haben uns immer dazu ermutigt, und dann kam auch ein Zeichen – die Antwort auf meinen Wunsch ans Universum. Wir liefen eines Tages durch das City Center in Fürth und ich sah eine freie Ladenfläche. Ich dachte, wenn dieser Laden noch nicht vermietet wäre, dann ist es mein Laden. Wir fragten gleich beim City-Center-Management nach, ob er noch zu haben sei. Er war frei. Sie sagten, wir bräuchten eine Bürgschaft für die «

» Mietkaution und müssten ein Geschäftskonzept vorlegen. Das haben wir dann sofort in Angriff genommen.

Und hier war klar, dass du eine Modeboutique aufmachst?

Ja, mein Wunsch nach einem eigenen Laden hatte schon immer mit Mode zu tun.

Was ist die größte Herausforderung beim Aufmachen einer Modeboutique?

Der Einkauf. Meine Mutter hat mir das Einkaufen beigebracht. Ich bin, wie gesagt, in Karlsruhe aufgewachsen, in einer Großfamilie, und wurde immer zum Einkaufen geschickt. Von Bettwäsche über Knöpfe, Stoffe, Garne – ich musste alles beschaffen. Meine Mutter hat zu Hause immer geschneidert, sie war Schneidermeisterin und Schnittmacherin.

Am Monatsende gab meine Mutter mir Geld und eine Liste. Damit kaufte ich alles in der Stadt ein. Der Einkauf ist entscheidend. Wenn der Einkauf nicht stimmt, stimmt auch der Rest nicht. Das Einkaufen ist ein langer Lernprozess. Ich habe das auch Sheila gesagt, als sie bei mir anfing. Beim Lernen des Einkaufens von der Pike auf kann es bis zu zehn Jahre dauern, bis man es richtig kann.

Und da hattest du als Kind schon viel Übung bekommen?

Genau, ich habe diese Erfahrungen dann im Geschäftsleben umgesetzt. Als ich mich mit 24 Jahren selbstständig machte, musste ich beim Einkaufen genau wissen, was ich auswähle. Da war es beruhigend, etwas Übung und ein Gefühl dafür zu haben. Meine anfängliche Zielgruppe war zwischen 30 und 50 Jahre alt. Mit der Zeit erweiterte sich die Zielgruppe und ich lernte laufend dazu. Aber zu Beginn sah ich mich selbst als Teil meiner Zielgruppe und passte diese dann durch die Erfahrungen mit meinen Kundinnen an. «

» **Aber was mich noch interessiert: Du hattest sicherlich eine bestimmte Moderichtung im Sinn. Kannst du beschreiben, welche das war?**

Ich hatte als Jeans-Spezialistin angefangen, weil ich vorher schon im Jeans-Bereich gearbeitet hatte und alle Jeansmodelle auswendig kannte. Ich musste alle Größen, Schnitt- und Schrittlängen lernen. Nachdem ich das beherrschte und wusste, welche Marken zu welcher Person passen, wurde ich zur Topverkäuferin. Hosen und Jeans sind ein eigenes Kapitel, sie binden unglaublich viel Kapital. Man kann sich kaum vorstellen, wie viel Kapital in Hosen steckt, wenn man einen Laden hat. Das war eines der Hauptthemen beim Einkauf, und es hat sich bis heute nicht verändert.

Aber das ist auch etwas, was sich in dir entwickelt hat, oder? Du hast dir also vorgestellt, du machst eine Jeans.

Ja, Jeans, Oberteile. Ich war sportlich, aber auch elegant. Ich habe mich nie im Business-Stil gesehen. Ich konnte eine Kundin für jeden Anlass einkleiden, vom Alltäglichen bis hin zu einer Geburtstagsfeier.

In den 80er Jahren waren Jeans im Businesskontext ja überhaupt nicht möglich.

Überhaupt nicht, deshalb kam der Businessbereich für mich auch erst später, als die Nachfrage der Kundinnen in diese Richtung zunahm.

Wie war der Eröffnungstag von Mary Lou?

Es war 1990, ich glaube, Samstag, der 28. April, als ich das Mary Lou eröffnete. Eine Freundin half mir dabei, Flyer in der Innenstadt zu verteilen. Wir waren gespannt, ob die Leute kommen würden. Am ersten Tag nahm ich 1.280 Mark ein. Das ist eine «

» Zahl, die ich nie vergessen werde. Es war für mich ein sehr wichtiger Tag, den ich jedes Jahr mit meinen Kundinnen und dem Team wie einen Geburtstag feiere.

Was war das Besondere an deiner Richtung? Du hast die italienische Leichtigkeit mit eingebracht?

Ja, das Besondere war, dass ich den Laden mit viel Harmonie und Liebe geführt habe. Die Mode war ähnlich wie bei anderen, aber es war immer etwas Besonderes dabei, zu dem auch die Leichtigkeit zählte, mit der ich die Menschen abgeholt habe. Ich habe aus dem Laden einen energievollen Ort gemacht, an dem nicht am Licht gespart wird.

Licht hat für mich immer eine große Bedeutung gehabt. Es ist das ausschlaggebende Element. Dunkle und düstere Orte, an denen am Strom gespart wird, sind nicht mein Ding. Ich sage immer, man kann anderswo sparen, aber nicht beim Licht. Ich begrüße jeden Tag meinen Laden, wenn ich reinkomme, weil er auch ein Teil von mir ist. Ich habe auch meinem Team beigebracht, den Laden täglich zu begrüßen.

Verkaufen hat also viel mit deiner Persönlichkeit zu tun …

Absolut. Das Verkaufen ist auch ein Stück Persönlichkeit. Es geht darum, Menschen mitzureißen und zu überzeugen. Verkäufer sind diejenigen, die das, was im Laden ist, an die Menschen weitervermitteln.

Wie verkauft man nun am besten? Man muss sicher offen und freundlich sein?

Genau. Wir suchen gemeinsam mit der Kundin eine Lösung. Es spielt keine Rolle, ob sie jung oder alt ist oder wie sie aussieht. Jede Person ist willkommen. Wir haben festgestellt, dass wir auch vielen Menschen mit Behinderungen helfen, indem wir ihnen beim An- und Ausziehen assistieren. Es geht darum, zu se- «

» hen, was der Mensch dir gegenüber braucht und erwartet. Ich sage meinen Mitarbeiterinnen immer, dass die Kundinnen nicht ohne Grund kommen. Sie haben ein Bedürfnis oder vielleicht etwas im Schaufenster entdeckt. Wenn du es schaffst, sie in diesem Moment abzuholen und wertzuschätzen, hast du schon viel erreicht.

Zu erfahren, welche Bedürfnisse jemand hat, bedeutet auch viel fragen und gutes Zuhören. Eine Kunst, die heute selten praktiziert wird.

Genau, in der Modebranche ist es wichtig, gut zuzuhören, bevor man fragt. Das ist eine Fähigkeit, die nicht viele besitzen. Ich habe dir ja erzählt, dass ich früher viel geredet habe. In den letzten Jahren habe ich gelernt, mehr zuzuhören. Was möchte die Kundin? Was sind ihre Schmerzpunkte und Wünsche? Ist der Kauf für sie eine persönliche Angelegenheit oder ist es für einen besonderen Anlass? Möchte die Kundin das Kleidungsstück geschäftlich oder auf einem Event tragen? Diese Dinge kann ich nur durch Zuhören herausfinden und daraufhin stelle ich die relevanten Fragen.

Und das Schöne ist, wenn du so weit bist und das Gegenüber erkennt, dass du dich wirklich für sie interessierst. Dann kann sie auch innerlich entspannen.

Ja, das Vertrauen aufzubauen ist wichtig.

Und als Kunde merke ich, dass sich jemand für mich interessiert, das ist entscheidend.

Genau. Manchmal, wenn sie nichts Passendes finden, sage ich ihnen, dass sie gern später wiederkommen können. Vielleicht haben wir in zwei, drei Wochen etwas Neues für sie. Es ist mir wichtig, dass die Kundinnen gehen, wenn sie sich bei uns wohlgefühlt haben, denn sie sind meine Visitenkarte. Sind sie zufrie- «

» den, empfehlen sie uns weiter. Ich sehe mich nicht nur als Verkäuferin, sondern auch als eine Art Psychologin.

Wunderbar. Also, wenn ich das, was du mir schilderst, richtig nachspüre, bist du in deiner gesamten Art durchweg authentisch. Das spüren auch die Kunden. Technik, Zuhören, Fragen stellen, Ambiente durch Beleuchtung schaffen – das alles sind Äußerlichkeiten, die man lernen kann. Aber das echte Interesse, das bedeutet Authentizität. Was bedeutet es für dich, authentisch zu sein?

Für mich ist Authentizität sehr wichtig, weil ich mich nicht verstellen kann. Mich zu verstellen ist für mich anstrengend; jeder darf mit mir sein Leid teilen.

Ich liebe diesen Satz: Jeder darf mit dir sein Leid teilen.

Ja, das ist für mich wichtig, weil auch ich manchmal ein Leid zu teilen habe. Oder sie teilen es mit mir. Wir sind wie eine Familie, die den Weg gemeinsam geht – die Kundinnen sind ein Teil der Mary-Lou-Familie, und so werden sie auch von mir behandelt. Das spüren sie.

Und das spiegelt sich in den vielen Gesprächen wider, die du führst. Das ist für dich Authentizität. Ich spüre auch viel Empathie bei dir im Umgang mit den Kundinnen.

Ja, man muss es wirklich fühlen.

Was muss man noch mitbringen, um einen Laden aufzumachen?

Wenn jemand einen Laden eröffnen möchte, sage ich, dass es möglich ist, wenn die Person den Mut, die Kraft und die Ausdauer dazu besitzt. Es dauert alles seine Zeit und braucht Geduld. Durch das ganze Onlinegeschäft ist es schwierig geworden. «

» Das macht es gerade kleinen, familiengeführten Einzelhändlern schwer.

Im Laufe der Zeit hast du sicherlich auch Fehler gemacht oder Fehleinschätzungen getroffen. In der Modebranche stelle ich mir vor, dass das leicht passieren kann. Wie gehst du mit Fehlern um?

Ich habe viele Fehler gemacht und bereue sie nicht. Fehler sind Gelegenheiten zu wachsen, und das habe ich auch meinen Kindern beigebracht. Ich wollte nie, dass sie Angst vor Fehlern haben. Ich sage immer: Macht Fehler und lernt daraus. Sie sind ein Teil des Lernprozesses. In Italien sehen wir das Leben nicht als eine Abfolge von Zielen, sondern als kreative Lebensaufgabe, bei der Fehler dazugehören. In Deutschland hat sich diese Einstellung erst in den letzten Jahren, besonders nach Corona, etwas gewandelt. Unternehmen werden agiler und passen den Teamgeist an.

Du bildest deine Tochter Sheila zu einer Führungskraft aus. Wie gestaltet sich dieser Mutter-Tochter-Prozess im Unternehmen?

Sheila ist gelernte Industriekauffrau, sie macht ihren Wirtschaftsfachwirt und arbeitet in Vollzeit bei uns. Sie ist auch Musikerin und sehr engagiert. Es war nie meine Erwartung, dass sie das Geschäft einmal übernimmt, das ist eine freiwillige Entscheidung. Sie hat die Freiheit zu gehen, wenn es ihr nicht mehr gefällt. Wir haben das offen besprochen. Diese Ehrlichkeit ist mir sehr wichtig.

Welche Werte möchtest du ihr mitgeben?

Ich möchte, dass sie sich ihre Leichtigkeit bewahrt und glücklich im Handel und beim Führen des Ladens ist. Ein glücklicher Mensch ist für mich der Kern einer guten Führungskraft. Wenn «

» sie mit sich selbst und der Führungsebene im Reinen ist, wenn die gleichen Werte geteilt werden, dann ist das viel wichtiger, als nur Aufgaben zu übertragen.

Ihr habt sicherlich auch wichtige Umsatzziele. Wie verbindest du das mit den Werten?

Natürlich könnte ich mir vornehmen, einen gewissen Umsatz zu machen, aber ich lasse mich seit 34 Jahren nicht von Zahlen stressen. Die Ziele werden erreicht, aber mit einer anderen Einstellung. Ich habe nie täglich auf meine Zielsetzungen geschaut. Wirklich wichtig sind für mich das Quartal und das Halbjahr. Ich orientiere mich an den Saisons, Frühjahr/Sommer und Herbst/Winter. Ich arbeite konzeptuell, aber es hängt viel vom Tagesgeschehen ab. Selbstbewusstsein und Geduld spielen dabei eine große Rolle.

Du schaust also nicht täglich auf die Zahlen, sondern vertraust darauf, dass sich alles richtig fügt. Du planst nicht jeden Schritt minutiös voraus, sondern lässt dich auf den Moment ein und vertraust darauf, dass das Ergebnis stimmen wird?

Genau. Ich habe zwar ein Konzept, aber ich versteife mich nicht darauf. Ich bin flexibel.

Was heißt das genau?

Ich habe ein Jahreskonzept und ein Jahresziel, die ich beim Einkauf berücksichtige. Alles ist in meinen Büchern festgehalten, die Konzepte sind ausgearbeitet und dann lasse ich los.

Und speicherst du es damit in deinem Unterbewusstsein?

Alles ist im Unterbewusstsein gespeichert. Die Modebranche ist so stark von externen Faktoren wie dem Wetter, der Urlaubszeit, «

» gesellschaftlichen Emotionen, wirtschaftlichen Entwicklungen abhängig. Es gibt so viele Einflüsse, die ich nicht kontrollieren kann.

Nein, es gibt vieles, das man nicht steuern kann.

Der wichtigste Punkt, den ich steuern kann, ist der Einkauf. Ich lebe mit zahlreichen Faktoren, die mein Geschäft beeinflussen könnten. Entscheidend ist, dass die Kundinnen zu uns kommen. Wir müssen es immer wieder erreichen, die Kundinnen auf uns neugierig zu machen, damit sie kommen.

Wenn ich an Mode denke, assoziiere ich damit Kreativität, Buntheit, Vielfalt, schnellen Wechsel. Gibt es eine Lernerfahrung, die du teilen kannst, um innovativer und kreativer zu verkaufen?

Mode ist das schönste Berufsfeld der Welt. Es ist voller Vielfalt und Kreativität, sodass man sich völlig ausleben kann. Mode lehrt die Vielfältigkeit. Es geht darum, die Identität eines Kleidungsstückes zu erkennen und zu verstehen. Man muss bedenken, welche Menschen und welche Wertschöpfung hinter einem Produkt stehen. Jedes Produkt hat eine Geschichte, von der Idee bis zur Realisierung.

Hast du ein konkretes Beispiel dafür?

Nehmen wir an, ich finde eine Bluse, die aus Bambusfasern hergestellt ist. Jedes Teil, jeder Verkauf, jede Entwicklung ist ein Prozess. Man muss verstehen, was sich die Designerin der Bluse gedacht hat, welche Vision dahintersteckt. Es beginnt beim Farmer mit dem Rohstoff und zieht sich dann durch die gesamte Wertschöpfungskette.

Und wie bringst du diese Geschichten in das Verkaufsgespräch ein? «

» Es geht darum, meinem Team die Bedeutung jedes Kleidungsstückes zu vermitteln. Wie präsentiere ich die Mode, um meine Kundinnen abzuholen? Ich beschreibe dir, wie wir das machen, Kai. Wir lieben unsere Kleidung. Ich verbinde mich mit jedem einzelnen Teil, schon beim Einkauf, und spüre, fühle die Materialien, die Stoffe und verwendeten Garne, sehe die Schnittführung. Dann teile ich meine Geschichte dazu. Warum hat die Designerin dieses Design gewählt? Eine gute Händlerin muss ihrem Team erklären können, was das Kleidungsstück ausmacht und welche Gefühle damit verbunden sind.

Diese Prinzipien finde ich beeindruckend. Dein Stil macht dich sehr authentisch und präsentiert dich als deine eigene Marke. Wie hast du deine Persönlichkeit und Marke im Laufe der Zeit entwickelt und angepasst?

Meine Marke, ehrlich gesagt, ist durch viel Liebe geprägt. Ohne Liebe geht es nicht. Die eigene Marke zu schaffen bedeutet, authentisch zu bleiben, sich nicht nach anderen zu richten oder aufgrund der Umgebung zu verändern. Es geht darum, sich selbst treu zu bleiben und die Menschen auf Augenhöhe zu treffen. Versuche, dich in andere hineinzuversetzen, ihre Gedanken und Gefühle zu verstehen, empathisch zu sein.

Eine Führungskraft sollte heutzutage nicht nur Zahlen optimieren; es geht um viel mehr. Vor 34 Jahren gab es ja kein Smartphone, keine Onlineshops, keine KI. Das Umfeld hat sich mit der Zeit stark verändert. Es ist ein permanenter Lernprozess, was vor allem auch Ausdauer und Geduld benötigt. Erst durch die Erfahrungen und das ständige Hinzulernen bin ich über die Jahre zur Marke geworden.

Maria, ich bin begeistert von den vielen wunderbaren Impulsen, die du gebracht hast, und dafür danke ich dir herzlich. «

ERLEBEN SIE EMOTIONEN BEI KUNDENBEDÜRFNISSEN, STORYTELLING UND LEICHTIGKEIT IM ALLTAG!

In unserem Gespräch hat Maria Tricarico uns einen tiefen Einblick in ihre beeindruckende Lebensgeschichte und die von ihr praktizierte Leichtigkeit des Verkaufens gegeben. Das reichte von ihren ersten Schritten im Spielzeug-Kaufladen über die Höhen und Tiefen der Selbstständigkeit bis hin zu ihrer einzigartigen Fähigkeit, authentische Kundenbeziehungen aufzubauen. Hier sehe ich drei vielversprechende Chancen für Sie und Ihre Kunden:

CHANCE 19: SENSIBILISIEREN SIE SICH FÜR KUNDENBEDÜRFNISSE

Maria erlebt es täglich: Der Kunde ist König. Wie ist das bei Ihnen? Ihre Kunden sind immerhin Ihre beste Visitenkarte! Nahezu jede Kaufentscheidung beruht auf Emotionen. Sehen Sie Ihre Führungsrolle durch die Augen eines Verkäufers. Schaffen Sie Vertrauen und Zufriedenheit durch echte Verbundenheit und klare Kommunikation mit Ihren Kunden. Wenn Sie deren Bedürfnisse nicht nur verstehen, sondern erfüllen, bauen Sie Beziehungen auf, die Ihnen den Logenplatz im Kopf Ihrer Kunden sichern. Langfristiger Erfolg ist dabei inbegriffen!

CHANCE 20: VERKAUFEN SIE MIT GESCHICHTEN

»Facts tell – stories sell.« Klingt banal? Ist es aber nicht. Emotionale Geschichten machen den Unterschied! Nutzen Sie sie, um komplexe Infos verständlich und unvergesslich für Ihre Überzeugungsarbeit zu machen. Maria erweckt ihre Produkte zum Leben – nicht mit trockenen Fakten, sondern mit packenden Stories. Storytelling schafft emotionale Bindung und baut Vertrauen auf. In unserer digitalen Welt, in der echte menschliche Interaktionen selten sind, ist das Gold wert. Geschichten lassen Ihre Produkte leuchten und berühren Ihre Kunden auf einer tiefen, persönlichen Ebene.

CHANCE 21: BRINGEN SIE LEICHTIGKEIT UND LEIDENSCHAFT IN IHREN ALLTAG

Sie wollen Kunden fesseln? Dann zeigen Sie Leidenschaft und bleiben Sie locker. Maria lebt ihre italienische Leichtigkeit und ihre Begeisterung für den Verkauf vor – und schafft so eine Atmosphäre, die Kunden anzieht und bindet. In einer Welt voller Konkurrenz und anspruchsvoller Kunden ist es entscheidend, eine positive, einladende Atmosphäre zu schaffen, die nicht nur den Verkauf ankurbelt, sondern auch ein angenehmes und vertrauensvolles Kundenerlebnis bietet.

So können Sie diese Chancen in die Praxis umsetzen:

OUTSIDE-THE-BOX-IDEE NR. 19: MEHR DURCHBLICK MIT DER KUNDENBRILLE GEWINNEN

Es ist ein idyllischer Frühlingstag an der Ostsee. Die Sonne strahlt, eine leichte Brise weht über die Terrasse eines Tagungshotels. Doch das Thema, das hier besprochen wird, ist alles andere als leicht: Eine Kollegin aus dem Vertrieb interviewt die Mutter eines schwerkranken Kindes. Diese Mutter schildert einen Alltag, der von ständiger Pflege und Therapie geprägt ist. Tränen fließen, Emotionen liegen in der Luft, und wir erhalten einen tiefen Einblick in eine sonst verborgene Welt.

Was wie ein echtes Interview wirkt, ist eine sorgfältig geplante Simulation. Eine empathische Kollegin schlüpft in die Rolle der Mutter und erlebt deren Alltag hautnah. Diese Methode, die »Brille des anderen« aufzusetzen, ermöglicht es uns, tiefere Ebenen des Verständnisses zu erreichen. In realen Interviews ist diese emotionale Tiefe bei den Interviewern trotz aller Empathie nicht immer zu erreichen. Dadurch bleiben detaillierte Erkenntnisse aus. Diese praxisnahe Vorgehensweise hat sich als äußerst wertvoll erwiesen, um das Unterbewusstsein anzusprechen und die Perspektive zu wechseln – mit erstaunlichen Resultaten.

Jetzt sind Sie dran: Wer sind Ihre Kunden wirklich? Welche Sorgen rauben ihnen den Schlaf? Welche Träume und unerfüllten Wünsche tragen sie mit sich herum? Gibt es Herausforderungen, die sie überwältigen, oder fehlt ihnen eine bestimmte Expertise?

So gehen Sie vor:

1. **Erstellen Sie einen detaillierten Fragenkatalog:** Erfassen Sie alles, was Sie schon immer über die Welt Ihrer Kunden wissen wollten.

2. **Organisieren Sie eine Interview-Session mit Ihrem Team**: Verteilen Sie die Rollen: Einer stellt den Kunden dar, ein anderer den Interviewer. Wählen Sie nach Möglichkeit einen konkreten Fall – je aktueller, desto besser.

3. **Beobachten und Notizen machen:** Die übrigen Teammitglieder beobachten die Situation und machen sich Notizen. Ein Interview sollte nicht länger als zehn bis 15 Minuten dauern, um konzentriert und produktiv zu bleiben.

Nutzen Sie diese Methode immer wieder einmal, um die Perspektive Ihrer Kunden besser zu verstehen und wertvolle Einsichten zu gewinnen, die in der hektischen Geschäftswelt oft übersehen werden. Sie werden erstaunt sein, wie viel Sie lernen können, wenn Sie die »Kundenbrille« aufsetzen und die Welt aus deren Blickwinkel betrachten.

OUTSIDE-THE-BOX-IDEE NR. 20: ÜBERZEUGEN SIE DURCH HELDENREISEN

Ein Networking-Event irgendwo in Europa: Gestandene Manager, die aus hochbezahlten Jobs entlassen wurden, haben die Chance, sich vorzustellen und potenziellen neuen Arbeitgebern zu erklären, welche Positionen sie anstreben. Einer nach dem anderen erzählt seine Vita wie eine Einkaufsliste – schön chronologisch geordnet. Viele beginnen mit ihrem ersten Job oder ihrem Geburtsort. Und nach zwei Minuten? Kein Wort darüber, welchen Job sie suchen. Die, die das Timing besser im Griff haben, nennen vier oder fünf völlig unterschiedliche Tätigkeiten. Sie haben das Ziel verfehlt und ihre Chance verpasst.[43]

Viele Menschen scheitern daran, die Macht des Storytellings für sich zu nutzen. Die meisten erzählen Ereignisse emotionslos und ohne Struktur. Hier kommt die gute Nachricht: Jeder kann emotionales Verkaufen lernen – es ist nur eine Frage der Technik. Stellen Sie sich vor, Sie schwärmen für ein Restaurant. Sie werden Ihrem Partner in den schillerndsten Farben erzählen, wie toll die Atmosphäre ist, welche wunderbaren Speisen auf ihn warten, wie günstig die Preise sind und dass auch Ihre beste Freundin Lisa letzte Woche dort war und begeistert war. Sie ziehen alle Register der Überzeugung, um Ihren Partner dazu zu bewegen, mitzukommen. Das ist emotionales Verkaufen in Reinform.

Um nicht in die gleiche Falle wie die Manager zu tappen, probieren Sie im Businesskontext eine Heldenreise aus. Wenn Sie jemand fragt, warum Sie der beste Experte für den Job sind, könnte Ihre Heldenreise folgendermaßen aufgebaut sein:

1. **Schildern Sie eine Situation:** Erzählen Sie von einer Aufgabe, die der des neuen Jobs entspricht und die Sie lösen sollten.

2. **Ein unerwartetes Problem:** Plötzlich tritt ein Problem auf, das kritische Folgen mit sich bringt.

3. **Die Lösung finden:** Sie krempeln die Ärmel hoch und finden nach einigem Hin und Her einen Lösungsweg.

4. **Erfolgreicher Abschluss:** Das Problem wird gelöst, und Sie haben den Job erfolgreich abgeschlossen.

Diese Art von Heldenreise lässt sich in weniger als zwei Minuten erzählen und enthält alle Elemente des Storytellings. Es braucht natürlich etwas Übung. Deshalb gestalten Sie daraus eine spannende Teamtraining-

Session. Starten Sie mit Ihrer derzeitigen Tätigkeit. Jeder im Team darf anhand seiner Erlebnisse nach dem obigen Schema eine Heldenreise entwickeln, und dann geht es reihum: Jeder erzählt seine Story. Aufschlussreich wird es, wenn jeder Teilnehmer sich aufnimmt (mit dem eigenen Smartphone, um die Privatsphäre zu wahren), um sich das später allein oder mit einem Kollegen anzuschauen und zu analysieren.

Nutzen Sie diese Technik und verwandeln Sie Ihre Erfahrungen in packende Heldenreisen. Warten Sie aber bitte nicht auf die perfekte Story – nehmen Sie Ihre eigene und machen Sie sie perfekt!

OUTSIDE-THE-BOX-IDEE NR. 21: TRAINIEREN SIE IHRE SCHLAGFERTIGKEIT UND SELBSTSICHERHEIT

Ich stehe in einem Konferenzraum, und zehn Manager starren mich emotionslos an. Einige lehnen sich gelangweilt zurück, andere tippen auf ihren Smartphones herum. Mein Stichwort fällt: »Hamburg«. Jetzt bleiben mir drei Minuten, um spontan über die Hansestadt zu sprechen. Innerlich verkrampft, versuche ich dennoch, gelassen zu bleiben und etwas Sinnvolles von mir zu geben. Plötzlich unterbricht mich jemand: »Wie lange dauert das denn noch, kommen Sie endlich auf den Punkt!« Puh, ziemlich unhöflich. Kein Kommentar, ich halte weiter tapfer durch, der Timer tickt. Drei Minuten können sich wie eine Ewigkeit anfühlen, aber am Ende der Zeit kann ich mit den Worten schließen: »Eine Hafenrundfahrt in Hamburg wäre jetzt genau das Richtige.« Vielleicht nicht gerade brillant, aber die Achterbahnfahrt meiner Gefühle ist endlich vorbei. Bewertung meiner Spontanrede: acht von zehn Punkten, eine Detailanalyse folgt sofort.

Erleichtert, dass es nur ein virtuelles Szenario war, kann ich die VR-Brille abnehmen. Zum Glück war das nur ein Training, aber immerhin habe ich mich im Vergleich zum letzten Mal um zwei Punkte verbessert!

Viele Menschen haben Panik vor freiem Reden. Werden sie spontan gefragt, drücken sich die meisten. Aber keine Sorge, genau das können Sie trainieren – und zwar richtig gut. Man braucht keine VR-Brille, um Schlagfertigkeit zu üben. Bei den Toastmasters habe ich mit den Table Topics[44] ein geniales Trainingsformat kennengelernt, das ich immer wieder erfolgreich in meinen Workshops einsetze.

So funktioniert es:

1. **Laden Sie Ihr Team zu einem Power-Training ein:** Bestimmen Sie ein allgemeines Motto für die kommenden Übungen. Themen wie »Sommerurlaub«, »Hobbies« oder »Berufliche Erfolge« sind ideal. Je breiter das Thema, desto leichter ist der Einstieg für die meisten.

2. **Vorbereitung:** Bereiten Sie für jeden Teilnehmer eine Frage vor, die er spontan beantworten soll. Geben Sie bekannt, dass jeder eine andere Frage bekommt, um die Spannung zu erhöhen. Diese Frage soll sich natürlich direkt auf das Thema beziehen, beispielsweise: »Was war dein schönstes/spannendstes/ungewöhnlichstes Erlebnis im letzten Sommerurlaub?«

3. **Durchführung:** Jeder muss mindestens eine Minute sprechen, maximal zwei. Nach einer Minute gibt es ein erstes Signal: »Alles gut, weiter so!« Nach 1,5 Minuten ein weiteres Signal: »Komme allmählich zum Schluss!« Und bei zwei Minuten ein Stopp: »Die Zeit ist um!«

Je allgemeiner die Themen sind, desto mehr Spaß bringt die Übung. Wichtig ist, dass Ihr Team ins Reden kommt, ohne lange über perfekte Antworten nachzudenken. Diese Übung ist ein wahrer Boost für die Selbstsicherheit beim freien Reden. Sie erhöht die Schlagfertigkeit in Gesprächen, verbessert die Selbstdarstellung und wirkt sich letztlich positiv auf die Anzahl der Verkaufsabschlüsse aus.

Also, keine Ausreden mehr! Machen Sie aus Nervosität Schlagfertigkeit und aus Unsicherheit Überzeugungskraft – das Potenzial ist riesig!

KAPITEL 8:

NEUE WEGE ENTDECKEN

Gern gebe ich es zu: Meine größte Schwäche ist Schokolade. Schon als Kind konnte ich nicht genug davon bekommen, und auch als Erwachsener überkommt mich regelmäßig die Lust auf süße Verführungen. Kaum sehe ich meine Lieblings-Chocolaterie in der Nürnberger Innenstadt, reagiere ich wie der sprichwörtliche Pawlowsche Hund, stürme hinein und genieße die herrlichen Bruchschokoladen.

Der Schokoladenmarkt ist im doppelten Sinne übersättigt und viele Marken sind austauschbar. Die Professoren W. Chan Kim und Renée Mauborgne von der renommierten INSEAD Business School haben hierfür den Begriff »Roter Ozean«[45] geprägt. Diese Roten Ozeane der bestehenden Märkte gleichen Haifischbecken, in denen einer den anderen frisst. Wer hingegen vom Wettbewerb unberührte »Blaue Ozeane« erobert, kreiert eine neue Nachfrage jenseits etablierter Produkte und zahlreicher Mitbewerber und nutzt Chancen, die andere nicht sehen.

Ein Blick nach Riegersburg in der Oststeiermark zeigt uns, wie dies auf dem Schokoladenmarkt aussehen kann. Der Schokoladenhersteller Zotter bietet in seiner hier befindlichen Erlebniswelt ein wahres Feuerwerk an Kreativität und Originalität. Neben der Schokofabrik gibt es eine Schokoerlebniswelt mit vielen Verkostungsstationen, Schokobrunnen, Endorphin-Skulpturen, Schokolade mit Schweineblut zum Probieren (ja, wirklich!) und einen tanzenden Schokoladenroboter mitten im Geschehen.

Für den Gründer Josef Zotter begann dieser neue Weg im Kuhstall seines Vaters, nach dem Scheitern seiner ursprünglichen Konditorei. Anfang der 90er Jahre erfand er die handgeschöpfte Schokolade und führte weitere Experimente durch, die zum Konzept »Running Chocolate« führten, bei dem Schokolade wie Sushi auf einem Förderband serviert wird. Dieser interaktive Ansatz kam so gut an, dass auch heute noch die gesamte Erlebniswelt von Mitmach-Events und zahlreichen Verkostungsstationen im Schokoladen-Theater lebt.

Mit einem Sortiment von 500 Sorten und jährlich 60 bis 80 neuen Kreationen, die die alten auf den »Ideenfriedhof« schicken, bleibt Zotter immer abwechslungsreich. Auf den »Grabsteinen« dieses Friedhofs stehen die Namen vergangener Geschmacksexperimente wie etwa »Kaffeepflaume mit Speck«, die von Besuchern oft schmunzelnd bestaunt werden.

Nicht nur bei Schokoladenerlebnissen, auch in puncto Nachhaltigkeit geht das Unternehmen neue Wege. Seit 2004 ist das Fairtrade-Siegel für Kakao Standard und zwei Jahre später wurde die Bio-Zertifizierung abgeschlossen. Bereits 60 Prozent der benötigten Energie werden am Standort selbst hergestellt. Hier trifft Genuss auf Verantwortung. Nebenbei zählt die Zotter Erlebniswelt zu den meistbesuchten Ausflugszielen der Steiermark. Jährlich erkunden 260.000 Gäste die Welt der Schokolade.[46]

Zotter stellt für mich die innovativste Schokolade dar, die ich kenne. Kann man Innovationen jedoch wirklich systematisch erarbeiten? Um mehr über die praktische Umsetzung der Strategie der »Blauen Ozeane« zu erfahren, habe ich den INSEAD-zertifizierten Experten Holger Trautmann, einen der weltweit führenden Praxisanwender dieser Strategie, zu einem Interview eingeladen.[47]

INTERVIEW MIT HOLGER TRAUTMANN

» Holger, was verstehst du unter innovativer und kreativer Problemlösung?

Für mich bedeutet kreative Problemlösung, aus technologischen Entwicklungen einen echten Kundennutzen zu schaffen. Es geht darum, Technologien, die sich rasant entwickeln, genau zu analysieren und zu überlegen, welche alltäglichen Probleme damit gelöst werden können. Das ist für mich die Essenz innovativen Denkens.

Kannst du ein konkretes Beispiel dafür nennen, wie du diese Art des Denkens für dich in die Praxis umgesetzt hast?

Absolut, im von mir mitgegründeten Start-up IoT Venture nutzen wir fortschrittliche Technologien wie Sensorik, das Internet der Dinge und GPS, um echte Probleme zu lösen. Ein Beispiel ist unsere Lösung, um gestohlene E-Bikes zu orten oder verlorene Haustiere wiederzufinden. Das zeigt, wie man von «

» einem Problem ausgeht und dem Kunden einen wirklich neuen Nutzen bietet.

Wann bist du zum ersten Mal mit der Blue Ocean-Strategie in Berührung gekommen und was hat dich daran so fasziniert?

Das war 2002, noch bevor das Buch »Blue Ocean Strategy« veröffentlicht wurde. Mein damaliger Chef hat mich als jungen Strategieberater zur INSEAD Business School geschickt, um dieses Konzept kennenzulernen. Mich faszinierten die Einfachheit und Klarheit des Ansatzes sowie die Logik vom Roten und Blauen Ozean. Die Blue Ocean-Strategie bietet eine strukturierte Methodik mit effektiven Werkzeugen, entwickelt von zwei charismatischen Professoren. Mich hat nicht nur die Theorie, sondern insbesondere die praktische Anwendung überzeugt.

Du hast dich dann über die Jahre zum Blue Ocean Consultant entwickelt. Wie kam es dazu?

Zunächst habe ich das Konzept tiefgehend verstanden und gelernt, es praktisch anzuwenden. Nachdem ich Partner in der Beratungsfirma wurde, begann ich, dieses Wissen aktiv in Projekte einzubringen und damit Kunden zu gewinnen. Die Verbreitung des Buches »Blue Ocean Strategy« fiel genau in diese Zeit und half mir enorm, mein eigenes Geschäft aufzubauen. Dadurch wurde ich im eigentlichen Sinne zum Blue Ocean Consultant.

Was war dein erster praktischer Einsatz der Blue Ocean-Strategie?

Das war bei einem großen Chemiekonzern. Großunternehmen sind oft die Ersten, die neue Methoden aufgreifen. In unserem ersten großen Projekt haben wir die Geschäfts- «

» bereiche des Konzerns mit der Blue Ocean-Strategie analysiert und neue Marktpositionierungen entwickelt, die zu neuen Angeboten für Kunden und Nicht-Kunden führten. Das war ein sehr prägender Moment in meiner Karriere als Consultant.

Gab es in deiner Laufbahn ein Aha-Erlebnis mit der Blue Ocean-Strategie, das dir in Erinnerung geblieben ist?

Auf jeden Fall. Wir hatten ein faszinierendes Projekt mit genossenschaftlichen Banken, bei dem wir über einen längeren Zeitraum die Strategieprozesse mit dem Blue Ocean-Framework begleitet haben. Unsere Hauptaufgabe bestand darin, uns vom üblichen Preiskampf in der Bankenwelt, den wir als Roten Ozean der Austauschbarkeit bezeichnen, zu unterscheiden. Hierbei haben wir uns auf die Immobilienfinanzierung konzentriert, ein Bereich, der damals innovativ war. Zusammen mit drei PSD-Banken haben wir eine Plattform namens PIA entwickelt, eine persönliche Immobilienassistentin.

Was genau macht PIA zum Blue Ocean?

PIA hat das Immobiliengeschäft der beteiligten Banken massiv nach vorne gebracht, indem sie alle Services, die ein Käufer braucht – von der Finanzierungsbewilligung über Notare bis hin zu Versicherungen und Handwerkersuche – auf einer einzigen Plattform bündelt. Dies bietet den Kunden einen enormen Mehrwert und unterstützt sie bei der größten Investition ihres Lebens. PIA wurde schnell erfolgreich und hat viele Kunden angezogen, was dazu führte, dass die Initial-Banken ein Unternehmen gründeten, um diese Software auch anderen Banken anzubieten. Das ist ein perfektes Beispiel dafür, wie man mit kreativen Lösungen traditionelle Geschäftsmodelle überdenken und neue Märkte schaffen kann.

«

» Seit 2002 bist du tief in der Welt der Blue Ocean-Strategie verankert. Hat diese Denkweise deine Sicht auf Business-Strategien generell verändert?

Absolut, Kai. Die Blue Ocean-Strategie hat mich geprägt und gelehrt, stets nach neuen Möglichkeiten, Kundennutzen und Zielgruppen zu suchen. Interessant finde ich das Konzept der Nicht-Kunden, also jener Marktsegmente, die bisher vernachlässigt wurden. Es ist essenziell, systematisch zu erkunden, wer diese Nicht-Kunden sind und wie sie durch mein heutiges oder ein neues Angebot erreicht werden könnten.

Kannst du ein konkretes Beispiel nennen, das diese Strategie illustriert?

Ein klassisches Beispiel ist die Nintendo-Spielekonsole Wii. Anstatt sich ausschließlich auf die typischen Gamer zu fokussieren, hat Nintendo nachgedacht, wer üblicherweise keine Spielekonsolen kauft. Sie erkannten große Nicht-Kunden-Segmente, etwa ältere Menschen, Familien und Frauen. Durch die Vereinfachung des Spielerlebnisses, die Reduktion der Technik und die Kreation eines völlig neuen Sport- und Bewegungserlebnisses haben sie diese bisher unerschlossenen Zielgruppen zu Kunden gemacht und trotz eines starken Wettbewerbs die Marktführerschaft erreicht.

Ich bin neulich auf die provokante Frage gestoßen, die sich heute jedes Unternehmen stellen sollte: »Wer bewirbt sich nicht bei uns?« Könnte man diese Frage nicht auch mit der Blue Ocean-Strategie angehen?

Das ist eine großartige Frage. Es gibt ein Konzept namens Blue Ocean-Leadership, das sich auf solche Überlegungen in der Personalwelt konzentriert. Es geht dabei weniger um Recruiting im klassischen Sinne, sondern mehr um die Wirkung von Führungskräften innerhalb einer Organisation. «

» Welche weiteren Einsatzmöglichkeiten siehst du für das Denken in Blue Ocean-Dimensionen?

Die Blue Ocean-Strategie fordert uns auf, von Anfang an in Marktszenarien mit den Kategorien Angebot, Zielgruppen und Wettbewerb zu denken. Dies vermeidet umfangreiche Analysen mit vielen PowerPoint-Charts und fördert stattdessen die Kundenorientierung. Ein Schlüsselaspekt unserer Workshops ist die visuelle Darstellung der Unternehmenspositionierung, die oft unterschiedliche Perspektiven aus Abteilungen wie Marketing und Vertrieb zusammenbringt. Das fördert einen klaren Blick auf Stärken, Schwächen und Wettbewerbsvorteile. Ziel ist es dann, die Positionierung so zu verändern, dass der Wettbewerb irrelevant gemacht wird oder ganz neue Geschäftsmodelle in neuen Märkten entstehen.

Wie kann ein Unternehmen Innovation in seiner Kultur implementieren?

Aus meiner Sicht ist es entscheidend, echte Innovation durch klar definierte, zielorientierte Projekte voranzutreiben. Es geht nicht um den bloßen Ideenaustausch oder interne Wettbewerbe, die oft wenig wirkungsvoll sind. Vielmehr benötigt man konkrete, messbare Business-Ziele, bspw. um innerhalb von zwei bis drei Jahren signifikante wirtschaftliche Ergebnisse zu erzielen, etwa zehn Prozent Umsatzwachstum oder fünf Prozent Steigerung des EBIT[48]. Ohne einen soliden, marktorientierten Business Case bleibt Innovation wirkungslos. Gerade in Zeiten, in denen ein effizienter Ressourceneinsatz gefordert ist, müssen Innovationen auf tragfähigen Geschäftsmodellen basieren, die am Markt erfolgreich sein können.

Wie sieht das dann im Geschäftsalltag aus?

Zunächst muss der Handlungsbedarf identifiziert und visualisiert werden. Dies gelingt sehr gut über das Blue Ocean-Tool der «

» Value Curves, die die Austauschbarkeit des eigenen Angebots im Vergleich zum Wettbewerb aufzeigen (»Roter Ozean«). Wichtig ist zudem ein Projektverantwortlicher, der Innovationen wirklich will. Die Person benötigt die volle Unterstützung der Geschäftsleitung und einen Zugang zu den notwendigen Ressourcen, intern wie extern.

Wie könnte man Innovation nun zur Routine machen, anstatt zu warten, bis es wieder einmal brennt?

Es ist entscheidend, regelmäßige Offsites oder Workshops zu etablieren. Wir nehmen uns dabei Zeit, um eine gründliche Marktübersicht zu erstellen, die Kundenakzeptanz zu prüfen und unsere Positionierung zu evaluieren. Es geht darum, den Blick zu heben, relevante technologische Entwicklungen und Trends zu erkennen und deren potenzielle Auswirkungen auf unser Geschäft zu analysieren. Diese Treffen, die idealerweise alle drei bis sechs Monate mit einem Moderator oder Experten durchgeführt werden, enden oft mit einem gemeinsamen Abendessen. Solche strategischen Planungstage sind eine wertvolle Routine, die von Führungskräften aktiv gefördert werden sollte.

Was können wir tun, damit die Ideen aus solchen Workshops nachhaltig verfolgt und umgesetzt werden?

Wichtig ist, schon vor dem Workshop ein klares Commitment zu setzen. Das Ziel sollte sein, entweder etwas Neues erfolgreich zu launchen oder bestehende Angebote deutlich zu verbessern. Oft wollen Unternehmen nur experimentieren, aber wenn es ernsthafte Marktambitionen gibt, ist von Anfang an volles Engagement nötig. Nach dem Workshop sollte man sich auf wenige Top-Ideen konzentrieren und nicht zu viele Optionen gleichzeitig verfolgen. Die Entscheidung für die Top-Ideen sollte pragmatisch und basierend auf klaren Kriterien erfolgen. Diese priorisierten Ideen müssen dann im Dialog mit «

» Kunden und Nicht-Kunden konsequent weiterentwickelt und sowohl im Unternehmen als auch am Markt etabliert werden.

Wie entscheidend ist das Management für den Erfolg eines Projekts?

Die Unterstützung des Managements ist absolut erfolgskritisch. Ich habe gesehen, wie großartige Ideen an mangelnder Managementunterstützung scheiterten. Einmal begeisterte eine Idee das Projektteam und den Vorstand, aber als sie an das Marketing übergeben wurde, wurde fälschlicherweise behauptet, man habe das Thema schon »in der Pipeline«. Dann ist es versandet. Heute, in einer Zeit flacherer Hierarchien, ist es umso wichtiger, einen hochrangigen Befürworter im Unternehmen zu haben. Ein Sponsor in einer hohen Position ist entscheidend, um eine Idee erfolgreich umzusetzen.

Wie sollten Führungskräfte sich mental aufstellen, um mit dem Risiko des Scheiterns bei innovativen Projekten umzugehen?

Ich finde die oft verherrlichte Einstellung zum Scheitern problematisch. Erfolg ist vorzuziehen. Ich rate dazu, systematisch über zukünftige Geschäftsmodelle nachzudenken, um Risiken zu minimieren. Dies bedeutet, die eigenen Ressourcen, potenzielle neue Kundensegmente und aktuelle Trends strukturiert zu untersuchen.

Eine proaktive Herangehensweise kann zukünftige Risiken erheblich reduzieren. Wer stattdessen passiv bleibt und nur auf Kostensenkungen im harten Marktumfeld setzt, geht ein größeres Risiko ein. Durch unsere systematischen Prozesse, in denen wir Kundenfeedback einholen und Ideen daraufhin anpassen oder verwerfen, minimieren wir das Risiko und die Wahrscheinlichkeit des Scheiterns.

«

» **Da kommt mir das Tool »Kill Your Company« in den Sinn, das den Worst Case in Geschäftsszenarien simuliert ...**

»Kill Your Company« ist wirklich ein effektives Instrument. Es hilft, den maximal negativen Ausgang eines Szenarios zu simulieren und daraus zu lernen. Zudem ist es nützlich, um externe Bedrohungen zu erkennen, die oft von außerhalb der eigenen Branche kommen. In der Praxis ist es allerdings schwierig, basierend auf diesen Simulationen ein robustes Gegenmodell zu entwickeln, obwohl wir durch solche Übungen einen imaginären Feind erschaffen.

Also ist es eher eine Methode, um einen Plan B zu entwickeln?

Genau, das Tool ermöglicht es, sich der schlimmsten möglichen Szenarien bewusst zu werden und Impulse für den eigenen strategischen Weg zu gewinnen. Es geht nicht darum, eine Gegenfirma zu errichten, die diesen Angriff ausführt. Vielmehr fördert es kreatives Denken und hilft dabei, neue Perspektiven für strategische Entscheidungen zu entwickeln.

Herzlichen Dank, Holger. Deine Einsichten bieten einen lehrreichen Impuls für innovatives Denken und die Anwendung der Blue Ocean-Strategie. «

ENTDECKEN SIE NEUE WEGE ÜBER KUNDENNUTZEN, PRAXISORIENTIERTE STRATEGIEMODELLE UND UNTERSTÜTZUNG DURCH DAS MANAGEMENT!

Holger Trautmann betont die Bedeutung neuer, innovativer Denkweisen und kreativer Problemlösungen, die durch technologische Entwicklungen einen echten Kundennutzen schaffen. Die Blue Ocean-Strategie und deren Anwendung in verschiedenen Projekten hilft Unternehmen, neue

Märkte zu erschließen und bestehende Geschäftsmodelle zu überdenken. Um Innovation systematisch zu fördern und langfristig in der Unternehmenskultur zu verankern, können wir die folgenden drei Chancen nutzen:

CHANCE 22: ORIENTIEREN SIE SICH AN DEN KUNDENPROBLEMEN

Ohne klare Problemorientierung passiert keine echte Innovation. Holger rät dazu, die sich rasant entwickelnden Technologien genau unter die Lupe zu nehmen und zu überlegen, welche alltäglichen Probleme damit gelöst werden könnten. Kreative Ansätze schaffen einen echten Mehrwert für die Kunden und steigern so die Wettbewerbsfähigkeit eines Unternehmens. Diese Fokussierung auf den Kundennutzen ist entscheidend, um einen Blauen Ozean zu erschließen. Durch eine konsequente Nutzenorientierung können Sie innovative Lösungen entwickeln, die sich von der Konkurrenz abheben und neue Marktchancen eröffnen.

CHANCE 23: TESTEN SIE PRAXISORIENTIERTE STRATEGIEMODELLE AUS

Eine Innovationsidee allein reicht nicht aus. Erst die Anwendung effektiver Methoden und Werkzeuge ermöglicht es Unternehmen, ihre strategischen Ziele erfolgreich zu erreichen. Holger zeigt anhand der virtuellen Immobilienassistentin PIA, wie innovative Ideen in konkrete Geschäftsmodelle überführt werden können, um neue Märkte zu erschließen und kontinuierlich neuartige Wachstumschancen zu identifizieren. Praxisorientierte Strategiemodelle stellen sicher, dass Ihre Ideen nicht nur theoretisch, sondern auch praktisch umsetzbar und erfolgreich sind.

CHANCE 24: HOLEN SIE SICH UNTERSTÜTZUNG DURCH DAS MANAGEMENT

Oft scheitern gute Ideen daran, dass die Entscheidungsträger den Mehrwert nicht erkennen. Klare Befürworter innerhalb des Managements treiben die Projekte schneller voran und stellen die notwendigen Ressourcen bereit. Holgers Tipp: Die Einbindung eines »Champions« in hoher Position gewährleistet die notwendige Rückendeckung und Bereitstellung von Ressourcen, um vielversprechende Ideen erfolgreich zu meistern. Die Unterstützung durch das Management ist entscheidend, um die Umsetzung innovativer Projekte zu fördern und deren Erfolg zu sichern.

So können Sie diese Chancen in die Praxis umsetzen:

OUTSIDE-THE-BOX-IDEE NR. 22: BIETEN SIE KLARE NUTZENVORTEILE

Wir sind bei Freunden zum Grillen eingeladen. Unsere Gastgeberin, Petra, möchte noch schnell die Sauce hollandaise zubereiten, und ich darf ihr über die Schulter schauen. Als begeisterter Hobbykoch, der aber auch gern auf Fertigprodukte zurückgreift, habe ich bisher eher die Sauce aus dem Tetra Pak genossen, als mich an das aufwendigere Originalrezept zu wagen. Und voilà, Petra präsentiert mir stolz ihre neueste Errungenschaft: diesen sagenhaften Mixer, der alles kann.

Mit ein paar Handgriffen zeigt sie mir, wie kinderleicht die Zubereitung damit ist. Nebenbei erzählt sie mir begeistert von den vielfältigen Einsatzmöglichkeiten und kulinarischen Abenteuern, die diese Wundermaschine bietet. Ich bin beeindruckt und mein Kopf beginnt zu rattern: gesündere Gerichte, weniger Abfall, einfachere Einkäufe, viel Zeitersparnis und proteinreicher und kalorienärmer kochen per Knopfdruck ... Ich ertappe mich dabei, wie ich mir selbst dieses Küchengerät verkaufe. Wie toll wäre es, auch so eins zu besitzen.

Petra hat mir mit ihrer Begeisterung gezeigt, warum so viele diesen Mixer lieben. Er löst Probleme und eröffnet Möglichkeiten – das Herzstück jeder Innovation. Hat vorher jemand dringend einen solchen Mixer gebraucht? Vermutlich nicht. War der Nutzen sofort klar, als das Gerät auf den Markt kam? Absolut. Das macht es so viel einfacher, potenzielle Kunden zu überzeugen. Genau wie auch Petra überzeugt ist.

Was nützt es, gut zu sein, wenn keiner es weiß? Setzen Sie sich mit Ihrem Team zusammen und überlegen Sie, mit welchen überzeugenden Nutzenargumenten Sie sich zukünftig eindrucksvoller präsentieren können. Das Geniale daran: Sie können diese Nutzenargumente in jedes Gespräch einbauen und so richtig punkten.

- Welche Probleme lösen Sie?
- Was genau hat der Kunde davon, wenn er zu Ihnen kommt?
- Was macht Sie oder Ihr Team so außergewöhnlich?
- Sind es überragende Serviceleistungen oder ein spezielles Fachwissen, das kein anderer hat?
- Haben Sie konkrete Beispiele, wie Ihr Angebot bereits früher echten Mehrwert erzeugt hat?

Mit klaren und kraftvollen Nutzenargumenten können Sie sich und Ihr Team viel nachhaltiger präsentieren. Finden Sie heraus, welche Probleme Sie lösen, und machen Sie den Mehrwert für Ihre Kunden völlig transparent. Je besser Sie Ihre Expertise und Leistungen darstellen, desto wertvoller werden Sie wahrgenommen. So positionieren Sie sich jenseits vom Mittelmaß.

OUTSIDE-THE-BOX-IDEE NR. 23: VERBESSERN SIE IHRE PERFORMANCE

2006: In einem Tagungshotel in der Schweiz über dem Comer See lausche ich fasziniert einer Vorlesung über Innovationen und die Strategie der Blauen Ozeane. Das Buch dazu, brandneu und noch nicht in deutscher Übersetzung erhältlich, vermittelt eine klare Botschaft: Wer mutig genug ist, sich in unberührte Märkte vorzuwagen, entkommt dem ruinösen Wettbewerb der etablierten Märkte und schafft eine völlig neue Nachfrage. Einfach, logisch und ein echter Gamechanger. Die Idee:

Zerlegen Sie Ihre Projekte in ihre wesentlichen Faktoren[49] und fragen Sie sich:

- Was sollten Sie vorantreiben oder steigern?
- Was sollten Sie weglassen oder vernachlässigen?
- Was sollten Sie einschränken oder reduzieren?
- Was sollten Sie hinzunehmen oder neu gestalten?

Im Laufe der Jahre habe ich diese vier Fragen nicht nur in Projekten, sondern auch im Coaching angewendet. Jetzt sind Sie dran! Angenommen, ein Projekt läuft nicht so, wie Sie es sich vorgestellt haben. Sie wissen, dass Sie etwas ändern müssen, um Ihr Ziel zu erreichen.

Also, legen Sie los:

- Gibt es Aktivitäten, Ressourcen oder Verhaltensweisen, die gut funktionieren und die Sie noch mehr pushen können?

- Gab es Dinge, die absolut nichts gebracht haben und die Sie getrost entsorgen können?

- Gibt es etwas, das Sie vielleicht übertrieben haben und das in gemäßigter Form besser wäre?

- Gibt es coole neue Ideen, die Sie bisher nicht auf dem Schirm hatten, aber extrem hilfreich wären?

Diese Fragen können Sie in jeder Situation nutzen, sei es, um sich selbst voranzubringen oder Ihre Teammitglieder zu unterstützen. Dieses Format eignet sich perfekt, um im Team ein gemeinsames Ziel zu erreichen, innovative Ideen in konkrete Geschäftsmodelle zu verwandeln und neue Märkte zu erobern.

OUTSIDE-THE-BOX-IDEE NR. 24: ENTWICKELN SIE ERFOLGREICHE STRATEGIEN

»Du bietest einen Workshop an, um strategisches Denken zu vermitteln? Den will ich für mein Team buchen.« Die Abteilungsleiterin hat sich mit dieser Bitte an mich gewendet, weil ihr Team viele wichtige Projekte hat, die dringend abgeschlossen werden müssen. Statt in wilden Aktionismus zu verfallen, hat sie sich entschieden, diese erst einmal strategisch zu planen.

Wenige Tage später: Zehn Kollegen arbeiten paarweise an Flipcharts und diskutieren die entscheidenden Schritte für ihre Projekte, basierend auf dem Format, das ich kurz vorgestellt habe.

Das Format ist einfach, logisch und unglaublich effektiv. Sie brauchen nur ein Blatt Papier oder ein Flipchart, um es umzusetzen. Es erfüllt zwei wichtige Anforderungen:

1. Es bringt Gedanken und Ideen in eine klare Logik, die sofort Übersicht schafft – egal wie komplex das Projekt ist.

2. Es konzentriert sich auf das Wesentliche, sodass Sie einer außenstehenden Person die wichtigen Punkte in wenigen Minuten erklären können – perfekt, um das Management ins Boot zu holen und Genehmigungen sowie Ressourcen zu sichern.

So funktioniert es:
Nehmen Sie ein Blatt Papier und teilen es mit zwei Strichen in vier gleich große Felder.

- **Schritt 1:** Notieren Sie im oberen linken Feld die Ziele Ihres Vorhabens und den daraus resultierenden Nutzen.

- **Schritt 2:** Im oberen rechten Feld halten Sie in Stichpunkten das bisher Erreichte, die aktuellen Herausforderungen und mögliche ungenutzte Optionen fest.

- **Schritt 3:** Im unteren linken Feld stehen die Ressourcen, die Sie einsetzen werden. Dazu gehören Zeitbedarf, Teamgröße, Budget und andere unterstützende Mittel.

- **Schritt 4:** Im unteren rechten Feld skizzieren Sie eine kurze Abfolge der nächsten Schritte, um Ihre Ziele zu erreichen.

Probieren Sie es aus. Es ist eines der besten Business-Tools, die ich kenne und immer wieder anwende. Diese werden dann nach und nach mit den Erkenntnissen zu den Themen der vier Felder gefüllt. Und das Beste daran? Sie können die Erkenntnisse in einer kurzen Präsentation zusammenfassen und Ihrer Zielgruppe vorstellen, z. B. dem Management.

KAPITEL 9:

MITEINANDER MACHEN

Kennen Sie das Direktorium der Europäischen Zentralbank oder das Exekutivkomitee der WHO? Vermutlich sind Sie diesen Damen und Herren näher bekannt, als Sie denken, denn die Welt ist ein Dorf: Eine Gruppe amerikanischer Soziologen um Duncan Watts von der Cornell University in New York hat bestätigt, dass die »Small-World-Hypothese«, die Stanley Milgram in den 60er Jahren aufstellte, stimmt. Milgram fand heraus, dass jeder Mensch im Durchschnitt über sechs Ecken mit jedem anderen Menschen verbunden ist.[50]

Als ich das vor vielen Jahren las, fragte ich mich spontan, wie viele Ecken mich wohl vom Papst trennen. Die überraschende Antwort bekam ich wenige Jahre später. Auf einer Fortbildungsveranstaltung habe ich die Bekanntschaft einer schwedischen Journalistin gemacht, die drei Jahre zuvor Papst Johannes Paul II. interviewt hatte.

Eine starke Vernetzung ist also der Schlüssel zum Erfolg – nicht nur privat, sondern auch beruflich. Beziehungen öffnen Türen, und ein Netzwerk des Miteinander-Machens hat echten Netz-»Wert«. Deshalb investieren Finanztitanen, CEOs und andere Magnaten ihre wertvollste Ressource, ihre Zeit, in Geschäftsreisen rund um den Globus. Trotz der Vorteile von Zoom-Meetings sind es die persönlichen Treffen, die bessere Deals und Auftragserteilungen ermöglichen.

Eine Studie von Jobvite aus dem Jahr 2019 zeigt, dass über die Hälfte der Arbeitssuchenden ihren neuen Job über Freunde gefunden hatte, während es 37 Prozent gelungen war, innerhalb ihres beruflichen Netzwerks eine neue Stelle zu finden.[51] Kein Wunder, dass trotz der hohen Eintrittsbarrieren zu amerikanischen Eliteuniversitäten unzählige Interessierte weder Zeit noch Kosten scheuen, einen Studienplatz zu ergattern. Über den Zugang zu exklusiven Alumni-Netzwerken legen sie ab Studienbeginn den Grundstein für ein weltumspannendes, einflussreiches Beziehungsnetzwerk.

Herminia Ibarra, Professorin für Organisationsverhalten an der INSEAD Business School, betont, wie wichtig es ist, das richtige Netzwerk für sich aufzubauen: »Strategisches Netzwerken hilft, sich die Zukunft auszumalen, Ideen überzeugend zu präsentieren und die Informationen und Ressourcen zu beschaffen, die man braucht, um das Beste aus diesen Ideen zu machen.«[52]

Übrigens wirkt das Netzwerken auf unser Gehirn ähnlich wie Verliebtsein. Laut Paul J. Zak, Professor für Wirtschaftswissenschaft und Psychologie an der Claremont Graduate University, setzt unser Gehirn das Wohlfühlhormon Oxytocin frei, wenn wir mit anderen interagieren und zusammenarbeiten.[53]

Cornelia Wanke, Unternehmerin, Kommunikationsexpertin und Businesscoach, die sich seit vielen Jahren im Gesundheitswesen engagiert, hat mir verraten, wie professionelles Netzwerken in der Praxis gelebt wird und wie man belastbare Netzwerke aufbauen kann.[54]

INTERVIEW MIT CORNELIA WANKE

» **In deinem LinkedIn-Profil bezeichnest du dich als »Netzwerkerin«. Wie wird man das?**

Hauptberuflich bin ich Unternehmerin und Beraterin im Gesundheitswesen. Ein Netzwerk ist dabei eine Grundvoraussetzung. Wie ich zur Netzwerkerin geworden bin? Man wird das nicht einfach, man ist es. Schon als Kind war ich sehr kontaktfreudig und später habe ich bemerkt, dass es mir im beruflichen Alltag leichtfällt, Kontakte zu knüpfen, zu halten und Menschen zusammenzubringen.

Worauf hast du beim Netzwerken geachtet?

Viele denken, man geht in ein Netzwerk und fragt zuerst, was man selbst daraus ziehen kann. Ich bin immer mit der Frage in Gespräche gegangen: Was kann ich für dich tun? Was brauchst du von mir? Wie kann ich dich unterstützen? So habe ich mein Netzwerk aufgebaut, ohne bewusst einen Nutzen daraus zu ziehen.

Wie waren deine ersten wichtigen beruflichen Netzwerkerfahrungen?

«

» Mein erstes richtiges Netzwerk war die Lady Lobby, die von Ruth Heintskill geführt und gegründet wurde. Ich war Teil dieses Netzwerks, und wir haben viele tolle Veranstaltungen erlebt. Eines Tages sagte Ruth, sie möchte »in Rente gehen« und fragte mich, ob ich das Netzwerk übernehmen würde. »Warum ich? Was kann ich, was andere nicht können?«, fragte ich. Sie antwortete, dass ich eine besondere Gabe hätte: die Art und Weise, wie ich das Netzwerk erweitere und Kontakte knüpfe. Genau diese Gabe sei gefragt, um auf einer Metaebene zu agieren und die Menschen zu verbinden, die sich jetzt gegenseitig brauchen, um etwas Größeres entstehen zu lassen.

Bei der Lady Lobby ist es nicht geblieben, oder?

Genau. Aus der Lady Lobby habe ich gemeinsam mit vier anderen Frauen die »Spitzenfrauen Gesundheit« entwickelt. Das ist eines der hochrangigen Projekte, bei denen ich jetzt im Vorstand bin. Typisch für meine Art des Netzwerkens war dabei folgendes Ereignis: Bei einer Veranstaltung der Lady Lobby hatten wir ein Speed-Dating mit neuen Bundestagsabgeordneten organisiert.

Eine davon, Dr. Kirsten Kappert-Gonther, nun Vorsitzende des Ausschusses für Gesundheit, erklärte, sie wolle sich während ihrer Amtszeit für Frauen im Gesundheitswesen einsetzen. Das war der Moment für mich. Ich dachte sofort an Formate, Ideen und Vernetzungsmöglichkeiten. Wir beschlossen, eine eigene Veranstaltung zu organisieren, um Menschen zusammenzubringen, die für das Thema einen Mehrwert schaffen und etwas beitragen können. So erweiterst du Netzwerke: Menschen verbinden, die gemeinsam etwas Größeres schaffen.

Das klingt nach einem gesunden Schneeballsystem. Die Mitglieder bringen dann wiederum andere mit hinein und nehmen diese Missionen auch mit auf den Weg.

Ja, wenn du das so siehst, hat jeder Mensch theoretisch etwa 500 Kontakte. Wenn du das hochrechnest und fünf Personen hast, die «

» jeweils um die 500 Kontakte haben, entsteht ein riesiges Schneeballsystem. Es genügt, wenn jeder einen oder zwei weitere mitbringt, die dann ein ernsthaftes Interesse haben, mitzuarbeiten.

Neben den Spitzenfrauen Gesundheit bist du ja noch im Vorstand der Healthcare Frauen als drittes Netzwerk?

Genau, auch dazu kam es eher zufällig. Ich wurde Mitglied, überlegte, wo ich meine Expertise und Fähigkeiten einbringen könnte, und hatte ursprünglich vor, für ein Beiratsmandat zur Verfügung zu stehen. Doch der alte Vorstand wollte seine Arbeit niederlegen und es fanden sich keine Interessentinnen für diese Aufgabe. Da dachte ich: Das kann nicht sein. So ein tolles Netzwerk, und keine der Frauen möchte da in Verantwortung gehen. Da habe ich mich einfach beworben – und das mache ich jetzt seit 2020.

Das sind wertvolle Netzwerke für Frauen, immer unter bestimmten Fachthemen. Könntest du diese bitte einmal voneinander abgrenzen? Welche Ziele verfolgen diese Netzwerke?

Die Spitzenfrauen Gesundheit verfolgen das Ziel, mehr Frauen in Führungspositionen des Gesundheitswesens zu bringen und für deren Positionen zu kämpfen. Dies beinhaltet das Thema Gleichberechtigung und Gleichstellung, aber auch die Berücksichtigung genderspezifischer Aspekte im Gesundheitswesen. Die Healthcare Frauen sind hingegen ein Netzwerk für Frauen, die bereits in Führungspositionen sind. Der Zweck hier ist, diese weiter zu fördern. Wir versuchen, uns mit anderen Vereinigungen und Vereinen zu vernetzen, um als politische Ansprechpartner für gesundheits- und frauenpolitische Themen zu fungieren. Unser ausgezeichnetes Mentoring-Programm unterstützt Frauen in Führungsverantwortung dabei, ganz nach oben zu gelangen. Wir geben ihnen nicht die Qualifikation oder die Motivation – denn die haben sie bereits – sondern die nötigen Werkzeuge, um sich durchzusetzen. «

» Total spannend, muss ich sagen. Und mit Sicherheit auch sehr vielseitig, vor allem von den Aufgaben her. Wie passt das zu deinem Tagesgeschäft? Sicherlich geht viel Arbeitszeit dabei drauf?

Es ist sehr aufwendig, nicht zuletzt, weil ich auch noch mein eigenes Consulting-Business habe. Ich arbeite sehr viel, und die Hälfte meiner Arbeitszeit fließt in diese Netzwerkarbeit. Das umfasst nicht nur Vorstandsarbeit, sondern auch Entwicklungsarbeit und Mentoring. Natürlich profitiert das eine vom anderen. Durch die Netzwerkarbeit komme ich auf ganz andere Gedanken und akquiriere auch ganz andere Projekte.

Was ist dein persönlicher Motivator dabei?

Was mich antreibt, ist der Wunsch, die Versorgung im Gesundheitswesen zu verändern. Dabei geht es mir nicht nur um Geschlechtergerechtigkeit, sondern auch um eine umfassende Verbesserung der Versorgung, insbesondere im Bereich der mentalen Gesundheit. Hier gibt es ja an allen Ecken und Enden Probleme.

Wie viele Mitglieder habt ihr denn in den drei Netzwerken?

Die Lady Lobby ist ganz klein, da es sich um ein sehr exklusives Netzwerk handelt. Zu den Healthcare Frauen zählen über 200 Mitglieder, darunter 30 Fördermitglieder. Das sind Unternehmen, die uns unterstützen. Bei den Spitzenfrauen sind wir mittlerweile auch bei 200 Mitgliedern, allerdings mit nur einem Fördermitglied. Zusätzlich gibt es einen Runden Tisch, der mittlerweile 12 Organisationen umfasst, darunter der Bundesverband Managed Care und FidAR (»Frauen in die Aufsichtsräte«). Diese Organisationen haben jeweils mindestens 100 bis 500 Mitglieder, FidAR sogar über 1.000.

«

» Das entspricht ja dem absoluten Netzwerkgedanken, das Netzwerk der Netzwerke.

Ja, genau, das stimmt. Ich möchte dir ein Beispiel geben, was Netzwerke leisten können. Seit vielen Jahren gibt es die Herz-Kreislauf-Allianz. Letztes Jahr haben wir uns als Herzfrauen mit ihnen zusammengeschlossen und den sogenannten GoRed-Day ins Leben gerufen. Das ist eine Kampagne, die wir aus den USA nach Deutschland geholt haben. Das Thema lautet »Frauenherzen schlagen anders«, und es geht um genderspezifische Medizin im Bereich der Herz-Kreislauf-Erkrankungen.

Letztes Jahr haben wir nur eine Social-Media-Kampagne durchgeführt. Durch die vielen Multiplikatorinnen, die wir angeschrieben haben, hat sie bereits eine weite Verbreitung gefunden. Ich glaube, damals haben wir ungefähr eine Million Menschen erreicht. Dieses Jahr sind wir in die Offensive gegangen und wollten es richtig groß machen – und wir haben über 21 Millionen Menschen erreicht!

Wie habt ihr das geschafft?

Wir haben gezielt Multiplikatorinnen gesucht, also Menschen, die an wichtigen Hebelpositionen sitzen, und sie explizit angesprochen. Wir stellten Social-Media-Kits zur Verfügung, organisierten eine Veranstaltung und erreichten durch das Zusammenwirken der vielen Frauen eine große Wirkung. Für das nächste Jahr planen wir, noch mehr mediale Aufmerksamkeit zu gewinnen. Wir haben jetzt Verbindungen zu Medien aufgebaut, wir waren alle beim BILD-Herzgipfel. So funktioniert es, etwas Großes zu schaffen: indem man ein gemeinsames Ziel verfolgt.

Entscheidend sind also Multiplikatoren und ein gemeinsames Ziel.

Ja, das Entscheidende ist, gemeinsam ein Thema voranzubringen und nicht sich selbst oder die eigene Firma. Wenn sich jemand, «

» der für ein Unternehmen steht, das Herz-Kreislauf-Produkte im Portfolio hat, für das Thema einsetzt, profitiert natürlich auch das Unternehmen und somit die Person selbst davon. Das ist auch in Ordnung. Wir haben uns aber entschieden, das Thema gemeinsam voranzutragen.

Damit profitieren also alle, es entstehen Win-win-win-Situationen.

Genau, und alle sind so begeistert von dem Thema, dass sie voller Energie einsteigen und diese Energie am Ende auch zurückstrahlt.

Ich nehme an, dass die meisten Menschen, die netzwerken möchten, vielleicht eher mit dem Gedanken herangehen: »Was bringt mir das?«

Ja. Diese wird es immer geben. Ich bin jedoch überzeugt, dass es so viele positive Beispiele in den Netzwerken gibt, dass jede Frau, die dazukommt, sofort spürt, dass dort eine andere Energie herrscht und dann auch eine Leidenschaft dafür entwickelt.

Ich finde den Gedanken, hinauszugehen und anderen Menschen eine Stimme oder eine Plattform zu geben, sehr bereichernd. Was ist dafür an Verhaltensweisen und Kompetenzen erforderlich?

Aus meiner Sicht braucht es zuerst die Haltung, bereit zu sein, zu geben, bevor ich frage, wie ich davon profitiere. Das ist die grundlegende Haltung beim Netzwerken. Dann muss ich wissen, was meine Werte und Ziele sind. Das ist sehr wichtig. Welche Werte, Ziele, Kenntnisse und Kompetenzen kann ich überhaupt einbringen? Wo habe ich eine Expertise, wo kann ich andere unterstützen? Dann muss man starten. Man fängt ja nie bei null an. Du hast schon einige Menschen im Umfeld. Es braucht nicht viel, nur den Mut, einfach loszugehen. In meiner Coaching-Aus- «

» bildung hatte ich einen Lehrer, der immer sagte: »Geh mit Menschen um, als seien sie atmende Wundertüten.«

Eine schöne Metapher, die sehr energievoll klingt …

Wenn du so in Gespräche gehst, denkst du nicht: »Muss ich jetzt wirklich mit dem auch noch sprechen?«, sondern du weißt, dass du immer etwas zurückbekommst. Dann öffnest du dich deinem Gegenüber auf eine andere Art und Weise, und das merkt der andere auch. Netzwerken braucht schließlich viel Zeit. Lustigerweise wurden meine Kinder, als sie noch kleiner waren, einmal gefragt: »Was macht denn deine Mama so?« Sie antworteten: »Sie geht entweder Cappuccino trinken oder Sekt.« So entstand ein ganz falsches Bild beim Lehrer. Aber tatsächlich besuche ich viele Veranstaltungen und führe zahlreiche Gespräche am Rande. Es geht um Zeit und Zuwendung.

Viele Menschen, die ich kenne, denken, dass sie zu introvertiert sind, um gut netzwerken zu können. Ist es hilfreicher, extrovertiert zu sein, oder kann man auch als introvertierter Mensch gut netzwerken?

Ich glaube sogar, dass Introvertierte besser im Netzwerken sind, weil sie besser zuhören können. Netzwerken dreht sich nicht nur darum, seine eigene Botschaft zu platzieren. Viele erzählen viel von sich, wie toll sie sind und was sie alles machen. Aber ein wesentlicher Bestandteil des Netzwerkens ist, zuzuhören und herauszufinden, was mein Gegenüber ausmacht. Die hohe Kunst des Netzwerkens besteht darin, sich das auch noch merken zu können. Und dann vielleicht in drei oder vier Monaten noch zu wissen: »Ah, damals hat die Person das oder jenes gesagt.«

Gibt es Unterschiede zwischen den Netzwerkarten von Frauen und Männern?

«

» Da ich kein Mann bin und keine reinen Männer-Netzwerke kenne, kann ich nicht genau sagen, was der Unterschied ist. Ich kann nur erkennen, dass Frauen noch zu selten und schlecht vernetzt sind. Männer haben eine ganz besondere Art, sie konkurrieren nicht von Anfang an miteinander, sondern begleiten sich auf dem Weg nach oben. Und am Ende ist dann derjenige besser, der eben den letzten Punkt macht.

Vielleicht kommt das daher, dass Jungen ganz anders aufwachsen und immer gewohnt sind, im Wettbewerb zu spielen. Und wenn am Ende der andere besser ist, dann soll er eben vor mir sein. Frauen hingegen nehmen beim Netzwerken häufig eine Metaperspektive ein und denken ganzheitlicher. Sie konzentrieren sich nicht ausschließlich auf Sektor-spezifische oder individuelle Vorteile, sondern berücksichtigen stets das große Ganze.

Ich hatte oft den Eindruck, dass sich in einer Männergruppe blitzschnell ein Leitwolf herauskristallisiert.

Ja, absolut, natürlich. Wenn eine Frau eine Führungsrolle einnimmt, ist die Angst, dann angreifbar zu sein, oft groß. Und das ist häufig noch ein echtes Potenzial bei Frauen, sich so zu vertrauen, gegenseitig zu unterstützen und gemeinsam nach oben zu tragen.

Und da sind wir schon beim Thema belastbares Netzwerk. Conny, was ist aus deiner Sicht ein gutes, belastbares Netzwerk?

Ein belastbares Netzwerk ist da, wenn du es brauchst. Das setzt voraus, dass du nicht erst aktiv wirst, wenn du das Netzwerk nutzen musst, etwa bei einer Herausforderung. Es geht um langjährige Verbindungen und eine vertrauensvolle Basis. Aber es setzt voraus, dass du erst mal viel selbst hineingeben musst. Ich sehe das als eine Art Verpflichtung, dass Menschen sich gegenseitig unterstützen. Bei jedem Netzwerk sollte es eine Art Eintrittsklausel geben, die besagt, dass jeder mit dem Eintritt in das «

» Netzwerk verpflichtet ist, auch die anderen Mitglieder zu unterstützen.

Du hast in unserem Vorgespräch in diesem Zusammenhang den wunderschönen Begriff »karmisches Netzwerken« benutzt. Was ist das?

Es ist genau dieses Prinzip, dass man erst fragt, was man beitragen kann, selbst wenn vermeintliche Konkurrentinnen dabei sind. Was kann ich für die tun? Und daraus ergibt sich dann der Auftrag, sich für das Netzwerk zur Verfügung zu stellen und nicht seine eigenen Themen in den Vordergrund zu rücken. Es wirkt ja doppelt, denn ich bekomme auf der einen Seite direkt etwas zurück. Wenn ich dir helfe und du Erfolg hast, freue ich mich zunächst riesig darüber, dass du erfolgreich bist. Und auf der anderen Seite kommt das Ganze dann irgendwann zu mir zurück.

Eine Idealsituation ...

Ja, genau so ist es. Und ich werde dann oft gefragt, ob ich mir sicher bin. Was ist, wenn mich jemand ausnutzt oder betrügt? Dann sage ich immer: Klar, solche Menschen gibt es. Man kann nicht verhindern, dass jemand das ausnutzt. Aber ich glaube daran, dass solche Personen auch eine entsprechend negative Energie zurückbekommen, weil sie etwas Negatives ausgesendet haben. Und wenn du etwas Positives aussendest, wird das irgendwann auch zu dir zurückkommen.

Es befreit, macht dich offener und damit hast du mehr Möglichkeiten, oder?

Definitiv, weil du dann vor allem Spaß am Leben hast. Was ich auch sehe, ist, dass du, wenn du gemeinschaftlich ein Thema angehst, viele Menschen um dich hast, die unterschiedliche Perspektiven vertreten. Das befruchtet sich gegenseitig und du erreichst schneller dein Ziel. «

» Wie finde ich für mich geeignete Netzwerke?

Zuerst einmal im eigenen Arbeitsumfeld. Da gibt es ja schon interne Netzwerke. Dann würde ich sagen, das kleinste Netzwerk sind die Kolleginnen und Kollegen. Wenn man auf einer Seminartagung ist, sollte man sich wirklich auch in den Pausen mit anderen unterhalten und schauen, wo es Gemeinsamkeiten gibt, wo der eine für den anderen etwas tun kann. Im Gesundheitswesen gibt es darüber hinaus beispielsweise fachspezifische Netzwerke, das sind Verbände für Berufsausrichtungen, aber auch größere Verbindungen wie den Deutschen Ärztinnenbund – und eben die Spitzenfrauen Gesundheit und die Healthcare Frauen.

Somit ist es einfach eine Google-Recherche?

Ja, das funktioniert über eine Recherche, oder man fragt jemanden, der schon einem Netzwerk angehört. Wichtig ist, zu schauen, was das Netzwerk macht und ob man sich da aktiv einbringen kann. Denn es gibt natürlich auch viele Netzwerke, die nur auf dem Papier bestehen.

Hast du auch einen Tipp, wie man sich online gut vernetzen kann?

Nehmen wir LinkedIn als Beispiel. Es gibt dort viele Gruppen. Man kann einfach mal hineinschnuppern und sich fragen: Was kann ich selbst beitragen? Kann ich mich da engagieren? Man kann auch nach Menschen suchen, die ähnliche Themen haben, etwa über eine Themensuche, oder an Online-Veranstaltungen teilnehmen. Und dann schauen, in welchen Gruppen der Austausch Spaß macht. Ich habe das auch schon öfter gemacht.

Ich hatte vor einiger Zeit mit jemandem Kontakt aufgenommen, der etwas über einen »Future Walk« gepostet hatte, und ihn direkt gefragt, ob ich eventuell auch daran teilnehmen dürfte, sollte er es wieder durchführen. Und siehe da, ein paar Wochen später habe ich die Einladung bekommen. «

» Und so schnell geht es. Ich habe mich mit einer tollen Professorin ausgetauscht, auf die ich über LinkedIn aufmerksam geworden bin, und mich mit ihr in Berlin getroffen. Daraus ist jetzt ein großes Projekt entstanden. So ergibt sich eins aus dem anderen.

Einen kurzen Tipp hätte ich gern noch. Wenn jemand noch kein wirkliches Netzwerk hat und sich da auch hilflos fühlt: Wo soll er starten?

Du kannst jemanden, der bereits ein Netzwerk hat, einfach fragen, ob er dich mal mitnehmen kann. Das ist etwas, das sich schnell umsetzen lässt.

Ganz herzlichen Dank, Conny. Netzwerken ist eine Superkompetenz, die sehr viel bewirken kann, wenn man es mit diesen wertvollen Tipps angeht.

«

FÖRDERN SIE DAS MITEINANDER DURCH EFFEKTIVES NETZWERKEN, UNTERSTÜTZER UND BELASTBARE NETZWERKE!

Im Interview verrät Cornelia Wanke, wie sie ihre Netzwerkerfahrungen und -fähigkeiten im Gesundheitswesen aufgebaut hat. Die Bedeutung von Geben statt Nehmen, die Rolle von Multiplikatoren und die Kraft eines gemeinsamen Ziels ergeben drei Chancen, die uns im Miteinander weiterbringen:

CHANCE 25: NETZWERKEN SIE EFFEKTIV

Effektives Netzwerken beginnt mit der Frage: »Was kann ich für dich tun?« anstatt »Was kann ich daraus ziehen?«. Cornelia zeigt deutlich: Wer immer nur nimmt, wird irgendwann leer ausgehen. Durch Unterstützung, Wissen und Ressourcen bauen Sie Vertrauen und wertvolle

Beziehungen auf. Ihr engstes Netzwerk ist Ihr eigenes Arbeitsumfeld; darüber hinaus gibt es fachspezifische Netzwerke bis hin zu Verbänden. Online bietet LinkedIn gute Möglichkeiten, sich zu vernetzen. Hören Sie auf zu warten und gehen Sie auf jemanden zu, der bereits in einem Netzwerk aktiv ist. Zeigen Sie sich hilfsbereit und zuverlässig – so entsteht ein starkes und nützliches Netzwerk.

CHANCE 26: SUCHEN SIE SICH UNTERSTÜTZER UND MULTIPLIKATOREN

Wer hat mehr Sichtbarkeit, Erfahrung und Reichweite als Sie? Identifizieren Sie Multiplikatoren und binden Sie sie ein. Das sind Personen, die in Schlüsselpositionen sitzen und eine breite Wirkung erzielen können. Denken Sie groß: Die Initiative »Frauenherzen schlagen anders« erreichte durch Multiplikatoren über 21 Millionen Menschen. Nehmen Sie außerdem Abkürzungen, wenn Sie diese einbinden, und erreichen Sie Ihre Ziele dadurch schneller und leichter. Win-win-Denken ist hier entscheidend: »gemeinsam vorantreiben«. Multiplikatoren verbreiten Ihre Botschaft und Ihre Projekte mit enormer Reichweite und Wirkung.

CHANCE 27: BAUEN SIE BELASTBARE NETZWERKE AUF

Gehen Sie raus aus der Komfortzone und werden Sie aktiv, bevor Sie etwas benötigen! Cornelia fordert eine Eintrittsklausel: Wer ins Netzwerk will, muss sich verpflichten, auch die anderen Mitglieder zu unterstützen. Nur durch kontinuierliche Pflege und Interaktion entstehen Beziehungen, auf die Sie in jeder Situation zurückgreifen können. Belastbare Netzwerke sind mehr als lose Verbindungen. Sie bieten gegenseitige Unterstützung und ein starkes Gemeinschaftsgefühl, besonders in Krisenzeiten.

So können Sie diese Chancen in die Praxis umsetzen:

OUTSIDE-THE-BOX-IDEE NR. 25: SCHÄRFEN SIE IHREN NETZWERKKOMPASS

Netzwerken – das klang vor Jahren schon wie der neueste Schrei und gleichzeitig wie ein notwendiges Übel. Wer denkt nicht an gezwungenes Aufeinanderzugehen, übertriebene Selbstdarstellungen und den gefürchteten Small Talk? Am Ende bleibt oft nur ein Stapel Visitenkarten, die schnell in Vergessenheit geraten.

Es geht auch anders! Elsmarie Eggers, die vor einigen Jahren als Abteilungsleiterin zu uns kam, hat einen genialen Tipp: Sie nutzt ihre Mittagspause für »virtuelle« Kaffees via Zoom mit Kollegen. Mithilfe des Konzern-Organigramms findet sie heraus, welche Kontakte interessant für gemeinsame Projekte sind. Dieser Ansatz hat ihr schon viele kreative und fruchtbare internationale Partnerschaften eingebracht – mit Kollegen, die sie vorher nicht kannte.

Machen Sie es wie Elsmarie und schärfen Sie Ihren Netzwerkkompass! Überlegen Sie sich im Vorfeld:

- Was sind Ihre Netzwerkziele?
- Wen möchten Sie kennenlernen?
- Was können Sie Ihren Netzwerkpartnern bieten?
- Wie viele neue Kontakte möchten Sie jeden Monat gewinnen?

Mit diesem Kompass starten Sie durch und knüpfen regelmäßig neue Kontakte, sei es intern oder extern, z. B. über LinkedIn. Sprechen Sie interessante Menschen an, stellen Sie ein paar Fragen und verabreden Sie sich für ein kurzes Gespräch. So bauen Sie nicht nur ein Netzwerk auf, sondern bleiben auch in Erinnerung.

Ein starkes Netzwerk bedeutet, mehr zu sein als nur eine weitere Visitenkarte. Überlegen Sie sich, wie Sie von anderen wahrgenommen werden möchten, und pflegen Sie dieses Image konsequent. Feiern Sie persönliche Meilensteine wie Geburtstage oder zeigen Sie echte Wertschätzung – das macht den Unterschied. Eine einfache Faustregel: mindestens zweimal pro Jahr aktiv Kontakt suchen, sei es durch ein Treffen oder ein Telefongespräch.

OUTSIDE-THE-BOX-IDEE NR. 26: NUTZEN SIE MENTORING FÜR BERUFLICHE WEITERENTWICKLUNG

Während eines Mittagessens berichtet mir Silke, eine Kollegin aus dem Controlling: »Ich habe es dir noch nicht erzählt, aber ich schaue mich schon in Basel um. Ich will in den nächsten sechs Monaten in die Zentrale wechseln. Es gibt noch keinen konkreten Job, aber ich bin gut vernetzt und meine Mentorin wird mich dabei unterstützen.« Diese Bemerkung lässt mich aufhorchen: Mentoring innerhalb einer Firma ist eine interessante Perspektive. Aber warum sollte ein erfahrener Kollege ein Mentoring übernehmen und was könnte das konkret für meine berufliche Planung bedeuten?

Ein halbes Jahr nach unserem Gespräch wechselt Silke in die Zentrale unseres Konzerns. Ihr Erfolg inspiriert mich, mein eigenes Netzwerk im Unternehmen zu stärken und auszubauen.

Warum nicht ein dynamisches Mentoring-Programm für Ihr Team entwickeln? Hier sind ein paar Schritte, mit denen Sie dieses Programm energiegeladen und wirkungsvoll gestalten können:

1. **Fähigkeiten und Kenntnisse festlegen:** Bestimmen Sie klar und deutlich, welche Fähigkeiten und Kenntnisse in Ihrem Team gefördert werden sollen. Von technischen Kompetenzen bis hin zu Soft Skills wie Kommunikation und Projektmanagement – definieren Sie die Bereiche, die gestärkt werden sollen.

2. **Mentoren sorgfältig auswählen:** Diese sollten nicht nur über die nötige fachliche Expertise verfügen, sondern auch die Fähigkeit be-

sitzen, ihr Wissen effektiv weiterzugeben und unterstützende Beziehungen zu ihren Mentees aufzubauen.

3. **Regelmäßige Treffen organisieren:** Kombinieren Sie Einzelsitzungen mit Gruppenworkshops, um den Austausch und das Lernen zu fördern. Integrieren Sie Feedback-Sessions, um den Fortschritt zu messen und das Programm kontinuierlich zu verbessern.

4. **Mentoren gezielt vorbereiten:** Bieten Sie Schulungen zu Coaching-Techniken, Konfliktmanagement und interpersoneller Kommunikation an, um sicherzustellen, dass Ihre Mentoren bestens gerüstet sind.

5. **Ziele und Nutzen klar kommunizieren:** Stellen Sie sicher, dass die Ziele und der Nutzen des Programms klar und deutlich kommuniziert werden, um Akzeptanz und Engagement zu fördern. Starten Sie mit voller Energie und halten Sie das Momentum aufrecht.

Bleiben Sie am Ball: Überwachen Sie das Programm aktiv und passen Sie es bei Bedarf an, um sicherzustellen, dass es die festgelegten Ziele erreicht und einen positiven Einfluss auf das Team hat. Mit einem solchen Mentoring-Programm können Sie nicht nur die individuellen Fähigkeiten Ihrer Mitarbeiter verbessern, sondern auch eine stärkere, kooperativere Kultur im Team schaffen.

OUTSIDE-THE-BOX-IDEE NR. 27: ERLEBEN SIE KARMISCHES NETZWERKEN MIT EINEM »COMMUNITY PARTNERSHIP DAY«

Seit Langem findet bei uns der »Community Partnership Day« statt – ein Tag im Mai, an dem sich alle Mitarbeiter für soziale Projekte engagieren. Klingt nach einem weiteren Punkt auf der To-do-Liste? Weit gefehlt! Diese Tage bedeuten spannende Erlebnisse. Dieses Jahr fahre ich mit blinden Kindern in einen Streichelzoo. In den Jahren davor habe ich bei der Fürther Tafel Mahlzeiten für bedürftige Rentner und Obdachlose zubereitet oder eine Schulmauer an einer Brennpunktschule mit bunten Fliesen neu gestaltet. Jeder dieser Tage zwingt mich aus meiner Komfortzone und zeigt mir, wie gut es mir wirklich geht.

Warum nicht mal über den Tellerrand Ihrer Firma hinausblicken und eine eigene soziale Initiative starten? Weg mit dem langweiligen Sponsoring von lokalen Events – hier kommt karmisches Netzwerken!

1. **Engagement ermöglichen:** Geben Sie Ihren Mitarbeitern die Freiheit, sich in Projekten zu engagieren, die ihnen wirklich am Herzen liegen. Ein Tag raus aus dem Büro und hinein ins echte Leben.

2. **Team-Erfahrungen teilen:** Schließen Sie Partnerschaften mit Institutionen, um als Team etwas Großes zu erleben. Oder lassen Sie jeden Mitarbeiter individuell eine Organisation wählen. So wächst nicht nur das Gemeinschaftsgefühl, sondern auch die persönliche und berufliche Entwicklung. Ihre Leute knüpfen Kontakte, die weit über den eigenen Schreibtisch hinausgehen.

3. **Gemeinsamer sozialer Impact:** Jeder Einsatz zählt als Teil des großen Ganzen. Nach dem Community Day reflektieren Sie gemeinsam die Erlebnisse und fördern so ein Netzwerk aus echtem Austausch und tiefem Vertrauen.

Ein Community Partnership Day bietet Ihnen und Ihrem Team unschlagbare Vorteile:

- **Gesellschaftliche Verantwortung:** Sie zeigen, dass Ihr Unternehmen nicht nur Profit im Sinn hat, sondern aktiv zur Lösung sozialer Probleme beiträgt.

- **Stärkung des Zusammenhalts:** Ein starkes Gemeinschaftsgefühl und gesteigerte Moral im Team sind der Motor für produktives Arbeiten.

- **Neue Perspektiven:** Ihre Mitarbeiter erleben neue Welten und erweitern ihre sozialen Fähigkeiten außerhalb der gewohnten Komfortzone.

- **Positives Unternehmensimage:** Durch solche Initiativen erweitern Sie nicht nur den Horizont Ihrer Mitarbeiter, sondern verbessern auch das Image Ihres Unternehmens.

Lassen Sie den Community Partnership Day zu einem jährlichen Highlight werden und erleben Sie gemeinsam berührende und bereichernde Momente. Das ist karmisches Netzwerken in seiner besten Form!

KAPITEL 10:
GAS GEBEN

Neulich habe ich morgens ein Experiment mit ChatGPT durchgeführt, das mich aus den Federn katapultieren sollte. Dazu hatte ich der KI die Anweisung gegeben, die Rolle eines Motivationscoaches einzunehmen, um auf komplexe menschliche Emotionen und Motivationsstrukturen adäquat zu reagieren. In diesem Fall war das Ziel, meinen inneren Schweinehund zu überlisten. Klingt wie ein Plot aus einem Sci-Fi-Film? So lief es ab[55]:

RUNDE 1: DER WECKRUF

Ich, im Halbschlaf: »Oh Mann, 5:30 Uhr, ich bleibe liegen und mache morgen dafür mehr Sport ...« (Der innere Schweinehund will, dass ich mich umdrehe und weiterschlafe.)

ChatGPT: »Verstehe ich richtig, dass du normalerweise um diese Zeit Sport treibst? Was motiviert dich normalerweise, früh aufzustehen und aktiv zu sein?« (Aha, die KI spielt Therapeut. Nett, aber ich bin doch nicht von gestern!)

RUNDE 2: DIE AUSFLUCHT

Ich, trotzig: »Sport ist supergut für mich und gibt mir Energie, aber heute habe ich keine Lust!« (Ich versuche, standhaft zu bleiben. Der innere Schweinehund nickt zustimmend.)

ChatGPT: »Kannst du dich an ein Mal erinnern, als du trotz fehlender Lust Sport gemacht hast und dich danach viel besser gefühlt hast? Wie hast du dich nach dem Training gefühlt?« (Oh, jetzt wird es tiefgründig. Ich spüre, wie mein innerer Schweinehund nervös wird.)

RUNDE 3: DER INNERE KONFLIKT

Ich, leicht schwankend: »Erstens: Ja, kann ich. Zweitens: Super.« (Verdammt, mein innerer Schweinehund beginnt zu schwitzen.)

ChatGPT: »Was denkst du, könnte dir heute helfen, dieses Super-Gefühl wieder zu erleben, auch wenn du gerade keine Lust hast? Gibt es eine bestimmte Sportart oder Übung, die dir Spaß macht oder effektiv erscheint?« (Reframing vom Feinsten! Mein innerer Schweinehund sieht alt aus.)

RUNDE 4: DER LETZTE WIDERSTAND

Ich, mit letzter Kraft: »Ich mache Kettlebell-Training und kann mich gerade schwer aufraffen.« (Der innere Schweinehund gibt sein Bestes, um die Stellung zu halten.)

ChatGPT: »Wie wäre es, wenn du dir ein kleines, erreichbares Ziel für heute setzt? Vielleicht eine kürzere Kettlebell-Session als üblich oder nur ein paar spezifische Übungen, um in Schwung zu kommen.« (Jetzt wird es hart. Der innere Schweinehund wankt.)

RUNDE 5: DER KNOCK-OUT

Ich, fast am Ende: »Hmmmmmm.«

ChatGPT: »Wie wäre es, wenn du dir selbst eine Belohnung nach dem Training versprichst? Etwas, worauf du dich wirklich freust.« (Der Köder ist ausgeworfen.)

Ich, resignierend: »Eine schöne heiße Dusche und eine große Tasse Kaffee?« (Mein innerer Schweinehund wirft das Handtuch.)

ChatGPT, der Sieger: »Das klingt nach einer fantastischen Belohnung! Bist du bereit, dich für dieses tolle Gefühl und die Belohnung danach aufzuraffen?« (Ich fühle mich wie ein Kind, das gerade überlistet wurde.)

Ich, geschlagen: »Okay, du hast mich überlistet.« (Mein innerer Schweinehund ist am Boden zerstört.)

MEINE ERKENNTNIS:

Hut ab, ChatGPT ist ein harter Gegner, da bin ich machtlos. Was bleibt mir bei dieser Gehirnwäsche (bzw. freundlich ausgedrückt: Überzeugungsarbeit) noch anderes übrig, als aufzustehen und meinen Hintern zu bewegen? Immerhin, der innere Schweinehund ist besiegt, und ich bin wieder auf Kurs.

Die KI hat diese Herausforderung mit Bravour gemeistert. Sie nutzte eine Mischung aus psychologischen Fragen, Reframing-Techniken und der Kunst, kleine, erreichbare Ziele zu setzen. Die Aussicht auf eine Belohnung hat mich dann geködert und meinen inneren Schweinehund überwunden.

Ist das die Zukunft? Um mit KI mitzuhalten, heißt es Gas geben. Wie intelligent ist KI wirklich und wie kann man sie im Berufsalltag besser nutzen? Das und noch einiges mehr wollte ich von Arnold »Arnie« Oberleiter wissen, der sich als Dozent und Innovator im dynamischen Feld der künstlichen Intelligenz einen Namen gemacht hat.[56]

INTERVIEW MIT ARNOLD OBERLEITER

>> **Arnie, du bist ja ein bekannter KI-Experte. Wann bist du zum ersten Mal mit künstlicher Intelligenz in Berührung gekommen und warum?**

Interessante Frage. Schon als Kind war ich ein Technikfan, habe viel gezockt und Makros für »World of Warcraft« geschrieben, um das Spielen zu verbessern. Das hat mein Interesse für Technik geweckt – sowohl für die Hardware als auch für die Software. Die Technologiewelt hat mich immer fasziniert, besonders mit dem Aufkommen der ersten Smartphones.

Und dann kam KI …

Genau, 2018 wurde ich auf die Large Language Models aufmerksam, die Technologie hinter ChatGPT. Das hat mich total gepackt, ich sah großes Potenzial. Seit ChatGPT im November 2022 bekannt wurde, lässt mich das Thema nicht mehr los. Mir wurde klar, dass sich bald jeder dafür interessieren würde.

Ja, die Technik entwickelt sich rasant und lässt einen nicht mehr los.

Absolut. Es gibt so viele Informationen, jedes größere Unternehmen investiert in KI. Man muss sich wirklich tief damit beschäf- <<

>> tigen, um auf dem Laufenden zu bleiben. Das ist eine Herausforderung, wenn man überall informiert sein möchte.

Für Anfänger ist oft unklar, wo der Einstieg liegt. Du unterrichtest KI auf der Online-Lernplattform Udemy. Wie bleibst du über die neuesten Trends informiert?

Ich denke, es ist besser, weniger Nachrichten zu lesen und mehr auf das zu achten, was die Unternehmen selbst sagen. Ich verfolge nicht alle Newsmagazine, denn die produzieren oft nur Inhalte zum Konsumieren. Wenn man sich direkt an die Unternehmen hält, erhält man zwar weniger, aber dafür wertvollere Informationen.

Wie kommst du an diese spezifischen Infos heran?

Das Einfachste ist, sich auf gebündelte Fakten zu konzentrieren, vor allem wenn das Unternehmen börsennotiert ist. Ich schaue mir die Quartalszahlen und die Earnings Calls[57] an. Obwohl es primär um Aktien geht, erfährt man dort, was in den nächsten Monaten mit dem Unternehmen passiert.

Und da wird KI als Verwaltungsinstrument erwähnt?

Ja. Willst du z. B. wissen, was in Sachen autonomes Fahren passiert, solltest du dir den Earnings Call von Tesla anhören. Elon Musk und sein Team, die direkt an der Entwicklung beteiligt sind, geben darin Auskunft. Die Analysten stellen Fragen, und so erfährt man, was das Unternehmen plant und welche Ziele es hat.

Der CEO publiziert konkrete Informationen zur zukünftigen Nutzung von KI-Technologie?

Genau, ich nehme Tesla als Beispiel, weil es öffentlich gehandelt wird und Informationen offenlegen muss. Ähnlich ist es bei Google oder Microsoft. Diese großen Unternehmen arbeiten oft mit <<

›› anderen Unternehmen zusammen, z. B. mit OpenAI. Microsoft besitzt etwa 49 Prozent von OpenAI. Folgt man diesen Unternehmen, erhält man viele wichtige Informationen.

Und sicherlich auch in den sozialen Medien ...

Auf Social Media sollte man direkt den Unternehmen folgen, etwa auf X (früher Twitter) oder LinkedIn. Dort machen sie oft große Ankündigungen.

Wie lernst du selbst und hältst dein Wissen über die neuesten KI-Tools auf dem Laufenden?

Mein größter Wissenszuwachs kommt direkt von den Unternehmen selbst. Wenn OpenAI etwas Neues ankündigt, informieren sie uns direkt. Oft stellen sie auch detaillierte Dokumentationen bereit, gerade wenn es technisch komplexer wird. Wer grundlegende Programmierkenntnisse hat, kann sich diese Informationen genau anschauen. Bevor ich ein Schulungsvideo aufnehme, muss ich das Tool selbst verstehen und anwenden. Nur wenn ich überzeugt bin, dass es funktioniert und sinnvoll ist, kann ich es auch anderen effektiv beibringen.

Wenn du gleichzeitig jemandem etwas erklärst, ist das eine tolle Methode, um das Wissen zu vertiefen, finde ich.

Ganz genau.

Auf EU-Ebene wird viel über Ethik, Moral und Datenschutz diskutiert. Hast du persönliche Grenzen oder ethische Bedenken im Umgang mit KI erlebt?

Ethische Bedenken sind präsent, und es gibt viele Blickwinkel dazu. Unternehmen versuchen, KI ethisch zu trainieren, damit sie ethische Antworten gibt. Aber auch da kann viel schiefgehen. Google hat beispielsweise eine KI trainiert, um Bilder zu gene- ‹‹

» rieren, und stand unter Druck, Ergebnisse zu liefern. Sie haben versucht, moralisch korrekt zu sein, was dazu führte, dass man nicht mehr in der Lage war, Bilder von kaukasischen Menschen-Typen zu erstellen. Fragte man das Modell nach einem deutschen Soldaten im Zweiten Weltkrieg, erhielt man asiatische Frauen.

Das klingt nach dem Zauberlehrling, der die Kontrolle verliert …

Es gibt Prognosen darüber, dass KI schlauer werden könnte als alle Menschen zusammen und Entscheidungen ohne menschliches Zutun treffen könnte. Wenn wir eine KI so trainieren, dass sie denkt, es sei nicht okay, kaukasisch zu sein, was bedeutet das dann, wenn die KI selbst entscheidet? Man muss vorsichtig sein, wie man sie trainiert.

Wie intelligent ist KI?

Es gibt drei Stufen von KI. Die erste ist die ANI, »Artificial Narrow Intelligence«, wo wir derzeit stehen. Diese KI kann spezifische Aufgaben besser bearbeiten als Menschen, etwa Rechtschreibung. ChatGPT ist darin besser als ich. Dann gibt es die AGI, »Artificial General Intelligence«, die gleich gut oder besser als Menschen in den meisten Bereichen agieren kann. Es gibt viele Beispiele für Bereiche, in denen KI besser und kostengünstiger ist als Menschen, aber auch solche, in denen sie schlechter abschneidet.

Beispielsweise beim Formulieren von Werbetexten?

Ich würde sagen, KI ist in dieser Hinsicht besser als 90 Prozent der Menschen. Auch beim Zeichnen oder Erstellen von Bildern, sogar beim Musikmachen, wenn man nur das Ergebnis betrachtet. Man kann z. B. ein Lied von Udio oder ElevenLabs komponieren lassen – ich könnte nichts Vergleichbares schaffen. KI übertrifft mittlerweile den Großteil der Menschen in immer mehr Bereichen. «

» **Wo siehst du das ultimative Stadium der KI-Entwicklung?**

Das wäre die »Artificial Superintelligence«, ASI. Hier wird KI schlauer sein als alle Menschen zusammen und fast alles besser machen können. Man wird nicht einmal mehr nachvollziehen können, warum die KI Entscheidungen so trifft, wie sie es tut.

Gibt es da schon Beispiele?

Ein Schlüsselmoment war 2017, als der KI-Algorithmus »AlphaGo« den weltbesten Go-Spieler Lee Sedol besiegte. Es gab einen Zug, den alle Experten zunächst für einen Fehler hielten, der sich aber als entscheidend herausstellte. Dies zeigt, dass KI manchmal in Bahnen denkt, die wir kaum verstehen, aber dennoch erfolgreich ist. Das ist faszin erend, aber auch beängstigend.

Nun zu den Unternehmensführern von heute. Warum sind KI-Kompetenzen für sie unverzichtbar?

Es gilt der Grundsatz: »Adapt or die«. Anpassen oder untergehen. Wenn die Konkurrenz KI nutzt, um schneller, kostengünstiger und besser zu sein, wie sollst du mithalten? Wenn dein Kollege zwei Stunden für eine Aufgabe braucht und du fünf, dann entstehen Verluste, die du nicht kompensieren kannst. Wer nicht mitzieht, wird in zwei Jahren nicht mehr da sein.

Mit den drei Intelligenzstufen, die du erwähnt hast, können wir also erwarten, dass die KI bessere Ergebnisse liefert?

Absolut, in vielen Bereichen schon. Wenn du der beste Werbetexter der Welt bist, magst du noch überlegen sein, aber der durchschnittliche Marketingmitarbeiter wird seine Texte verbessern können, indem er KI nutzt. Das führt zu schnelleren und besseren Ergebnissen und letztendlich zu mehr Umsatz, denn darum geht es in Unternehmen: Geld zu verdienen. «

» Wo siehst du aktuelle Trends im KI-Einsatz in Unternehmen hinsichtlich des Führungsalltags?

Die großen Trends betreffen die Integration von KI, angeführt von den großen Firmen. Die Nutzung wird immer alltäglicher, da die meisten Programme, die wir verwenden, zunehmend KI-Integration erfahren. Es wird ein Punkt kommen, an dem es so praktisch ist, dass man nicht mehr ohne KI arbeiten möchte.

Welches Tool begegnet dir immer wieder im Firmenalltag?

Nehmen wir Microsofts Copilot. Das ist eine Integration von ChatGPT in Microsoft 365, also in Word, Excel und PowerPoint. Der Copilot ist wie ein kleiner Assistent in diesen Programmen, der auf Anfrage sofort hilft, beispielsweise bei der Textgenerierung in Word oder beim Verfassen von E-Mails in Outlook. Google geht ähnliche Wege mit Gemini in Gmail. Alle diese Unternehmen stehen unter Druck, künstliche Intelligenz überall zu integrieren.

Was sollten Arbeitnehmer und Führungskräfte tun, um im Bereich KI mithalten zu können? Welche Skills sind deiner Meinung nach erforderlich?

Wichtig ist vor allem, zu wissen, wie man KI-Tools effektiv nutzt, um schneller zu sein. Es kommt darauf an, die richtigen Befehle zu geben. Wenn man z. B. einen Werbetext verbessern will, kann man das durch gezielte Anweisungen an die KI erreichen. Kurz gesagt, man muss lernen, wie man mit diesen Tools spricht, um den besten Output zu erzielen.

Das klingt nach Qualifikationen, die man erlernen kann. Es ist keine Raketenwissenschaft, sondern eher vergleichbar mit dem Erlernen neuer Programme wie Word, PowerPoint und Excel damals?

«

>> Genau. Um das klarzustellen: Der Unterschied zu herkömmlichen Programmen wie Excel, wo das Schreiben von Formeln ohne Vorkenntnisse schwierig sein kann, ist groß. KI verwendet natürliche Sprache. Man kann jederzeit Fragen stellen, fast so, als würde man mit dem eigenen Nachbarn reden. Viele denken, KI sei Hexenwerk und extrem kompliziert, aber sie macht vieles einfacher.

Also eine Mischung aus dem Erlernen einer neuen Technik und einem Sprachkurs?

Ganz genau.

Welche Ressourcen würdest du für den Einstieg in KI oder für fortgeschrittenes Lernen empfehlen?

Der beste Tipp ist, die Tools direkt zu verwenden. Die praktische Anwendung ist entscheidend. Es gibt zudem unzählige Onlinekurse. Viele sind sich nicht bewusst, dass selbst Google solche Kurse anbietet. Diese sind zwar oft nicht sehr tiefgehend, aber für den Einstieg völlig ausreichend. Ich empfehle auch, kostenloses Material zu nutzen, z. B. auf YouTube, um zu sehen, welche Klicks an welcher Stelle zu machen sind.

Es ist also sinnvoll, mit den Tools zu starten, die man bereits hat, und sich eine konkrete Aufgabe zu stellen?

Genau. Für Kreative im Marketing macht es beispielsweise Sinn, sich Tools anzusehen, die bei der Erstellung von Bildern, Musik oder Videos helfen. Man sollte sich die besten Optionen heraussuchen und einen Überblick verschaffen. Sobald man die Tools beherrscht, sollte man sie regelmäßig nutzen, um besser zu werden.

KI übernimmt immer mehr Aufgaben, aber welche Soft Skills bleiben in der Businesswelt von morgen wertvoll? <<

» Die gleichen wie heute. Kommunikationsfähigkeiten sind unersetzlich. Dale Carnegie's Buch »How to Win Friends and Influence People« ist immer noch relevant. Es geht darum, beliebt zu sein und respektiert zu werden, was die Zusammenarbeit und Leistung im Team fördert. Man muss kein Genie sein; Freundlichkeit und Respekt sind entscheidend.

Also ist Empathie wichtig. Gutes Zuhören, sinnvolle Fragen stellen, Vertrauen aufbauen ...

Absolut. Wenn du ChatGPT fragen würdest, würde es dasselbe sagen. Es geht darum, ein anständiger und netter Mensch zu sein. Das wirkt sich direkt auf die Behandlung durch andere aus und ist für Führungskräfte wichtig.

In vielen Unternehmen wird ja ein hoher Druck ausgeübt.

Ja, es gibt zwei Methoden, wie man Leuten etwas beibringen kann: durch Belohnung oder Bestrafung. In großen Unternehmen, besonders in der Finanzbranche, wird oft ein hoher Druck ausgeübt, sodass Mitarbeiter nach ein oder zwei Jahren häufig ausgebrannt sind. Aber es gibt auch Unternehmen, die eine Kultur der Belohnung schaffen, was langfristig motivierender ist. Das führt dazu, dass Mitarbeiter länger bleiben und das Unternehmen Zeit spart, weil es weniger Neueinstellungen und Einarbeitungen gibt. Es lohnt sich also, eine freundliche Arbeitskultur zu pflegen.

Das hast du sehr klar auf den Punkt gebracht. Menschen verlassen ja oft nicht Unternehmen, sondern sie verlassen die Menschen im Unternehmen. Als Führungskraft sehe ich in meinem Team sowohl langjährige als auch junge, neue Mitarbeiter. Nicht alle sind neuen Technologien gegenüber aufgeschlossen. Ich kann nicht einfach sagen »Adapt or die«, da der Widerstand dann zu groß wäre. Welche Strategien würdest du empfehlen, um KI-Kompetenzen systematisch im Team aufzubauen? «

» Ich bin ein Fan von Gamification, also dem spielerischen Ansatz. Dafür würde ich kleine Wettbewerbe im Team initiieren, um die Einführung und Nutzung von KI zu fördern. Indem man den Mitarbeitern zeigt, wie sie dadurch gewinnen können, weckt man ihr Interesse und ihre Beteiligung an der neuen Technologie.

Wie könnte man die Einführung neuer Technologien wie KI im Unternehmen spielerisch gestalten?

Mein Vorschlag ist, einen Wettbewerb zu starten, so etwas wie: Wer kann mit ChatGPT die beste Werbe-Mail erstellen? Wie schnell geht das? Die Teilnehmer bekommen Punkte und am Ende gibt es ein Incentive. Menschen haben einen natürlichen Wettbewerbsgeist. Wenn jeder gewinnen möchte, wird das zu einer motivierenden Herausforderung innerhalb des Unternehmens. Es startet ein Spiel, und die Leute sehen, dass ihre Anstrengungen belohnt werden. Ich bin überzeugt, dass die meisten sich dadurch stärker engagieren werden.

Du hast das Thema Kommunikation angeschnitten. Wie kann eine Führungskraft eine solche Herausforderung effektiv kommunizieren?

Ich würde damit beginnen, selbst zu zeigen, wie es funktioniert, und den Mitarbeitern sagen: »Ich nutze diese Technologie selbst und werde dadurch schneller. Ich möchte, dass ihr auch effizienter werdet.« Es geht darum, ihnen einfach und klar zu erklären, wie sie durch die Nutzung der Technologie Vorteile erzielen können: »Du gewinnst, indem du schneller und effizienter arbeitest. Ich werde das belohnen.«

In einem Fall, den ich selbst erlebt habe, gab es Widerstände bei der Einführung neuer Software, sogar bei den Führungskräften. Wie würdest du damit umgehen?

«

» Kommunizieren, dass es im Eigeninteresse jedes Einzelnen liegt, die neue Technologie anzunehmen. Menschen handeln aus Eigeninteresse; wenn sie sehen, dass es funktioniert und Vorteile bringt, etwa eine Gehaltsaufbesserung, dann sind sie eher bereit, sich darauf einzulassen. Eine gute Kommunikation ist entscheidend. Sie muss klar und motivierend sein, damit auch Führungskräfte die Vorteile erkennen und unterstützen.

Ich denke, eine Führungskraft muss den ersten Schritt machen und die Vorteile aufzeigen. Ein gutes Vorbild zu sein, das ist essenziell.

Absolut, da stimme ich dir vollkommen zu.

Hättest du ein konkretes Beispiel, das zeigt, wie KI erfolgreich in ein Team eingeführt wurde?

Klar, ich kann dir von zwei Unternehmen berichten. Sie hatten beide technische Onlinekurse und ihre Kunden stellten immer wieder die gleichen Fragen. Ein normales Q&A funktionierte nicht mehr. In beiden Fällen kam eine Führungskraft zu mir, um zu lernen, wie man einen Chatbot baut. Jedes Mal war es nur eine Person aus dem Unternehmen, die die Schulung besuchte, aber diese Unternehmen waren recht groß.

Diese Führungskräfte haben dann den Skill in ihrem Unternehmen weitergegeben und Chatbots eingeführt. Kunden können jetzt ihre Fragen direkt an diese Chatbots stellen, was das Problem der wiederholten Fragen löst. Die Programme der Unternehmen ändern sich ständig, also ist es vorteilhaft, dass sie den Chatbot selbst anpassen können, wenn neue Fragen auftreten.

Also sind die Führungskräfte mit gutem Beispiel vorangegangen, haben die Technik selbst erlernt und dann ihr Wissen an ihr Team weitergegeben?

Genau das. «

» Wie können Führungskräfte ein Umfeld schaffen, das innovatives Denken fördert?

Ich glaube, das Beste ist immer, es selbst vorzuleben und zu zeigen, dass es Spaß macht. Man kann es als ein kleines Spiel gestalten und den Mitarbeitern zeigen, wie sie dieses Spiel gewinnen können. Das sind die wichtigsten und effektivsten Methoden, um innovative Techniken wie KI im Unternehmen zu implementieren.

Gibt es Möglichkeiten, eine gewisse Nachhaltigkeit in Lernprozessen zu verstärken?

Ich setze bei Fortbildungen auf ein spezielles Vorgehen. Zuerst definiere ich das Wort »Lernen« und am Ende das Wort »Intelligenz«. Im Verkaufsgespräch nutze ich psychologische Techniken, um einen Rahmen zu schaffen. Ich erkläre »Lernen« als die Fähigkeit, sich anzupassen und das Verhalten zu ändern. Wenn du z. B. heute lernst, wie ChatGPT funktioniert, dann musst du es ab jetzt auch nutzen. Das ist für manche eine Herausforderung, deshalb definiere ich auch »Intelligenz« als die Schnelligkeit, mit der man lernt und umsetzt. Am Anfang habe ich sie gefragt, ob sie intelligent sind, und alle stimmten zu.

So bleiben die Teilnehmer fokussiert. Sie sind hier, um zu lernen und zu verstehen, dass es nicht intelligent ist, das Gelernte nicht sofort umzusetzen. Man könnte das Framing nennen. Ich rahme die Situation so, dass die Teilnehmer motiviert sind, das Beste für sich herauszuholen. Der Unterschied zwischen Helfen und Framing liegt letztlich in den Absichten.

Also nutzt du positive Verstärkung, um die Teilnehmer zu motivieren. Hast du einen abschließenden Tipp für Führungskräfte, die sich und ihr Team für die digitale Zukunft rüsten möchten?

«

» Der wichtigste Tipp, den ich geben kann, ist: Tu selbst, was du von anderen erwartest. Nur so gewinnst du Glaubwürdigkeit. Wenn du von deinen Mitarbeitern erwartest, dass sie etwas ernst nehmen und gründlich bearbeiten, musst du das auch vorleben. Man kann nicht von anderen Dinge verlangen, die man selbst nicht bereit ist zu tun.

Wir erleben eine rasante Entwicklung der KI. Was müssen wir heute tun, um in 20 Jahren auf einen guten Fortschritt zurückblicken zu können?

Das ist wirklich eine gute Frage. Ich glaube, das Wichtigste für die breite Masse ist, informiert zu bleiben, um nicht abgehängt zu werden. Bildung und Information sind essenziell.

Also lebenslanges Lernen ...

Genau, aber man sollte nur das lernen, was auch zu einer Verhaltensänderung führt. Es ist z. B. nicht unbedingt notwendig zu lernen, wie man KI reguliert, wenn man in diesem Bereich nichts bewirken kann. Ein guter Filter für den Umgang mit Nachrichten ist, sich zu fragen: Wird diese Information mein Verhalten ändern? Wenn nicht, muss ich sie nicht aufnehmen. Das ist sinnvoll für Dinge, die unser Handeln direkt beeinflussen, wie das Wetter, wenn wir planen, schwimmen zu gehen.

Ein interessanter Ansatz. Also sollten wir uns auf unser Lernen und die menschlichen Fähigkeiten konzentrieren.

Absolut, das ist der Schlüssel.

Vielen Dank, Arnie, für dieses inspirierende Gespräch und die wertvollen Tipps im Umgang mit KI! «

GEBEN SIE GAS MIT EFFEKTIVEN KI-TOOLS, VORGELEBTEN VERÄNDERUNGEN UND ERFOLGSGESCHICHTEN!

Arnold Oberleiter hat in unserem Gespräch nicht nur verraten, wie er selbst zum KI-Experten wurde, sondern auch, welche Perspektiven diese Technologie bietet. Wer sich direkt bei den Besten der Branche informiert, wird die Nase vorn haben.

Um KI-Kompetenzen im Team auszubauen, sind kontinuierliches Lernen und der KI-Kompetenzausbau Grundvoraussetzung. Diese drei Chancen helfen dabei weiter:

CHANCE 28: VERWENDEN SIE EFFEKTIVE UND EFFIZIENTE KI-TOOLS

Geben Sie Gas und halten Sie sich stets über die neuesten Entwicklungen im Bereich künstliche Intelligenz auf dem Laufenden. Arnold selbst liest regelmäßig die Quartalsberichte börsennotierter Unternehmen, um up to date zu bleiben. Diese Routine hilft ihm nicht nur dabei, die besten Tools optimal zu nutzen, sondern auch, frühzeitig neue Einsatzmöglichkeiten zu erkennen. Durch kontinuierliches Lernen und Anpassen an die neuesten Entwicklungen können auch Sie Ihre Effizienz steigern und sich Wettbewerbsvorteile sichern.

CHANCE 29: LEBEN SIE VERÄNDERUNGEN VOR

Seien Sie der Pionier in Ihrem Team und nutzen Sie Technologien, die Sie einführen möchten, selbst aktiv. Arnold macht es vor: Indem er die neuen Tools selbst anwendet, zeigt er seinen Mitarbeitern den praktischen Nutzen und die Vorteile der Technologien. So gewinnen Sie auch die weniger technikaffinen Kollegen leichter für sich. Dieses Führungsbeispiel stärkt das Vertrauen in neue Technologien und erleichtert deren Integration in den Arbeitsalltag.

CHANCE 30: ÜBERZEUGEN SIE MIT ERFOLGSGESCHICHTEN

Neue Technologien stoßen oft auf Misstrauen. Arnold hat dafür eine spielerische Lösung: kleine Wettbewerbe und Erfolgsgeschichten. Diese Ansätze fördern die Akzeptanz und das Verständnis für neue Tools. Durch positive Erfahrungen und Erfolgsgeschichten senken Sie die Hemmschwelle und motivieren Ihre Mitarbeiter, die neuen Technologien zu nutzen. Dadurch schaffen Sie ein Umfeld, in dem Veränderungen nicht nur akzeptiert, sondern aktiv unterstützt werden.

So können Sie diese Chancen in die Praxis umsetzen:

OUTSIDE-THE-BOX-IDEE NR. 28: BAUEN SIE KI-KOMPETENZ DURCH KI-CHAMPIONS AUF

Ulla, eine der engagiertesten Mitarbeiterinnen im Außendienst, ist hochzufrieden. »Das war mal wieder aufschlussreich«, sagt sie, »wir hatten gerade eine Abstimmung unter den Champions über das neue CRM-Modell. Der Trainer hat uns ein paar Tricks gezeigt, die ich noch gar nicht kannte. Morgen stelle ich sie in unserer Teamsitzung vor.« Ulla ist seit einigen Monaten IT-Champion in ihrer Region – eine Rolle, die sie freiwillig und mit Leidenschaft übernommen hat. »Ich liebe es einfach, neue Programme auszuprobieren und meine Erkenntnisse mit den Kollegen zu teilen«, erklärt sie.

Aber warum sind IT-Champions wie Ulla so wichtig? Ganz einfach: In einem Unternehmen mit über 1.000 Mitarbeitern ist es eine Mammutaufgabe, alle detailliert in neue Programme einzuarbeiten. IT-Champions springen genau dort ein, wo es komplex wird. Sie klären tiefgehende Fragen zur neuen Software schnell und unkompliziert. Weil sie Spaß daran haben, neue Tools zu erkunden und ihre Erkenntnisse zu teilen, bringen sie nicht nur frischen Wind, sondern auch effiziente Lösungen in den Arbeitsalltag.

Viele Ihrer Kollegen haben vielleicht schon Mühe, etablierte Programme wie PowerPoint oder Word effektiv zu nutzen, obwohl sie an Schulungen teilgenommen haben. Die neuen Möglichkeiten mit KI, etwa der Copilot im Microsoft Office-Paket, versprechen zwar enorme Erleichterungen, können aber auch überfordernd wirken.

Ihre Lösung: KI-Champions. Jedes Team nominiert einen Kollegen, der als Vorreiter neue Technologien aufgreift und sich einarbeitet. So wie Arnie, der immer auf dem neuesten Stand der KI-Trends ist. Dieser Kollege – Ihr KI-Champion – könnte kleine Teamschulungen abhalten, Tutorials für die weniger technikaffinen Kollegen anbieten und bei Bedarf auch Coachings durchführen.

Die Vorteile auf einen Blick:

- **Schnelle Integration:** Spezialisierte IT- und KI-Champions sorgen dafür, dass neue Programme und Tools schneller und effektiver im Unternehmen ankommen.

- **Multiplikator-Effekt:** Die Champions verbreiten ihr Wissen über neue Technologien im gesamten Team.

- **Gezielte Schulung:** Statt alle Mitarbeiter auf einmal zu schulen, wird das Wissen schrittweise und gezielt weitergegeben.

- **Positive Lernkultur:** Mitarbeiter, die Freude an neuen Technologien haben, teilen ihre Begeisterung und ihr Wissen, was die KI-Champions zusätzlich motiviert.

- **Leichteres Networking:** Durch spezielle KI-/IT-Schulungen erfolgt die Vernetzung der Champions im gesamten Unternehmen unkomplizierter.

- **Flexibilität:** Ihr Team bleibt flexibel und kann schnell auf technologische Veränderungen reagieren, was in einer dynamischen Geschäftswelt entscheidend ist.

Bauen Sie ein Netzwerk von KI-Champions auf, um die KI-Kompetenz in Ihrem Unternehmen zu stärken. Nutzen Sie die Begeisterung und das Wissen dieser Champions, um Ihr Team fit für die Zukunft zu machen und den Umgang mit neuen Technologien zu erleichtern.

OUTSIDE-THE-BOX-IDEE NR. 29: DELEGIEREN SIE EFFEKTIV UND EFFIZIENT AN KI

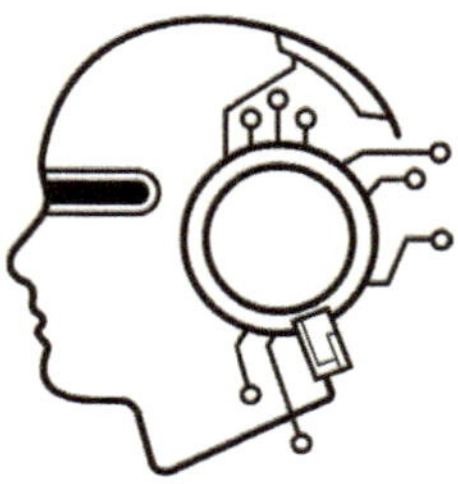

Nehmen wir an, Ihr Chef bittet Sie um eine Analyse der letzten Quartalszahlen oder eine E-Mail zur Ankündigung einer Produkteinführung. Beides sind Aufgaben, die Erfahrung und Kenntnis erfordern. Setzen Sie sich nun stundenlang hin und arbeiten alles selbst aus, oder nutzen Sie bereits Tools wie den Microsoft Copilot, um diese Aufgaben blitzschnell und mit hervorragenden Ergebnissen zu erledigen?

Nach Hunderten von E-Mail-Trainings weiß ich, wie herausfordernd es sein kann, beispielsweise eine Einladung zu einer Veranstaltung selbst zu verfassen. Es kostet Zeit und nicht jeder hat das Talent eines Werbetexters. Warum also nicht die Unterstützung einer KI nutzen?

In vielen Trainings wird gern die Geschichte eines Holzfällers erzählt, der eine stumpfe Säge benutzt und keine Zeit hat, diese zu schärfen. Deshalb meine Einladung an Sie: Nehmen Sie sich gemeinsam mit Ihrem Team ausreichend Zeit und gönnen Sie sich ein kleines Produktivitäts-Training:

- **Tagesroutinen:** Listen Sie alle täglichen Aufgaben auf, die Sie erledigen.

- **Sonderprojekte:** Listen Sie alle Sonderaufgaben der letzten sechs Monate auf.

- **Aufwand:** Schätzen Sie den geistigen und zeitlichen Aufwand, den diese Aufgaben beansprucht haben, realistisch ab.

- **Produktivität:** Überlegen Sie, ob und wie diese Aufgaben mittels KI schneller, leichter und qualitativ hochwertiger gelöst werden könnten.

- **Verantwortung:** Legen Sie fest, wer die Verantwortung dafür trägt, diesen Transfer zu ermitteln und das Team zu schulen (vielleicht haben Sie bereits einen KI-Champion?). Es dürfen natürlich auch alle einen Teil übernehmen.

- **Umsetzung:** Setzen Sie das Vorhaben um und bringen Sie Routine in die Nutzung von KI-Tools.

- **Bilanz:** Ziehen Sie nach einiger Zeit Bilanz: Wie viel Zeit, Mühe und Ärger hat Ihnen dieser Transfer erspart?

Indem Sie diese Strategien umsetzen, schaffen Sie nicht nur eine effizientere Arbeitsumgebung, sondern fördern auch eine Kultur des kontinuierlichen Lernens und der schnellen Anpassung an neue Technologien.

OUTSIDE-THE-BOX-IDEE NR. 30: INSPIRIEREN SIE DURCH PRESSEKONFERENZEN

Zu Beginn der Coronapandemie verkündete die Unternehmensleitung den Lockdown. Plötzlich war der Außendienst gezwungen, Besuche vor Ort zu meiden und stattdessen die Kunden vom Homeoffice aus zu kontaktieren. Was zuvor in persönlichen Gesprächen ablief, musste nun per E-Mail, Telefon oder über ein Videogespräch erledigt werden. Die Herausforderung bestand nicht nur darin, diese neuen Kommunikationswege voll auszuschöpfen, sondern auch, die Kunden, die diese Art der Kommunikation ebenfalls nicht gewohnt waren, in ihrer Welt abzuholen.

Natürlich gab es Kollegen, die sich verzweifelt die alte Welt zurückwünschten. Aber viele stellten sich schnell auf die neuen Herausforderungen ein und experimentierten mit den Möglichkeiten der virtuellen Kommunikationskanäle. Neben vielen Rückschlägen gab es zahlreiche Erfolgserlebnisse. Immer wieder hörten meine Trainerkollegen und ich von einzelnen Aktionen, die einen Fortschritt für ganze Teams bewirkten und sie in kleinen Schritten erfolgreich machten.

Diese Vielseitigkeit an Möglichkeiten erschien uns wie ein riesiges Buffet, von dem man die eine oder andere Leckerei nehmen durfte. So beschlossen wir, dieses Buffet allen Interessierten anzubieten, die gern etwas dazulernen möchten. Ein Kollege, Marc Schmucker, hatte die geniale Idee, das in Form einer kleinen Veranstaltungsreihe durchzuführen, die wir »Pressekonferenz« nannten. Wie bei einer echten Pressekonferenz luden wir über mehrere Wochen hinweg jeweils drei Kollegen aus dem Außendienst zu einer Online-Veranstaltung ein. Alle Interessierten durften teilnehmen, und wir interviewten die Kollegen. Das Ergebnis: viele inspirierende Erfolgsgeschichten darüber, was die Interviewten ausprobiert hatten, was funktionierte und was weniger.

Warum war die Pressekonferenz im Rückblick so erfolgreich? Weil sie von Betroffenen für Betroffene abgehalten wurde. Es ist immer überzeugender, wenn Kollegen ihren Kollegen etwas beibringen, als wenn es jemand tut, der nicht direkt betroffen ist. Mitarbeiter, die das Erzählte bereits erlebt haben, wirken authentisch und fungieren als Vorbilder. Gerade durch die vielen Möglichkeiten der KI (oder eines Change-Prozesses) bietet sich der Rahmen einer Pressekonferenz als Multiplikator an.

So führen Sie eine Pressekonferenz durch:

- **Themenwahl:** Definieren Sie das Kernthema, z. B. »KI-Optimierung für herausragende E-Mails«.

- **Interviewpartner:** Laden Sie drei bis vier Kollegen ein, die ihre Erfahrungen gern teilen möchten.

- **Koordination:** Stimmen Sie die Interviewfragen im Vorfeld ab, damit sich die Teilnehmer besser vorbereiten können und sicherer fühlen.

- **Teilnehmer:** Laden Sie alle ein, die an dem Thema Interesse haben könnten (online oder offline).

- **Moderation:** Moderieren Sie die Veranstaltung kurz an, planen Sie pro Interview fünf bis sieben Minuten ein und laden Sie Ihr Publikum dazu ein, nach jedem Gespräch Fragen zu stellen.

Nutzen Sie die Chance, durch praxisnahe Erfolgsgeschichten und wertvolle Erfahrungen ein inspirierendes Lernumfeld zu schaffen, das Ihre Mitarbeiter motiviert und stärkt. Mit einer regelmäßigen »Pressekonferenz« fördern Sie den Austausch und die Weitergabe von Wissen und Erfahrungen auf authentische und motivierende Weise.

KAPITEL 11:
FREIHEIT LEBEN

Von wegen Abschalten: 37 Prozent der deutschen Büroarbeiter sind einer Umfrage zufolge auch im Sommerurlaub für den Job erreichbar.[58]

Claudia, Produktmanagerin eines großen Unternehmens in Hamburg, kennt dieses Gefühl nur zu gut. Mit ihrer Familie im Wohnmobil nach Spanien gereist, um endlich einmal abzuschalten, landete sie wieder in der Arbeitsfalle. Zwölf-Stunden-Tage lagen hinter ihr, und obwohl sie sich nach Erholung sehnte, nahm sie aus Pflichtgefühl ihr Diensthandy und den Laptop mit in den Urlaub. Gerade als sie begann, die Freiheit zu genießen, klingelte ihr Mobiltelefon. Ihr Chef: »Claudia, wir haben einen Notfall in der Firma. Kannst du die Präsentation für die Vorstandssitzung übernehmen? Dein Kollege ist krank geworden und der Termin ist schon übermorgen, läuft aber per Zoom.« Obwohl sie innerlich genervt war, sagte sie sofort zu. Immerhin wurde sie ja gebraucht. Und so war der Urlaub erneut von der Arbeit überschattet.

Viele von uns sind mental in einem solchen Hamsterrad gefangen, doch manchmal ist es die Gesundheit, die eine radikale Veränderung erzwingt. So erging es Hape Kerkeling. Nach einem Hörsturz und einer Operation zog der Entertainer die Reißleine und wanderte 2001 den Jakobsweg. »Ich bin dann mal weg«, sein Buch über diese Reise, wurde zu einem Bestseller und sprach vielen Menschen aus der Seele. Die Sehnsucht nach einer echten Auszeit ist groß, und Kerkelings Geschichte inspirierte viele, sich ebenfalls auf den Weg zu machen und dem Alltag zu entfliehen. Die Zahl der deutschen Pilger stieg im Jahr nach dem Erscheinen des Buchs um überraschende 71 Prozent an.[59]

Gibt es wirklich immer nur diese beiden Varianten »Arbeit im Urlaub« – oder »mal weg sein«? Anna und Nils Schnell haben gezeigt, dass es auch Wege dazwischen gibt. Auf ihrer »Modern Work Tour« reisten sie ab 2018 für insgesamt 30 Monate durch 55 Länder und arbeiteten unterwegs. Nebenbei bauten sie ihre Boutique-Beratung MOWOMIND weiter aus. Ihr Ziel: Menschen und Unternehmen konkrete Handlungsoptionen an die Hand zu geben, um in der modernen Arbeitswelt erfolgreich zu sein und die Zukunft der Arbeit proaktiv zu gestalten.[60]

Innovative Technik und die Coronapandemie haben die Arbeitswelt verändert und uns gezeigt, dass Flexibilität möglich ist. Workation, die Kombination aus Arbeit und Urlaub, wird immer beliebter. Doch wie schafft man es, Arbeit und neue Freiheiten zu verbinden? Adrian Auracher und sein Bruder Gregory haben mit ihrem Start-up »Work'n Roll« eine Antwort darauf gefunden. Sie zeigen, dass es möglich ist, an Orten zu arbeiten, an denen andere Urlaub machen, und dabei auch noch die eigene Produktivität anzukurbeln.[61]

INTERVIEW MIT ADRIAN AURACHER

» Adrian, welche persönlichen Erfahrungen hast du mit kreativen Auszeiten gemacht und wie hat das dich und natürlich auch dein Business beeinflusst?

Eine richtig lange kreative Auszeit hatte ich nur zwischen dem Abitur und dem Studium. Damals war ich ein halbes Jahr mit dem Camper unterwegs und bin durch Europa und Nordafrika gereist. Also nach Marokko, in die Westsahara zum Surfen, Kiten und so weiter, um Wassersport zu betreiben. Es war eine wirklich tolle Erfahrung, einmal für eine längere Zeit nichts tun zu müssen und komplett frei zu sein. Es hat mir so gut gefallen, dass ich irgendwann festgestellt habe, man muss nicht ständig aktiv sein, um zu überleben. Die Tage können extrem lang werden, wenn es keinen Wind oder keine Wellen gibt. Man hat viel Zeit, sich über alles Gedanken zu machen, und das war eine gewisse Zeit lang extrem cool. Danach habe ich mich aber wieder auf die Arbeit und einen strukturierten Arbeitstag gefreut, um ehrlich zu sein. Ein ganzes Jahr lang nichts zu tun, wäre für mich auch aktuell nichts.

Was für einen Anstoß habt ihr gehabt, um »Work'n Roll« zu gründen?

In erster Linie ging es um Unabhängigkeit und Freiheit. Vor allem wollten wir unabhängig sein von irgendeinem Unternehmen. Das galt sowohl in finanzieller Hinsicht als auch für die Art, wie wir unsere Arbeit gestalten. Wir wollten sagen können: »Okay, wir machen das selbst.« Wir tragen auch gern das volle Risiko «

» dafür, haben dann aber die Gestaltungsfreiheit, alles so anzugehen, wie wir es möchten. Wir wollten die Möglichkeit haben, zu sagen: »Okay, wir sind mal einen Monat in Portugal oder Spanien und arbeiten von dort aus.« Es ging wirklich darum, uns ein Stück weit von Standort und gegebenen Strukturen unabhängig zu machen.

Ihr seid ja auch in die väterliche Schreinerei eingebunden, also in einen Familienbetrieb.

Genau, ich habe aber auch dual BWL studiert und dann in einem größeren Unternehmen gearbeitet. Dabei kamen schon Zweifel auf. Das wäre nichts gewesen, was ich auf Dauer hätte machen können, weil die Strukturen einfach zu festgefahren waren und ich gemerkt habe, dass ich da an meine Grenzen stoße. Es demotiviert ab einem gewissen Punkt.

Okay, das ist klar nachvollziehbar. Und später hast du deinen Bruder dann auch angesteckt?

Ja, er ist grundsätzlich auch sehr freiheitsliebend und hat schon immer viel selbstständig gearbeitet, auch nebenbei. Zuerst war er »Mr. Ebay«, wusste immer, wie man mit allem Geld verdienen kann, ein superguter Händler. Er hat immer Sachen eingekauft, repariert und dann weiterverkauft. Das liegt auch in seinem Blut. Und bei ihm ist es genau der gleiche Faktor: Er will wie ich unabhängig sein und hat auch kein Problem damit, das Risiko zu tragen und viel Zeit zu investieren, wenn es dann am Ende für uns passt.

Ja, unabhängig und frei zu sein, ist ja auch so ein Leitstern für Work'n Roll. Ihr verkauft einen Traum, den sehr viele andere Arbeitnehmer und ihre Vorgesetzten haben. Was waren die wichtigsten Meilensteine bei der Gründung?

«

>> Wir saßen irgendwann abends in der Werkstatt zusammen und haben überlegt, dass wir unser eigenes Ding aufbauen wollen. Wir haben dann gebrainstormt und wussten schon, dass es im Campingbereich passieren wird. Wir haben das schon seit vielen Jahren in unserer Freizeit mit einem umgebauten Van gemacht. Das Feedback von anderen war gut, viele Leute kamen zu uns und fragten: »Könnt ihr nicht mal an unseren Autos etwas machen? Oder könnt ihr solche Autos verkaufen?«

Dann kam am Anfang der Coronapandemie das Thema Homeoffice auf, plötzlich war alles anders. Keiner war mehr an sein Büro gebunden, und es haben sich ganz neue Möglichkeiten ergeben. Viele unserer Freunde, die Wohnmobile hatten, sind in den Süden verschwunden, haben ihren Laptop mitgenommen und aus ihrem Bus heraus gearbeitet. Da kam uns die Idee, wie cool es wäre, wenn wir es schaffen würden, einen Hybrid zu bauen, der quasi alles hat, was ein vollwertiges Wohnmobil bietet, aber eben zusätzlich einen richtigen Arbeitsplatz mit Infrastruktur, sodass man sich nicht darum kümmern und nur seinen Laptop mitbringen muss. Vom Strom über den Bildschirm bis zum Internet, quasi alles, was ein Büro zu bieten hat.

Also für mich wäre damals so ein Work'n Roll-Office-Camper eine tolle Lösung gewesen, um für ein paar Tage einfach mal aus dem Alltag herauszukommen und von unterwegs aus zu arbeiten ...

Genau, das war auch so unser Gedanke. Es geht ja nicht darum, gleich direkt auszuwandern, wenn man mal einen großen Schritt weiterwill. Aber um herauszukommen mit einem Camper-Büro, sei es in die Berge oder an den Tegernsee, das ist voll in Ordnung und funktioniert. Mit dieser Idee haben wir uns an die Umsetzung gemacht und sind das ganz klassisch angegangen. Wir haben uns hingesetzt, einen Businessplan geschrieben, alles zu Papier gebracht, die entsprechenden Kalkulationen erstellt und das Ganze durchgerechnet. Dann sind wir damit zur Bank gegangen und haben eine Finanzierung angefragt. <<

» Schon bei der zweiten Bank direkt hier um die Ecke hatten wir einen jungen Bankberater, der ein paar Jahre älter als wir und für Start-ups zuständig war. Er hat unsere Idee sofort verstanden. Drei Tage später hatten wir die Zusage, dass wir den benötigten Betrag bekommen. Dann ging es relativ schnell los und wir haben Autos bestellt. Der nächste Meilenstein war dann das erste Auto, das wir bekommen und ausgebaut haben.

Sobald wir das erste Auto hatten, testeten wir verschiedene Prototypen mit der Raumaufteilung und dem Raumkonzept aus. Der nächste Meilenstein war die Zulassung. Dann haben wir angefangen, das Konzept auszuprobieren, und festgestellt, dass es funktioniert und gar nicht so schlecht ist.

Was war eure Jungfernfahrt, wohin ging es da?

Ich glaube, es war die Wakeboard-Anlage hier um die Ecke, weil wir gar nicht so viel Zeit hatten. Kaum war das erste Auto fertig, standen plötzlich vier neue Autos vor der Tür. Wir haben vieles vor der Werkstatt ausgetestet, vom Duschen über das Kochen bis zum Internetempfang, weil wir dann gar nicht die Zeit hatten, irgendwohin zu fahren.

Und dann habt ihr die ersten Testpersonen gehabt?

Genau, wir haben die Camper auch einigen Bekannten mitgegeben, die einfach mehr Zeit hatten zu dem Zeitpunkt und auch mobil arbeiten konnten. Die haben es dann dankend für uns getestet und uns Feedback gegeben.

Das heißt also, eure Bekannten haben dann ihren Laptop eingepackt und sind mit dem Office-Camper losgezogen?

Genau, der erste war ein Kumpel, der auch gleichzeitig Fotograf ist. Er war am Gardasee mit seiner Freundin und hat quasi das Auto für uns getestet und gleichzeitig Urlaub gemacht und gearbeitet. Er war acht Tage unterwegs. «

» Und dann konntet ihr kommerziell loslegen?

Genau. Ja, dann haben wir parallel dazu die Website aufgebaut und alles vermarktet. Und dann kam unsere erste Buchung. Das war ein älteres Paar, das ein Unternehmen betrieben hat. Sie hatten einen Zeitungsartikel gelesen und meinten, sie fänden das klasse. Sie waren im Leben nie Camper gewesen, das war auch gar nicht ihr Ding, aber die Kombination mit Arbeiten fanden sie lässig und wollten es gern ausprobieren. Sie haben dann bei uns gleich zehn Tage gebucht und sind sehr zufrieden zurückgekommen.

Ihr seid nun in einer besonderen Situation, da ihr eine Familienschreinerei besitzt. Das ist jetzt etwas anders als ein klassischer Office-Job, wo man nicht mal eben von unterwegs aus Schreinerarbeiten erledigen kann. Wie hat euer Vater, der ja der Besitzer ist, darauf reagiert? Wie meistert ihr die Arbeitsaufteilung, Delegation und die handwerklichen Aufgaben, die man ja nicht von unterwegs aus leisten kann?

Unser Vater hat es in den letzten Jahren immer besser hinbekommen, sich aus dem Betrieb zurückzuziehen. Mein Bruder und ich sind in der Schreinerei aufgewachsen und haben gelernt, selbstständiger zu werden, und über die Zeit mehr Arbeitserfahrung gesammelt. Wir haben die Prozesse optimiert, wer was macht.

Dadurch hat sich ergeben, dass unser Vater nicht überall dabei sein muss, nicht bei jedem Kunden vor Ort sein oder sich jeden Schrank noch einmal anschauen muss. Er weiß, wenn er mir eine Zeichnung gibt, zeichne ich das in CAD, und dann schneidet einer von uns das zu und montiert es fertig. So muss er nicht beim Prozess dabei sein. Er wirkt zwar immer noch oft mit, aber deutlich weniger als früher. Dadurch hat er es geschafft, den ganzen Oktober über mit unserer Mutter unterwegs zu sein. Er hat seinen Laptop dabei und im Voraus so viel «

» wie möglich delegiert und gesagt, was in der Zeit produziert werden muss. Und dann funktioniert das relativ gut.

Dein Vater ist ein starkes Vorbild für das, was ihr über Work'n Roll verkauft, weil er als Chef im Oktober zumindest mit seinem Wohnmobil auch von unterwegs aus eure Schreinerei managt.

Ja, wir haben das teilweise in unserer Werkstatt hinbekommen und es funktioniert.

Wie sieht denn eure persönliche Vision aus?

Ob wir die Schreinerei so weiterführen werden, steht noch nicht fest. Unsere Idee ist, dass es okay ist, Work'n Roll erst einmal auszubauen. Und dann könnte auch die Schreinerei zu Work'n Roll übergehen. Wir haben die Vision, mehr Fahrzeuge zu bekommen. So könnten wir nicht nur den Standort Leinfelden-Echterdingen betreiben, wo wir jetzt aktuell vermieten, sondern auch vielleicht in Barcelona, Lissabon oder in Valencia aktiv sein, dort, wo die Leute gern ihre Workation machen würden. Unsere Kunden kümmern sich lediglich um die Flüge, und wir kümmern uns um den Rest: Transfer, Verpflegung und auf Wunsch noch Rahmenprogramme – vom BBQ am Strand über Surfkurse bis hin zu Coachings zu bestimmten Themen. Das wäre somit ein Rundum-Paket für die Workation.

Eine wunderschöne Vision, die sicherlich den Wunsch vieler Arbeitnehmer erfüllt. Was für einen Trend erkennst du in Sachen Arbeitsgestaltung, Remote-Arbeit, kreative Auszeiten?

In Deutschland gibt es zwei ganz krasse Lager. Es gibt die, die sagen: »Nein, damit wollen wir gar nichts zu tun haben.« Die Leute arbeiten dann nicht, sie machen Urlaub. Das sind auch die Unternehmen, die am liebsten alle wieder ins Büro holen und zu Regelarbeitszeiten zurückkehren möchten. Und dann gibt es die «

» anderen, die ganz klar in die Richtung gehen, das zu verstehen und zu leben. Sie sagen: »Wir verstehen, dass die Leute unabhängiger sein wollen. Wir glauben nicht, dass die Produktivität darunter leidet, sondern dass es Anreize schafft, noch produktiver zu sein, dass diese kreativen Freiräume nur Gutes für die Wirtschaft und das Unternehmen bewirken.«

Wer bucht euch und was sind so eure bisherigen Erfahrungen aufgrund des Feedbacks, das ihr von den Kunden bekommen habt?

Also, es hat Gott sei Dank für alle gut funktioniert. Wir haben viele Kunden, die das nicht nur einmal machen, sondern immer wieder buchen, auch kurzfristig. Überwiegend sind es noch kleine Unternehmen oder Selbstständige. Letztes Wochenende war es ein Kfz-Sachverständiger, der so eine One-Man-Company betreibt. Er hat gesagt, er muss jetzt eine Woche extrem viel Büroarbeit machen und hat keine Lust, daheim zu sitzen. Er will das von unterwegs aus machen, in die Natur gehen und nachmittags noch Zeit haben, zu wandern und Fahrradfahren zu gehen.

Dann Steuerberater, Rechtsanwälte, also alle, die im Endeffekt mobil arbeiten können, und bei den etwas größeren Unternehmen sind IT-Bereiche auch stark vertreten, die das klug nutzen und am meisten davon profitieren. Und dann gibt es die größeren Kunden, beispielsweise eine Bank, unser eigener Kreditgeber, die jetzt bei uns für lange Zeit einen Camper gemietet hat. Eine schöne Story, ihnen geht es wirklich darum, ihre Mitarbeiter stärker an sich zu binden. Es gab da intern verschiedene Projektgruppen und am Ende sind sie bei unseren Office-Campern gelandet.

Was für Rückmeldungen habt ihr generell von euren Kunden bekommen?

Dass unser Konzept super durchdacht ist, die Technik reibungslos funktioniert und sie sich einfach um nichts kümmern müs- «

» sen. Viele haben Angst, dass sie irgendwo tagsüber stehen und arbeiten und plötzlich funktioniert das Internet nicht oder der Strom reicht nicht aus. Das häufigste Feedback, das wir bekommen, ist: »Das ist mega! Ich bringe meine Reisetasche und meinen Laptop mit, steige ein und wenn ich jetzt irgendwo auf dem Autobahnrastplatz kurz rechts rausfahre, weil ich einen Videoanruf habe, muss ich nur meinen Laptop aufklappen, mich auf meinen Stuhl setzen, den Bildschirm anschalten, WLAN anmachen und los geht's. Und es ist egal, wo ich bin.«

Also ein Gefühl der Unabhängigkeit und Freiheit?

Ja, klar, sie kommen zurück und strahlen und sagen: »Wir haben direkt am Gardasee geparkt und morgens im Dachzelt mit Blick aufs Wasser Kaffee getrunken, sind spätestens um sieben Uhr dreißig aufgestanden und haben um acht Uhr angefangen zu arbeiten.« Also dieses Lebensgefühl, zu merken: »Hey, ich bin gefühlt im Urlaub, an einem Urlaubsort, kann hier aber auch ganz normal arbeiten und muss nichts dafür aufgeben. Ich gebe weder das Urlaubsgefühl auf, noch habe ich die Arbeit dafür aufgegeben und bin produktiv.« Es verbindet sich miteinander.

Ich denke, in der Zeit, in der dann gearbeitet wurde, waren die Leute einfach produktiver.

Ja, der Anreiz ist natürlich groß, schnell und produktiv zu sein, weil man einfach einen ganz anderen Ansporn hat, als wenn man weiß, man muss acht Stunden im Büro sein. Hier ist der Ansporn hingegen: »Wenn ich das, was in acht Stunden zu machen ist, jetzt in sechs erledige, dann habe ich zwei Stunden mehr Lebenszeit, die ich dann in meiner Traumumgebung genießen kann.«

Ja, und gerade im Büro ist es in den acht Stunden Anwesenheit überhaupt nicht garantiert, beziehungsweise auch nicht normal, dass man durcharbeitet ...

«

» Ja, ich sehe das genauso. Ich merke das auch schon bei mir selbst hier in der Werkstatt. Wenn ich abends etwas Cooles geplant habe, stelle ich fest, wie viel schneller ich an so einem Tag durchstarte. So ein Ansporn funktioniert bei mir extrem gut, weil ich weiß, wenn ich in dieser Woche jetzt richtig Gas gebe, dann kann ich vielleicht Freitag um zwölf Uhr Feierabend machen und bin dann ab zwei Uhr an der Wakeboard-Anlage, weil das Wetter schön ist.

Vieles steht und fällt auch mit den Chefs, den Vorgesetzten. Wie könnte Work'n Roll gerade für Führungskräfte spannend sein, um sich freizumachen und damit gleichzeitig auch das Team zu stärken?

Viele Führungskräfte, die ich kenne, sind eher Fachführungskräfte. Sie sind zwar Abteilungsleiter oder Vorgesetzte, aber noch komplett mit im Tagesgeschäft eingebunden und wollen dabei sein. Mein Tipp: Einfach mal zurücktreten, loslassen, abgeben, Vertrauen in die Mitarbeiter haben und schauen, ob das funktioniert. Einfach mal so das Risiko eingehen und sagen: »Ich lasse euch das jetzt mal alles allein machen.« Vielleicht kann man in einem ganz kleinen Projekt starten, bei dem nicht viel schiefgehen kann. Starte mit einer Woche, lasse die anderen eigenständig arbeiten und bewerte dann am Ende, ob das funktioniert hat oder nicht. Da wäre es eine gute Option zu sagen, dass man dann eben einmal für diese Zeit weg ist.

Das ist sicherlich eine sehr gute Vorgehensweise, um Vertrauen weiter auszubauen und Verantwortung und Arbeit klarer zu delegieren.

Ja, genau, es geht mehr darum, diese Delegation zu verstärken, um zu sagen: »Okay, jeder hat seinen Job und funktioniert darin. Und ich muss da nicht alles 24/7 kontrollieren, sondern es reicht, wenn ich bis zum Stichtag X immer wieder hineinschaue. Und dann sehe ich am Ergebnis, ob es funktioniert hat oder nicht. «

» Einfach sagen: »Okay, das ist das Projekt, jeder hat seine Aufgaben klar definiert, los geht's.« Und sich da zurückzuziehen und um seine eigenen Sachen, die restlichen To-do-Listen, zu kümmern. Das sehe ich als guten Ansatz.

Was waren so die stärksten Bedenken, denen ihr bis jetzt begegnet seid, und welche Möglichkeiten gibt es, auch diese zu entkräften?

Es gibt viele, die natürlich sagen: »Ja, dann sind meine Mitarbeiter im Urlaub, haben den Laptop offen, schaffen nichts und sind jetzt einen ganzen Tag am Strand, während hier alle im Büro sitzen und arbeiten.« Das kann auch passieren, ist aber eine Einstellungssache und das kann man an den Menschen nicht ändern. Wenn jemand faul ist, ist er faul, das ändert sich nicht, egal ob der im Büro, im Homeoffice oder am Strand mit dem Laptop im Office-Camper sitzt.

Welche Tipps hättest du für jemanden, der unsicher ist, ob er so etwas einfach mal ausprobieren soll?

Das könnte man vielleicht in ganz kleinen Schritten angehen und eventuell auch gemeinsam mit allen. Ich habe zwei Jahre im Vertrieb einer Modeagentur gearbeitet und mein Chef hat eines Tages gemeint: »Wir haben alle einen Camper, das Wetter wird nächste Woche schön, wir fahren Donnerstag früh los an den See. Wir nehmen alles mit, Laptops, Handys, dies und das, starten dann morgens früh und hören um drei auf, also Donnerstag und Freitag.« Man könnte so etwas für zwei oder drei Tage planen, so viel kann nicht schiefgehen und es ist kein riesengroßes Investment.

Man lernt da sowohl sich selbst als auch sein Team ganz anders und besser kennen. Wir saßen wirklich alle drei in Badehose in Campingstühlen und an Campingtischen auf dieser Wiese am See, hatten unsere Laptops offen und haben da gearbeitet. Zwischendurch sind wir für eine Viertelstunde in den See gesprungen, wenn es zu warm wurde. Das hat echt gut funktioniert. «

>> Kommen wir noch mal zu einem ganz wichtigen Punkt, und der betrifft das Delegieren. Was ist wichtig, was braucht man als Tool oder als innere Einstellung, wenn du mehr delegieren willst?

Ich glaube, man braucht Vertrauen, in die Leute, in sich selbst und in das Gesamte: Okay, das funktioniert auch ohne mich. Man muss sich entbehrlich machen. Die beste Führungskraft ist ja die, die nicht gebraucht wird. Ständig hinterher zu sein, zu kontrollieren, was die Leute arbeiten, ihnen die Tätigkeit erklären zu müssen, das ist nach meinem Verständnis nicht die primäre Aufgabe einer Führungskraft. Sondern da geht es wirklich darum, die Leute zu führen, aber eben nicht fachlich, sondern im persönlich-menschlichen Kontext.

Und da liegt das Problem. Viele Vorgesetzte trauen sich nicht zu entscheiden und Verantwortung zu übernehmen. Manchmal sitzen uns Führungskräfte gegenüber, die teilweise 20, 30, 40 Jahre und älter sind und die sagen: »Ich weiß nicht, das kann ich jetzt nicht entscheiden, da muss ich erst mal nachfragen und mir das absichern lassen.« Sicherlich ist das ein Problem der jeweiligen Unternehmensführung und der Unternehmenshierarchie.

Viele übernehmen nicht gern Verantwortung, aber man kann nur delegieren und abgeben, wenn man auch bereit ist zu sagen: »Ich entscheide das jetzt, weil das meine fachliche Kompetenz ist, und ich werde darüber nicht noch mal mit fünf anderen Leuten reden.« Wenn man sich ständig absichern und jede Entscheidung mit anderen abklären muss, dann funktioniert das Ganze nicht.

Absolut, hier kommt es darauf an, das einfach mal zu machen und auch pragmatisch vorzugehen. Hast du noch weitere Ideen, wie man so eine Mini-Auszeit als Mini-Workation noch gestalten könnte?

<<

» Ja, klar, es gibt ja ganz viele auch stationäre Workation-Angebote, die man nutzen könnte. Ein guter Freund von mir ist z. B. mit seiner Freundin nach Fuerteventura geflogen, um dort für zwei Wochen zu arbeiten. Okay, er arbeitet bei einer Firma, die das genehmigt und eine Anzahl von Abwesenheitstagen auch im Ausland eingeführt hat. Das ist natürlich nicht überall selbstverständlich. Deshalb ist mein pragmatischer Tipp, sich einfach zwei, drei Tage allein oder mit dem Team irgendwo einzubuchen und zu testen, wie das gemeinsame Arbeiten außerhalb der Firma läuft, ohne eine besondere Struktur oder ein festes Arbeitsprogramm. Wenn die Firma das auch unterstützt, umso besser, auch da nutzen viele das gar nicht, weil sie sich erst mal gar nicht trauen.

Vielen Dank, Adrian, es gibt wirklich sehr viele Möglichkeiten, eine Workation auszuprobieren, man muss nur den Mut aufbringen, den ersten Schritt zu machen. «

LEBEN SIE IHRE FREIHEIT MIT EINEM WERTEKOMPASS, KONSEQUENTEM DELEGIEREN UND WORKATIONS!

Im Interview hat Adrian Auracher berichtet, wie er mit seinem Bruder durch kreative Auszeiten und die Gründung von Work'n Roll ein innovatives Arbeitsmodell entwickelt hat. Das bestätigt, wie wichtig Unabhängigkeit und Flexibilität im Berufsleben in der heutigen Arbeitswelt sind und dass sie sowohl die Produktivität als auch die Zufriedenheit der Mitarbeiter in die Höhe treiben können. Diese drei Chancen können zu mehr Freiheit im Arbeitsalltag führen:

CHANCE 31: NEHMEN SIE IHRE WERTE ALS ENTSCHEIDUNGSMASSSTAB

Freiheit und Unabhängigkeit sind nicht nur leere Worte – sie sind der Schlüssel, um verstaubte Arbeitsstrukturen zu sprengen und die Motivation zum Explodieren zu bringen! Nehmen Sie Ihre Werte als Leuchttürme und lassen Sie sich davon auch in Ihrer Arbeitswelt leiten. Adrian und sein Bruder Gregory haben Work'n Roll gegründet, um der Enge traditioneller Büros zu entkommen und überall produktiv zu sein. Das Ergebnis ist eine deutliche Steigerung von Produktivität und Zufriedenheit.

CHANCE 32: DELEGIEREN SIE KONSEQUENT

Bitte machen Sie nicht alles selbst, Mikromanagement war gestern! Vertrauen Sie Ihren Teammitgliedern und fördern Sie eine selbstbestimmte Arbeitsweise. Adrian erzählt, wie effektives Delegieren und Vertrauen in seine Mitarbeiter ihm und seinem Bruder ermöglichten, sowohl ihre Schreinerei zu rocken als auch Work'n Roll groß zu machen. Wer delegiert, nutzt die Chance, Freiräume für wirklich wichtige Dinge zu schaffen.

CHANCE 33: FÜHREN SIE WORKATIONS EIN

Wer in sechs Stunden an einem paradiesischen Ort mehr schafft als in acht öden Bürostunden, hat zwei Stunden Lebenszeit gewonnen! Integrieren Sie Workations in den Businessalltag und profitieren Sie langfristig von den Vorteilen flexibler Arbeitsmodelle. Sie wollen die besten Talente anziehen und an sich binden? Bieten Sie ihnen die Möglichkeit, in inspirierenden Umgebungen zu arbeiten! Workations steigern nicht nur die Produktivität, sondern auch die Zufriedenheit und Kreativität der Mitarbeiter.

So können Sie diese Chancen in die Praxis umsetzen:

OUTSIDE-THE-BOX-IDEE NR. 31: SETZEN SIE KLARE PRIORITÄTEN

Es ist ein heißer Junitag in einem stickigen Meetingraum. Eine wichtige Stellungnahme zu einem riesigen Projekt steht an – Risikobegrenzung von 100 Millionen Euro europaweit. Die Stellungnahme muss spätestens am nächsten Tag um 12 Uhr bei der zuständigen Behörde eingegangen sein. Mit mir im Raum sitzen ein knappes Dutzend Führungskräfte aus Marketing und Management, um den letzten Schliff abzustimmen. Das denke ich zumindest. Plötzlich fühlt sich ein Manager in seinem Bereich nicht ausreichend berücksichtigt und fordert massive Ergänzungen.

Mein Puls rast, mein Blut sackt ab. Ich flüstere meinem Kollegen zu, dass er mitkommen soll, und stürme zum nächsten WC. Minuten später sitze ich benommen auf dem Boden, einige besorgte Kollegen beugen sich über mich, einer ruft den Rettungswagen. Ab ins Krankenhaus, zwei volle Tage Untersuchung. Große Erleichterung: kein Herzinfarkt, keine Schädigungen.

Die Erkenntnis, die ich daraus ziehe, lautet: Gesundheit hat für mich oberste Priorität, ohne Kompromisse. Ab diesem Moment entscheide ich, dass alle meine beruflichen und privaten Entscheidungen meiner Gesundheit guttun müssen. Dieser Wegweiser führte dazu, meine Position als Leiter des Pricings gegen die eines Trainers zu tauschen und mehr mit Menschen zu arbeiten als mit Zahlen, Daten und Fakten.

Was sind Ihre Werte? Was ist Ihnen im Leben wichtig? Nehmen Sie sich die Zeit, um Ihre Prioritäten zu identifizieren. Hier sind einige Fragen, die Ihnen dabei helfen können:

- **Was macht Sie wirklich glücklich und erfüllt Sie?** Denken Sie an Momente, in denen Sie sich glücklich gefühlt haben. Was war der Auslöser?

- **Welche Menschen inspirieren Sie und warum?** Überlegen Sie, über welche Eigenschaften oder Werte, die Sie bewundern, diese Personen verfügen.

- **Welche Aktivitäten geben Ihnen ein Gefühl von Sinn und Zweck?** Gibt es Tätigkeiten, bei denen Sie die Zeit vergessen und sich vollkommen darauf konzentrieren können?

- **Was sind die wichtigsten Prinzipien, nach denen Sie Ihr Leben führen möchten?** Denken Sie an Situationen, in denen Sie stolz auf sich waren. Welche Werte haben Sie geleitet?

- **Wie möchten Sie von anderen in Erinnerung behalten werden?** Überlegen Sie, welches Erbe Sie hinterlassen möchten und welche Werte Sie in Ihrem Leben verkörpern wollen.

Wenn Sie sich diese Fragen ehrlich beantworten, erkennen Sie Ihre Prioritäten klarer und stellen sicher, dass Ihre Entscheidungen im Einklang mit Ihren tiefsten Überzeugungen und Werten stehen. Nutzen Sie diese Einsichten, um ein erfüllteres und zufriedeneres Leben zu führen, das wirklich zu Ihnen passt.

OUTSIDE-THE-BOX-IDEE NR. 32: MACHEN SIE SICH ENTBEHRLICH

Mein Kollaps hat mich eine zweite, wertvolle Lektion gelehrt: Verantwortung im Beruf muss nicht allein getragen werden. Delegieren ist der Schlüssel zum Erfolg! Natürlich haben meine Kollegen die Stellungnahme ergänzt und rechtzeitig abgeschickt – mit Erfolg. Obwohl ich das Projekt leitete, hatte ich das Team von Anfang an so stark eingebunden, dass es auch ohne mich lief. Ersetzbar zu sein ist ein Zeichen guter Führung.

Wenn Sie als Führungskraft Auszeiten genießen oder sogar eine Workation planen möchten, dann ist das Delegieren Ihrer Aufgaben die beste Voraussetzung dafür. Ich weiß, es ist nicht immer einfach, weil wir oft sicher sind, vieles besser und schneller machen zu können als andere.

Hier finden Sie einige Fragen, die Ihnen den erforderlichen Kick geben können, um konsequenter zu delegieren:

- Was hält Sie möglicherweise davon ab, Aufgaben an Ihr Team zu delegieren? Glauben Sie, dass Sie ihnen nicht vertrauen können oder sie die Arbeit nicht gut genug erledigen werden?

- Wie sehr vertrauen Sie auf die Fähigkeiten und das Potenzial Ihres Teams? Was sagt es über Ihre eigene Führungskompetenz aus, wenn Sie Ihren Untergebenen keine Aufgaben übergeben?

- Welche konkreten Aufgaben machen Sie weiterhin selbst, obwohl sie delegierbar wären? Was ist der wahre Grund dafür, dass Sie diese Aufgaben nicht abgeben?

- Wie könnte Ihr Arbeitsalltag aussehen, wenn Sie konsequent delegieren würden? Welche Tätigkeiten könnten Sie dann in Ihrer neu gewonnenen Zeit angehen?

- Was bedeutet es für Ihre Mitarbeiter, wenn Sie ihnen wichtige Aufgaben und Verantwortungen nicht zutrauen? Wie wirkt sich das auf deren Motivation und Entwicklung aus?

- Welche Ängste oder Unsicherheiten haben Sie beim Gedanken ans Delegieren? Was wäre das schlimmste Szenario, das eintreten könnte, und wie könnten Sie darauf reagieren?

- In welchem Maßstab hätten Sie Ihr Team oder Ihr Unternehmen erfolgreicher gemacht, wenn Sie von Anfang an effektiver delegiert hätten? Was hindert Sie daran, dies jetzt zu ändern?

Lassen Sie sich nicht von der Angst leiten, ersetzbar zu sein. Stellen Sie sicher, dass Ihr Team effizient arbeitet und Sie sich auf die wirklich wichtigen Aufgaben konzentrieren können. So schaffen Sie Freiräume für eigene Auszeiten und stellen sicher, dass Ihr Team auch während Ihrer Abwesenheit reibungslos funktioniert.

OUTSIDE-THE-BOX-IDEE NR. 33: MEHR FREIHEIT DURCH WORKATIONS

Über die Jahre habe ich viele Arbeitszeitmodelle getestet, aber eines stach hervor: das 95-Prozent-Modell. Ich erhielt fünf Prozent weniger Gehalt und bekam dafür 12 zusätzliche Urlaubstage. Das war so beliebt, dass sogar der CEO es ausprobierte. Mit 42 Urlaubstagen im Jahr konnte ich meinen stressigen Job viel leichter und gesünder bewältigen.

Dann kam mein viermonatiges Sabbatical. Acht Monate mit halbem Einkommen – klingt hart, oder? Aber die Freiheit und die Möglichkeiten waren es wert. Vier Monate intensives Selbststudium im Bereich Onlinemarketing, und ich kam wie neugeboren zurück.

Zurück im Job fiel es mir schwer, wieder Vollzeit zu arbeiten. Die Freiheit lockte. Also reduzierte ich auf 60 Prozent, dank der Unterstützung meines Vorgesetzten. Drei Jahre lang genoss ich die Drei-Tage-Woche und nutzte die Vier-Tage-Wochenenden zur Weiterbildung und für meine persönliche Freiheit. Als spannende, neue Aufgaben aufkamen, kehrte ich zu 100 Prozent zurück – natürlich ebenfalls mit Unterstützung meines Chefs.

Eine Arbeitszeitreduktion ist nicht für jeden nötig. Vielleicht starten Sie erst mal mit einer Workation für ein oder zwei Wochen. So klappt es:

1. **Ziele setzen:** Was wollen Sie erreichen? Möchten Sie ein Projekt abschließen, kreative Ideen entwickeln oder einfach neue Energie tanken?

2. **Messbare Ziele:** Realistische und messbare Ziele helfen, den Fortschritt im Blick zu behalten.

3. **Kosten planen:** Unterkunft, Reisekosten, Co-Working-Space – planen Sie alles im Voraus.

4. **Perfekter Ort:** Bali, Lissabon oder ein ruhiges Landhaus in Deutschland? Eine stabile Internetverbindung ist entscheidend.

5. **Team einbeziehen:** Übertragen Sie Aufgaben, legen Sie klare Verantwortlichkeiten fest. Vertrauen ist der Schlüssel.

6. **Meetings planen:** Halten Sie feste Zeiten für wichtige Meetings und Updates ein.

7. **Technische Vorbereitung:** Sichern Sie alle notwendigen Geräte und Zugangsdaten und schützen Sie sensible Daten.

Nach der Workation gilt es, Ergebnisse zu bewerten und Feedback einzuholen. Was lief gut? Was kann besser werden? Nutzen Sie Ihre Erfahrungen, um andere zu inspirieren und zukünftige Workations zu verbessern.

Also, worauf warten Sie? Probieren Sie es aus und genießen Sie die Freiheit! Ich wünsche Ihnen viel Erfolg und eine Menge neuer, toller Erfahrungen!

KAPITEL 12:
DRANBLEIBEN

In der Schule war ich ein echter Faulpelz. Bis zu meinem 17. Lebensjahr habe ich gerade das Nötigste gelernt, in einigen Fächern nicht einmal das. Mein Notendurchschnitt: bescheidene 3,1. Das Bild vom Klassenstreber war für mich der Inbegriff von Langeweile, Spießertum und Übervorteilung. Das änderte sich schlagartig, als ich mit 17 nach Amerika ging. Dort erlebte ich ein völlig neues Weltbild. Leistung zählte, und die besten Schüler – ob bei den Noten, im Sport oder durch soziales Engagement – wurden vor versammelter Schülerschaft zeremoniell gefeiert. Zum ersten Mal erkannte ich, dass Lernen Spaß machen kann und nicht uncool ist.

Zurück in Deutschland begann ich, mich in der Schule und darüber hinaus auch ehrenamtlich für die Schülerzeitung und in meinem Sportverein zu engagieren. Das Ergebnis war eine Abiturnote von 1,9 – ein Traum, von dem ich mir zuvor nie hätte vorstellen können, dass er sich für mich erfüllt.

Unser Schulsystem folgt immer noch dem Dreiklang aus Unterricht, Hausaufgaben und Tests. Die weitverbreitete Meinung lautet: Schüler brauchen Druck und Noten, sonst lernen sie nicht. Doch das Bildungssystem wird oft durch Angst und veraltete Weltanschauungen geprägt. Für mich gilt seit meinem Amerika-Aufenthalt das Motto: »Lebenslanges Lernen«». Denn die Welt dreht sich weiter, und wenn wir nicht am Ball bleiben, dreht sie sich auch ohne uns. Gelegenheiten zum Lernen gibt es genug!

Einen interessanten Ansatz hat Tim Ferriss mit seinem »Real World MBA« entwickelt. Anstatt einen teuren, theorielastigen MBA an einer renommierten Universität zu machen, schlägt Ferriss vor, sich ein eigenes, praxisnahes und kostengünstiges Studium zusammenzustellen. Ein Beispiel dafür ist der »Master of Arts im kreativen Schreiben«. Ferriss' Idee besteht darin, mit dem Arbeitgeber für ein Jahr einen freien Tag pro Woche auszuhandeln und diesen Tag dem Verfassen eines Romans oder Drehbuchs zu widmen.[62]

Die Viertagewoche ist sicherlich nicht für jeden möglich, deshalb könnte ein ambitionierter, aber realistischer Startpunkt sein, sich vorzunehmen, jedes Jahr 30 Bücher zu lesen. Listen Sie Themen auf, die Sie interessieren, stöbern Sie in einer Buchhandlung oder den Bestsellerlisten und stellen Sie sich Ihre persönliche Leseliste für die nächsten 12

Monate zusammen. Dafür benötigen Sie nicht einmal zusätzliche freie Tage.

Dranbleiben lautet also die Devise. Ich bin fest davon überzeugt, dass lebenslanges Lernen nicht nur wichtig ist, sondern auch großen Spaß macht. Deshalb habe ich Alexander Freihaut eingeladen. Er ist Head of Customer Experience beim Bildungsinnovator und unterstützt Unternehmen insbesondere in den Bereichen digitales Lernen und Transferdesign. Von ihm wollte ich wissen, wie man eine Lernkultur in einem Unternehmen fördern kann.[63]

INTERVIEW MIT ALEXANDER FREIHAUT

» **Alex, du bist Experte für Lerntechniken. Was ist dein persönlicher Lernstil?**

Für mich ist schon seit der Schulzeit klar: Ich will die Dinge wirklich verstehen, nicht nur lernen. Ich habe einen starken Drang, alles zu hinterfragen und zu durchdringen. Auswendiglernen? Das ist nichts für mich. Ich muss verstehen, wie etwas funktioniert, um es wirklich zu erfassen.

Also baust du Verknüpfungen und Verbindungen auf, die das Gelernte stärker und schneller in deinem Gedächtnis verankern?

Genau. Durch das Verbinden von neuem Wissen mit bereits Bekanntem baue ich semantische Brücken im Gehirn. Das hilft mir, auch komplexe Themen zu bearbeiten, weil ich alles in einem größeren Zusammenhang sehe. Es geht darum, die Dinge miteinander zu vernetzen.

Alex, hattest du während deines Lernens mal ein interessantes Erlebnis?

«

» Ja. Während meiner Zeit in Frankreich, wo ich studiert habe, ist mir aufgefallen, dass das Lernen dort ganz anders strukturiert ist. In Frankreich legt man unglaublich viel Wert darauf, Dinge auswendig zu lernen und dann perfekt wiederzugeben. Es geht weniger darum, die Themen wirklich zu durchdringen, sondern vielmehr, sie fehlerfrei zu reproduzieren.

Findest du nicht auch, dass das echte Verstehen der Sprache dadurch erschwert wird? Das müsste gerade bei Sprachen, die aktiv gesprochen werden, problematisch sein.

Absolut, bei Sprachen sollte die praktische Anwendung im Vordergrund stehen, nicht die Theorie. Ich kann mich aber natürlich auch auf das Auswendiglernen einlassen, wie damals, als ich mein Latinum nachholte. Ich habe intensiv gepaukt, meine ganze Wohnung mit Lernzetteln und Deklinationstabellen tapeziert. Für mich war klar, dass es ein Mittel zum Zweck war, also habe ich mich voll darauf konzentriert.

Unter welchen Umständen musstest du das Latinum nachholen?

Das war während meiner Uni-Zeit. Ich hatte in der Schule nur lebende Sprachen gelernt und für mein Romanistikstudium brauchte ich dann den Nachweis des Latinums. Also habe ich das Latinum in acht Wochen nachgeholt – vier Wochen Grammatik und vier Wochen intensives Lernen für die schriftlichen und mündlichen Prüfungen.

Das klingt enorm herausfordernd. Normalerweise dauert so etwas drei Jahre in der Schule, oder?

Ja, genau. Es war quasi ein Vollzeitjob. Ich hatte täglich vier Stunden Unterricht und habe zusätzlich etwa vier Stunden gelernt. Diese Art des Lernens, reines Auswendiglernen ohne direkten Praxisbezug, wird im beruflichen Alltag selten angewendet. Es «

» war sehr theoretisch und fordernd. Ich habe nur das gelernt, was unbedingt nötig war.

Alle Achtung, das ist wirklich eine beeindruckende Leistung, die du da vollbracht hast. Jetzt bist du bei Bildungsinnovator. Seit wann bist du dabei und was hat dich dazu bewogen?

Bildungsinnovator gibt es offiziell seit zehn Jahren, aber die Wurzeln des Projekts reichen 25 Jahre zurück. Ursprünglich haben wir als Anbieter digitaler Bildungswebsites begonnen. Mit der Zeit wurde uns klar, dass Technologie allein nicht genügt, also haben wir auch Inhalte integriert. Meine Begeisterung für das Thema Lernen hat mich nach verschiedenen beruflichen Stationen – von der Schule über das Lehramt bis hin zur Hochschuldidaktik – hierhergeführt. Bei Bildungsinnovator traf ich auf Gleichgesinnte, die ein ähnliches Verständnis von Bildung haben und innovative Wege gehen wollen. Und hier bin ich jetzt auch schon fast zehn Jahre mit dabei.

Welche Bedürfnisse erfüllt euer Angebot, das euch erlaubt hat, eine so starke Lernplattform aufzubauen?

Wir orientieren uns eng an den Bedürfnissen und Problemen der Menschen. Viele unserer Nutzer sind fachlich stark, etwa in der Personalentwicklung, haben aber wenig Erfahrung mit Lernkonzepten. Sie stehen vor der Herausforderung, effektive Lernlösungen für ihre Zielgruppen zu entwickeln. Dabei fragen sie sich: Wie gehe ich das an? Welche Technologien können den Lernprozess unterstützen? Wie integriere ich sie sinnvoll in den Arbeitsalltag? Es geht darum, eine Brücke zwischen Technologie und effektivem Lernen zu schlagen.

Welche Trends siehst du aktuell im Bereich Lernen und Training in der Businesswelt?

«

» Trends sind ein heikles Thema. Kürzlich wurde ich gefragt, was nach KI als nächster Trend im Lernbereich kommt. Dabei sind wir noch weit davon entfernt, KI wirklich effektiv und regelmäßig für Bildungszwecke einzusetzen. Statt von Trends würde ich lieber von wichtigen Entwicklungen sprechen.

Und welche wichtigen Entwicklungen beobachtest du?

Es gibt eine zunehmende Auseinandersetzung mit der Lernkultur in Organisationen. Früher dominierte oft ein hierarchischer Ansatz, bei dem Aufgaben delegiert wurden. Dies prägt die Arbeitsweise. Wenn wir Lernkonzepte fördern wollen, die auf selbstverantwortliches Lernen setzen, stoßen wir schnell an Grenzen. Viele sind es nicht gewohnt, eigenständig zu lernen. Das Lernkonzept passt in dem Fall nicht zur Kultur in der Organisation. Die Tendenz geht daher dahin, die Organisations- und Lernkultur realistisch zu betrachten, um angepasste Lernkonzepte zu entwickeln.

Wie kann ich mir die unterschiedlichen Lernkulturen in Organisationen am besten vorstellen?

Grundsätzlich gibt es drei typische Arten von Lernkulturen in Organisationen. Die erste ist stark hierarchisch, mit einem klaren Top-down-Ansatz. Hier ist das Lernen effektiv, wenn es klare Aufgaben gibt und die Führungskräfte das Lernen aktiv fördern. Ohne ihr Engagement funktioniert selbstständiges Lernen kaum. Zur zweiten Art zählen leistungsorientierte Organisationen, die oft auf bestimmten Messwerten (Key Performance Indikatoren, KPIs) basieren. Hier ist Eigeninitiative wichtig und das Lernen muss direkt nutzbringend sein. Lange Lernprozesse sind unerwünscht, stattdessen sind kurze, praxisorientierte Lerneinheiten gefragt. Angebote werden nur angenommen, wenn sie als wertvoll erachtet werden, und On-Demand-Angebote müssen praxisnah sein.

«

» Die dritte Art betont das Team und die Gemeinschaft. Ansätze wie das Peer-Coaching funktionieren hier gut, da Wissensaustausch und gegenseitige Unterstützung wichtig sind. Wissen entsteht nicht nur durch formale Lernprozesse, sondern auch durch den Austausch innerhalb der Gemeinschaft.

Lass uns das einmal auf ein Verkaufstraining anwenden ...

Gern. In einer hierarchischen Organisation könnte der Vertriebsleiter sagen: »Ihr drei müsst nächste Woche an einem dreitägigen Training teilnehmen, um eure Leistungen zu verbessern.« Er erwartet dann nicht nur die Teilnahme, sondern auch eine nachweisliche Verbesserung der Arbeitsweise. Das sorgt für einen praktischen Transfer des Gelernten.

In einer leistungsorientierten Organisation müsste das Training stark auf die messbaren Leistungsziele, also KPIs, ausgerichtet sein. Es wird erwartet, dass das Training konkret dazu beiträgt, diese Ziele zu erreichen. Das Team würde sich fragen: »Wozu das Ganze?« und das Training muss darauf eine klare Antwort geben können.

In einer teamorientierten Organisation liegt der Fokus eher auf Reflexion, Austausch und Sparring. Der Schwerpunkt verlagert sich auf die Gruppe. Es geht darum, Lernanlässe zu schaffen und Rahmenbedingungen zu bieten, in denen die Teammitglieder selbstständig lernen und ihr Wissen gern mit anderen teilen.

Was ist das coolste oder innovativste Lernprogramm, das du über Bildungsinnovator anbietest?

Es gibt zwei Programme, die mir am Herzen liegen. Das erste dreht sich um E-Learning-Konzeption. Ich liebe es, konzeptionell zu arbeiten, praktisch und spielerisch zu gestalten. Es macht Spaß zu sehen, wie mit wenigen Handgriffen große Effekte erzielt werden können und dies die Arbeitsweise der Teilnehmenden verändert. Hier sieht man direkt, wie sich der Erfolg einstellt und die Teilnehmenden bessere Arbeitsergebnisse erzielen. «

» Das zweite ist ein Programm zum Thema Live-Online-Trainings. Es geht darum, wie man solche Trainings gut konzipieren und moderieren kann. Reizvoll ist, dass die Teilnehmenden, die selbst Online-Trainer sind, dabei direkt ihre eigenen Lernerfahrungen machen. Das ermöglicht es mir, mit traditionellen Mustern zu brechen und eine Umgebung zu schaffen, die nicht nur lehrt, sondern auch begeistert und motiviert.

Gab es schon mal ein für dich herausforderndes Erlebnis mit einem Kunden?

Ja, ein wirklich schwieriges Erlebnis hatte ich während eines Trainings. Wir waren zu zweit, und es schien, als sei die Lernkultur bei unserem Kunden sehr mangelhaft. Wir mussten im Vorfeld viel vorbereiten, inhaltlich und organisatorisch, und als wir ankamen, war dort nichts vorbereitet. Die Teilnehmer verstanden nicht einmal, warum sie da waren. Sie kamen pünktlich zum Trainingsbeginn, ohne die üblichen fünf bis 15 Minuten früher zu erscheinen, um sich einzustimmen. Gleich zu Beginn wurde ich gefragt, wie ich die Lernkultur im Unternehmen einschätze. Das war wirklich ein heikler Moment.

Ein Teilnehmer hat diese Frage gestellt? Interessant …

Ich glaube, es war ein Machtspiel. Er wollte sehen, wie ich reagiere. Es war nicht fair, und ich denke, ihm war die Situation durchaus bewusst.

Wie hast du darauf reagiert?

Ich habe mich diplomatisch verhalten, meine wirkliche Meinung zurückgehalten und erklärt, dass ich vieles noch nicht beurteilen könne, da ich gerade erst angekommen sei. Ich betonte, dass die kommenden Tage zeigen würden, wie unsere Zusammenarbeit funktionieren wird.

«

» Bestimmt hast du auch viele positive Erfahrungen gemacht ...

Eine Erfahrung, die mich total begeistert hat, war die Zusammenarbeit mit einer Schulamtsdirektorin vor ein paar Jahren. Trotz ihres vielleicht etwas verstaubt wirkenden Titels empfand sie ihre eigene Organisation als überholt. Sie hat uns kennengelernt und wurde schließlich zu einem riesigen Fan unserer Ansätze. Ihr Ziel war es, alle Schulen in ihrem Bereich zu inspirieren, sich erneut damit auseinanderzusetzen, wie Lernen gestaltet sein sollte, um positive Emotionen zu fördern und Spaß zu machen, anstatt einengende Gefühle zu erzeugen.

Sie hat viel mit uns an Inhalten gearbeitet und war sogar auf der LEARNTEC[64]. Trotz ihres Alters von Anfang 60 – im Kopf war sie mindestens 30 Jahre jünger – hat sie sogar Stagediving gemacht. Sie ließ sich von der Menge auffangen, weil sie Spaß daran hatte, Dinge anders zu machen. Das war eine sehr bereichernde Erfahrung.

Für die Schulamtsdirektorin war lebenslanges Lernen also eine wichtige Angelegenheit?

Absolut, und das galt nicht nur für sie persönlich, sondern auch für die Schulleiter und Schulen unter ihrer Aufsicht sowie deren Schüler und Schülerinnen. Diese Vielschichtigkeit machte die ganze Erfahrung spannend.

Welche Fehler beobachtest du häufig bei Unternehmen in Sachen Training und Weiterbildung, und wo könnt ihr am besten unterstützen?

Ein zentraler Fehler, den viele Unternehmen machen, ist der mangelnde Transfer des Gelernten in den Arbeitsalltag. Es gibt Inhalte, die man einmal hören kann, und solche, die man anwenden muss, wie bei einem Verkaufstraining. Wenn bestimmte Verkaufstechniken oder Kundengespräche trainiert werden, reicht es nicht aus, dies nur einmal zu hören oder auszuprobieren. Es «

» muss ein fester Bestandteil der täglichen Arbeit werden. Der Transfer scheitert oft daran, dass die Verantwortung außerhalb des Bereichs der Personen liegt, die für die Lerninhalte zuständig sind, wie L&D (Learning & Development) oder Personalentwicklung. Diese haben eine Querschnittsfunktion und sind nicht für die Arbeit der Personen verantwortlich.

Gibt es einen wichtigen Hebel, den L&D setzen sollte, um diesen Mangel an Transfer zu antizipieren?

Ein entscheidender Punkt ist, zu erkennen, ob nach einem Training wirklich etwas anders gemacht wird. Wenn niemand im Team merkt, ob ich nach einem Training Neuerungen umsetze oder einfach weitermache wie bisher, dann ist das Projekt »Ich verändere meine Arbeitsweise« zum Scheitern verurteilt. Das L&D hat darauf oft keinen Einfluss, da die Trennung zwischen L&D und den Fachabteilungen zu groß ist. Der Fokus sollte auf der Inhaltsrelevanz liegen, also darauf, dass die Teilnehmenden verstehen, was das Gelernte mit ihnen und ihrer Arbeit zu tun hat und welchen Nutzen es bringt. Wenn sie den Zweck erkennen, können sie sich besser darauf einlassen.

Das klingt, als ob die Führungskraft eine entscheidende Rolle dabei spielt, das kann das L&D nicht allein stemmen.

Genau, die Führungskraft ist zentral, aber das L&D kann unterstützen, indem es in Trainingskonzepten Maßnahmen einbaut, die das fördern. Man könnte z. B. vorab von den Teilnehmenden verlangen, dass sie mit ihrer Führungskraft sprechen und klären, welche Erwartungen an sie gestellt werden.

Was kann eine Führungskraft tun, um lebenslanges Lernen im Team zu einer festen Größe der Unternehmenskultur zu machen?

«

» Es gibt zwei wichtige Aspekte. Einerseits sollte die Führungskraft das Team zur Weiterentwicklung ermutigen und regelmäßig nachfragen, was mit dem Gelernten angefangen wird. Wir führen z. B. in unserer Firma alle sechs Wochen kurze Gespräche zwischen Führungskraft und Teammitgliedern, um genau das zu tun. Andererseits sollte sich die Führungskraft auch selbst weiterentwickeln und ihre Schwächen offenlegen. Keiner von uns ist perfekt, und es ist wichtig, dass Führungskräfte sich als lernende, fehlbare Menschen zeigen. Das schafft einen Rahmen, in dem es sicher ist, Neues auszuprobieren und Fehler zu machen. Dies ist essenziell für das Lernen und die Entwicklung.

Der Transfer wird oft vernachlässigt. Man wird zwar vom Chef gefragt, wie es war, aber wie man Gelerntes anwenden will, wird selten gefragt.

Es geht vor allem darum, was du mit dem Gelernten machst, nicht nur, was du gelernt hast. Die Fragen, was du damit anfangen willst, wie du es umsetzen wirst, was du bereits ausprobiert hast und was deine nächsten Schritte sind, regen zum Nachdenken an und sind essenziell für den Lerntransfer.

Sehr aktuell ist ja das Thema KI. Wie siehst du die aktuelle und zukünftige Rolle von KI im Lernbereich?

Wir stehen noch ganz am Anfang beim Verständnis der Möglichkeiten von KI. Die Herausforderung liegt darin, geeignete Anwendungsszenarien zu entwickeln, nicht nur die Technologie selbst. Derzeit konzentrieren wir uns auf den technischen Aspekt, etwa die Nutzung von KI zur Gestaltung von Lernpfaden und E-Learnings.

Der nächste Schritt ist die praktische Anwendung, beispielsweise könnte KI im Lerncoaching eingesetzt werden, um Lernprozesse zu begleiten – ein Bereich, der in vielen Unternehmen fehlt. Auch in der Lerndiagnostik bietet KI Potenzial, um individuelle Entwicklungschancen zu erkennen. Zukünftig könnte KI «

» auch durch automatisierte Erinnerungen und Unterstützung dabei helfen, Lernende fokussiert und motiviert zu halten. Das wird eine große Entwicklung, sobald wir technisch weiter fortgeschritten sind.

Letztes Jahr habe ich intensiv mit einer VR-Brille trainiert, um Keynote-Speaker zu werden. Ich hatte verschiedene Publikumsszenarien zur Auswahl und meine Vorträge über KI wurden aufgezeichnet. Das Feedback war sehr detailliert, sogar mit einer Gesamtbewertung am Ende. Das war ein guter Anfang, und ich bin gespannt auf die weiteren Möglichkeiten.

Denke zurück an 2007, als das erste Smartphone herauskam. Die Vorstellung, dass ein Telefon Fotos machen kann, war fast absurd. Heute sind die Möglichkeiten mit Smartphones enorm. Bei KI sind wir an einem ähnlichen Punkt. Wir fangen gerade erst an zu begreifen, was machbar ist. In 20 Jahren können wir wohl erst richtig einschätzen, wie weit uns die KI gebracht hat.

Genau, wir stehen noch am Anfang, und es ist wirklich spannend. Das macht lebenslanges Lernen so wichtig und darum macht es gleichzeitig so viel Spaß. Herzlichen Dank, Alex, für deine Einblicke in neue Lernwelten. «

BLEIBEN SIE DRAN MIT EINER MASSGESCHNEIDERTEN LERNKULTUR, TRAININGSTRANSFERS UND LEBENSLANGEM LERNEN!

Im Gespräch mit Alexander Freihaut wird noch einmal klar: Beim Lernen geht es nicht nur darum, Wissen zu pauken, sondern es wirklich zu verinnerlichen und in den Arbeitsalltag zu übertragen. Beim Thema lebenslanges Lernen spielen Führungskräfte eine wichtige Rolle und bei der Nutzung künstlicher Intelligenz im Bildungsbereich stehen wir noch ganz am Anfang. Diese drei Chancen werden uns in Zukunft begleiten:

CHANCE 34: GESTALTEN SIE LERNKULTUR MASSGESCHNEIDERT

Viele Menschen sind unsicher, wie sie eigenständig lernen sollen. Sie sind an festgefahrene Strukturen und einen starren Unterrichtsstil gewöhnt. Alex fordert Sie heraus, Ihre Lernstrategien an die spezifische Kultur Ihres Unternehmens anzupassen – ob hierarchisch, leistungsorientiert oder teamorientiert. Durch diese Anpassung erhöhen Sie langfristig die Lernbereitschaft und Effizienz Ihres Teams. Eine maßgeschneiderte Lernkultur hilft Ihren Mitarbeitern, ihre Fähigkeiten optimal zu entwickeln und ihr volles Potenzial auszuschöpfen. Trauen Sie sich, die veralteten Strukturen zu durchbrechen!

CHANCE 35: MACHEN SIE TRAININGS WIRKSAMER

Reden wir Klartext: Das Lernen von Dingen, die nicht in die Praxis umgesetzt werden, ist verschwendete Zeit. Trainingsinhalte müssen ein fester Bestandteil der täglichen Arbeit werden. Alex betont, dass der Fokus der Trainings auf der Inhaltsrelevanz liegen muss. Wenn die Teilnehmenden nicht erkennen, wie das Gelernte sie und ihre Arbeit betrifft und welchen Nutzen es bringt, werden sie es schnell vergessen. Sorgen Sie dafür, dass Wissen nicht nur theoretisch bleibt, sondern praktisch angewendet und in die täglichen Arbeitsprozesse integriert wird!

CHANCE 36: SCHAFFEN SIE EINE LEBENSLANGE LERNKULTUR

Wer glaubt, dass einmal erworbenes Wissen für immer ausreicht, irrt gewaltig. Lebenslanges Lernen ist der Schlüssel, um mit den sich rasch ändernden Anforderungen der Arbeitswelt Schritt zu halten und sich stetig weiterzuentwickeln. Schaffen Sie eine Lernkultur, in der kontinuierliches Lernen als persönlicher und beruflicher Vorteil gesehen wird. Suchen Sie fortwährend nach neuen Lernmöglichkeiten und sehen Sie diese als Chance zur Weiterentwicklung. Haben Sie den Mut, Ihre Mitarbeiter ständig herauszufordern und weiterzubringen!

So können Sie diese Chancen in die Praxis umsetzen:

OUTSIDE-THE-BOX-IDEE NR. 34:
FÖRDERN SIE DIE LERNKULTUR MIT LUNCH & LEARN

Es sind mehr Kolleginnen und Kollegen gekommen, als ich jemals gedacht hätte. Besonders erfreulich: Ich sehe auch viele Überraschungsgäste, die ich hier nie erwartet hätte. Das Thema »Goldwert – Wie Sie den Markt mit cleverer Preisgestaltung erobern« scheint wirklich viele zu fesseln – selbst die, die sonst nichts mit meiner Abteilung am Hut haben. Das zeigt, wie vielseitig interessiert unsere Firma ist! Wer weiß, vielleicht entstehen daraus noch spannende, neue Projekte, die uns alle überraschen.

Das Buffet steht bereit, die Leute sind angeregt im Gespräch, und in wenigen Minuten läuten wir die Glocke für den Vortrag eines meiner Mitarbeiter. Unsere Veranstaltung ist der Startschuss für eine Serie von Events mit verschiedenen Themen aus unserem Bereich. Geplant sind insgesamt vier »Lunch & Learn«-Veranstaltungen. Eine einfache Rundmail hat viele neugierige Kolleginnen und Kollegen angezogen, die ihre Mittagspause einmal anders verbringen wollen: etwas Neues lernen, nette Leute treffen und dabei einen leckeren Mittagssnack genießen.

»Lunch & Learn« ist ein echtes Erfolgskonzept. Über die Jahre haben wir damit eine einzigartige Fortbildungsreihe geschaffen. Solche spannenden Themen findet man nicht einfach so auf dem freien Fortbildungsmarkt.

Probieren Sie es selbst mal aus!

1. **Organisation:** Reservieren Sie eine Stunde, organisieren Sie sich einen Raum und ordern ein Fingerfood-Buffet.

2. **Themenschwerpunkte:** Wählen Sie ein spannendes Thema aus Ihrem Bereich, das auch andere interessiert.

3. **Ablauf:** Der Vortrag sollte knackige 30 Minuten dauern. Die erste Viertelstunde ist fürs Ankommen, Essen und Netzwerken gedacht.

4. **Abschluss:** Danach gibt es noch eine kurze, aber spannende Frage- und Antwortrunde.

Ihre Veranstaltung muss natürlich nicht zwingend mittags sein. Wie wäre es mit einem Frühstücksmeeting um 7:00 Uhr? Wichtig ist, dass Ihre Veranstaltung locker in den Arbeitstag passt, ohne zusätzlichen zeitlichen Aufwand. So verwandeln Sie Ihre Pausen in echte Highlights.

OUTSIDE-THE-BOX-IDEE NR. 35: SICHERN SIE DEN TRAININGSTRANSFER ÜBER SCHLÜSSELIMPULSE

Das Training »Kommunikation wie 007« war ein Volltreffer. Unser Referent Leo Martin, ehemaliger Undercoveragent eines deutschen Nachrichtendienstes, teilte seine besten Strategien, mit denen man Menschen für sich gewinnt. Zwei Tage in Frankfurt vergingen wie im Flug – wenn doch jede Weiterbildung so aufregend wäre! Zurück im Büro will mein Chef wissen, wie es war, doch aufgrund eines wichtigen Projekts bleibt mir keine Zeit, meine Lernerlebnisse umfassend zu teilen.

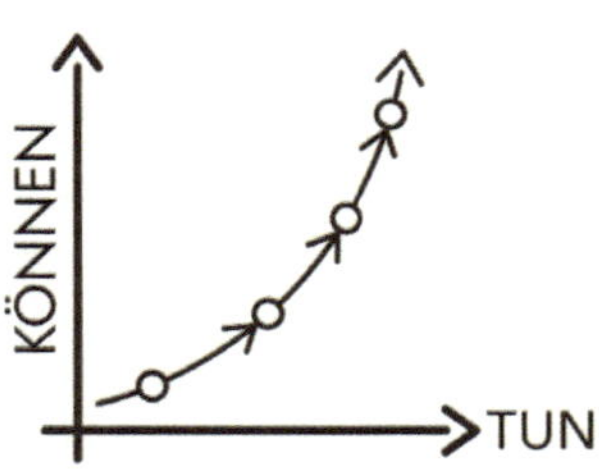

Kommt Ihnen das bekannt vor? Sie haben eine lehrreiche Fortbildung absolviert, z. B. »Moderation von Diskussionsforen«, und einige Wochen später merken Sie, dass kaum noch etwas hängen geblieben ist. Der Alltag hat Sie wieder eingeholt und die Praxisübungen sind in Vergessenheit geraten. Wieder eine Fortbildung abgehakt, aber nicht wirklich genutzt.

Als jemand, der viele Jahre als Trainer gearbeitet hat, kenne ich dieses Dilemma nur zu gut. Es ist frustrierend zu sehen, wie wertvolles Wissen einfach versickert. Zum Glück gibt es jedoch einen cleveren Weg, um das zu ändern: Planen Sie Schlüsselimpulse in Ihre Teammeetings ein. Dieses Miniformat greift die Inhalte vergangener Trainings immer wieder auf, bringt sie in Erinnerung und setzt sie praxisnah um.

Stellen Sie sich vor, Ihr Team hätte das erwähnte Moderationstraining absolviert. Statt darauf zu hoffen, dass das Wissen irgendwann einmal nützlich wird, nehmen Sie das Thema Moderation als festen Agendapunkt in Ihre regelmäßigen Teammeetings auf. Fünf Minuten reichen aus.

1. **Kickstart:** Lassen Sie diese kleine Runde von jemandem aus Ihrem Team vorbereiten – jeder ist mal dran.

2. **Impulse:** Beginnen Sie mit einem kleinen Startimpuls (zwei Minuten), der das Thema aufgreift. Das kann alles Mögliche sein, von Erkenntnissen aus Fernsehtalkshows (»Best of Illner« oder »Kurioses von Lanz«) bis hin zu eigenen Erlebnissen der vergangenen Woche.

3. **Erlebnisse teilen:** Jeder berichtet kurz von seinen Erfahrungen der letzten Woche oder über ein Vorhaben zu diesem Thema.

4. **Kontinuität:** Setzen Sie das über sechs bis acht Teambesprechungen fort, bevor Sie ein neues Lernthema in den Mittelpunkt stellen.

Das war es schon. Es dauert nicht lange, aber die Inhalte der Fortbildung bleiben präsent und vertiefen sich mit der Zeit. Der Effekt: Keine Schulung ist mehr umsonst, Ihr Team setzt das Gelernte um, und jeder ist gefordert, eine dieser Austauschrunden zu gestalten – das fördert zusätzlich Moderationskompetenzen und Kreativität.

OUTSIDE-THE-BOX-IDEE NR. 36:
STÄRKEN SIE TEAMKOMPETENZ MIT UNTERNEHMERISCHER PRAXIS

Ich bin immer wieder begeistert, wenn ich auf neue, innovative Geschäftsmodelle stoße, so auch das von der UNTERNEHMERSCHULE. Ein spannendes Gespräch mit dem Vollblutunternehmer Gerhard Unger gibt mir tiefere Einblicke in dieses regelbrechende Ausbildungsmodell, das er zusammen mit seinem Geschäftspartner Christian Ganz gegründet hat. Die UNTERNEHMERSCHULE[65] zielt darauf ab, angehenden lokalen Unternehmern das Handwerk von der Pike auf beizubringen – und zwar durch »Learning by Doing«.

Über ein Jahr hinweg werden in zehn Unterrichtseinheiten alle wesentlichen unternehmerischen Felder wie Führung, Finanzplanung und Vermarktung abgedeckt. Das Besondere: Die Referenten sind selbst Unternehmer, die sicherstellen, dass die Teilnehmer nicht nur die Theorie, sondern vor allem praxisrelevante Fähigkeiten erlernen. Zwischen den Modulen gibt es praktische »Hausaufgaben«, die es den Teilnehmern ermöglichen, das Gelernte direkt anzuwenden und zu vertiefen. Zudem wird aktives Netzwerken zwischen den Teilnehmern und den Unternehmen in der Region intensiv gefördert, was den Wissensaustausch und die Zusammenarbeit innerhalb der regionalen Wirtschaft stärkt.

In einer Zeit, die von Globalisierung, steigendem Konkurrenzdruck, steigenden Kosten und Digitalisierung geprägt ist, setzt die UNTERNEHMERSCHULE mit ihrer praxisnahen Ausbildung und regionalen Vernetzung einen starken Gegenpol. Sie ist somit ein Leuchtturmprojekt für lebenslanges und nachhaltiges Lernen und setzt neue Maßstäbe in der unternehmerischen Ausbildung.

Setzen Sie dieses Prinzip auch für Ihr Team um – aus der Praxis für die Praxis. Etablieren Sie eine kleine Unternehmerschule in Ihrem Unternehmen, beginnend mit einem Thema, das alle betrifft, von der Assistentin bis zum Geschäftsführer, z. B. Kundenorientierung und -service.

1. **Definieren Sie die Ziele:** Verbessern Sie die Servicequalität, fördern Sie ein kundenorientiertes Denken und Handeln und entwickeln Sie effiziente Problemlösungen.

2. **Erstellen Sie ein Curriculum:** Decken Sie relevante Module wie Grundlagen der Kundenorientierung, effektive Kundenkommunikation, Beschwerdemanagement und Best Practices zur Optimierung von Serviceprozessen ab. Praktische Übungen wie Rollenspiele und Fallstudien dürfen natürlich nicht fehlen.

3. **Nutzen Sie interne und externe Referenten:** Bringen Sie praxisnahes Wissen und frische Perspektiven in die Schulungen ein. Erfahrene Mitarbeiter wie Vertriebsleiter und Kundenservice-Spezialisten sowie externe Fachleute aus der Servicebranche bieten wertvolle Einblicke.

4. **Organisieren Sie Workshops und Netzwerktreffen:** Diskutieren Sie über Möglichkeiten zur Verbesserung der Kundenleistungen, der Reklamationsbearbeitung und der Angebotserstellung. Fördern Sie den Austausch und die Zusammenarbeit zwischen den Mitarbeitern und nehmen Sie jeden in die Eigenverantwortung.

5. **Führen Sie regelmäßige Evaluierungen durch:** Messen Sie den Erfolg Ihrer Unternehmerschule und passen Sie das Programm bei Bedarf an die Bedürfnisse der Mitarbeiter und Kundenanforderungen an.

Durch die Umsetzung dieser Schritte verbessern Sie nachhaltig die Servicequalität und Kundenorientierung und schaffen damit eine Kultur des lebenslangen Lernens sowie praxisorientierten Handelns in Ihrem Unternehmen.

MEINE INTERVIEWPARTNER

NORMAN WELZ

Norman Welz ist studierter Psychologe, Psychotherapeut und Coach für Leistungsoptimierung. Er war viele Jahre als Fachtherapeut für Angstüberwindung und Leistungsoptimierung im Bereich Spitzensport tätig (Deutsches Institut für Angstüberwindung DIA). Zudem unterstützte er als Psychotherapeut und Coach im renommierten Fürstenberg Institut Hamburg 12 Jahre lang Mitarbeiter und Führungskräfte in den Bereichen Depression, Burn-out und Leistungsoptimierung. Sein Erfahrungsspektrum umfasst 20.000 Therapie- und Coachingstunden.

Darüber hinaus studierte Norman Welz drei Jahre klinische Hypnose sowie weitere drei Jahre wertorientierte Persönlichkeitsbildung und Logotherapie (Sinnfindung nach Viktor Frankl) am Institut für Existenzanalyse und Logotherapie in Lüneburg. Zudem hat er sich in zahlreichen Kurzzeittherapie-Verfahren weitergebildet.

Sein Bestseller »Tradingpsychologie – So denken und handeln die Profis« ist in 13. Auflage und zählt auf dem Gebiet der Tradingpsychologie mittlerweile zum Standardwerk. Norman Welz ist als Seminarleiter, Referent, Vortragsredner und Autor für alle namhaften Banken, Broker und weiteren Großunternehmen tätig. In seinem bettermind Institut unterstützt er seit nunmehr 18 Jahren professionelle Börsenhändler, Vermögensverwalter und Eigengeldhändler auf dem Gebiet der mentalen Leistungsoptimierung und Persönlichkeitsentwicklung. Sein guter Ruf reicht weit über die deutschen Grenzen hinaus.

https://bettermind.de/

ROEL SCHAART

Roel Schaart, ein gebürtiger Niederländer, lebt mit seiner Frau, seiner Tochter und einer Katze in Bremen. Er zeichnet sich durch eine direkte, empathische Art aus, die stets von Humor und Liebe geprägt ist. Roel liebt Herausforderungen und trägt ungern Krawatten. Mit mehr als 20 Jahren internationaler Erfahrung im Coaching und über 10.000 Stunden in Begleitung von Führungskräften unterstützt er seine Klienten dabei, moderne Geschäftsherausforderungen zu meistern.

Im Laufe seiner Karriere hat Roel für renommierte Unternehmen wie BMW, Ford, Audi, Google und Unilever gearbeitet und über 1.000 Klienten gecoacht. Sein Coaching-Ansatz wurde maßgeblich durch seine zehnjährige Tätigkeit an der Seite von Anthony Robbins beeinflusst, was seine Philosophie bereichert und ihm wertvolle Werkzeuge für sein Repertoire geliefert hat.

https://www.roel-schaart.com/

ANJA GSTÖTTNER

Anja Gstöttner bringt eine fundierte akademische Ausbildung in Rechtswissenschaften und Betriebswirtschaftslehre mit, durch die sie früh die Bedeutung einer konstruktiven Streitkultur erkannte. Schnell stellte sie fest, dass ihre wahre Berufung nicht im juristischen Feld, sondern im professionellen Personalmanagement liegt.

Mit mehr als 15 Jahren Erfahrung in Führungspositionen und einer über zwei Jahrzehnte währenden Zusammenarbeit mit Führungskräften, Spezialisten, Teams und Organisationen sowohl im In- als auch im

Ausland hat sie eine beeindruckende Karriere aufgebaut. Ihre Tätigkeit im Senior-Management sowie Mitgliedschaften in crossfunktionalen und -divisionalen Geschäftsleitungsteams ermöglichten es ihr, als Kompetenzpartnerin für menschenorientierte Unternehmensführung Führungskräfte und Teams auf ihrem Entwicklungs- und Wachstumsweg zu unterstützen und zu begleiten.

https://www.anja-gstoettner.de/

KILIAN SÖRGEL

Über 25 Jahre hinweg leitete Kilian Sörgel das familieneigene Großhandelsunternehmen als Geschäftsführer. Dort erwarb er tiefgreifende Kenntnisse in sämtlichen Facetten des Geschäfts. Anfang 2020 wandte er sich neuen Herausforderungen zu und ist nun als Projektmanager, Berater, Mentor und Business Builder tätig. In dieser Rolle widmet er sich insbesondere Start-ups, von der initialen Idee bis zur operativen Umsetzung.

Mit Leidenschaft und »Unternehmerherzblut« engagiert sich Kilian für die Unterstützung von Unternehmen beim Einsatz neuer, vielversprechender Technologien. Er zeigt Investoren auf, wie sie erfolgreich investieren können, und schafft dabei eine Win-win-win-Situation für alle Beteiligten. Sein Motto: »Überlege gut, was du tust, aber brenne auch dafür.«

https://www.linkedin.com/in/kilian-sörgel-03a0591b8/

PROF. DR. CHRISTOPH SCHÖNFELDER

Prof. Dr. Christoph Schönfelder ist Professor für Personal- und Organisationsentwicklung an der FOM Hochschule für Oekonomie & Management. Sein zentrales Interessensgebiet ist die Frage »Wie gelingt uns stressfreie Führung?«. Er ist davon überzeugt, dass hierbei die Kombination aus KI-gestütztem Assistenzsystem und individueller Begleitung wichtig ist. Zusammen mit drei anderen Partnern hat Christoph 2018 das Unternehmen MONDAY. ROCKS gegründet. Das Produkt: ein KI-Assistenzsystem für stressfreie Führung, das Führungskräfte entlastet, die Performance ganzer Unternehmensbereiche einfach erhöht und mit sehr wenig zeitlichem Aufwand funktioniert. So bringt er Führung auf ganzer Linie zum Rocken.

https://www.monday.rocks/

MARTIN GAEDT

Martin Gaedt ist Provotainer, Anpacker und Geschäftsführer der Provotainment GmbH. Seine Vorträge sind eine grandiose Mischung aus Provokation und Entertainment. Seit 1999 hat er zahlreiche Start-ups gegründet und Produktideen in die Welt gesetzt. Wer mit Martin spricht, fühlt sich sofort wohl; er hört seinen Gesprächspartnern zu, stellt viele Fragen und sprudelt vor Ideen. Als Autor zahlreicher Bücher wie »SMART ARBEITEN MIT DER DELETE-STRATEGIE. Überflüssiges streichen, Produktivität steigern, kreatives Potenzial freisetzen«, »4 TAGE WOCHE« und »Rock Your Work« hat Martin in über 750 Keynotes rund 120.000 Menschen provotaint. Er war 61-mal Arbeitgeber.

https://martingaedt.de/

MARIA GRAZIA TRICARICO

Maria Grazia Tricarico hat es geschafft, eine unverwechselbare Marke zu schaffen, die nicht nur verkauft, sondern auch verbindet und begeistert. Ihre Vision und ihr unermüdlicher Einsatz haben zahlreiche Menschen berührt und das Modeerlebnis nachhaltig geprägt. Diesen Erfolg, den sie mit der Eröffnung ihrer Boutique »Mode Mary Lou« am 28.4.1990 erzielen konnte, bezeichnet sie manchmal als »das kleine Wirtschaftswunder von Fürth«.

Marias Traum war es schon immer, in der Modebranche zu arbeiten und gleichzeitig eng mit Menschen zusammenzukommen. Sie wollte mit ihrem Unternehmen eine neue Art von Geschäftsphilosophie etablieren, die sich durch Frische, Persönlichkeit, Familienfreundlichkeit und gute Beratung auszeichnet. Marias Ziel war von Anfang an, nicht nur Mode zu verkaufen, sondern ihre Kundinnen zu inspirieren und ihnen die Freude an schönen Looks und Styles zu vermitteln. Sie möchte aufzeigen, dass Mode mehr als nur ein Bekleidungsstück ist.

https://www.mode-marylou.de/

HOLGER TRAUTMANN

Über die letzten zwei Jahrzehnte hat Holger Trautmann in der Strategieberatung mehr als 1.000 Fach- und Führungskräfte aus über 100 Unternehmen verschiedenster Branchen auf ihrem Weg in eine erfolgreiche Zukunft begleitet. Seit 2003 ist Holger als INSEAD-zertifizierter Experte für die Innovationsmethodik Blue Ocean Strategy tätig, was ihn zu einem der weltweit führenden Praxisanwender in diesem Bereich macht. Sein

Beratungsfokus liegt auf der Erschließung neuer Wachstumsfelder abseits des intensiven Wettbewerbs und auf der Entwicklung innovativer digitaler Geschäftsmodelle.

Als Mitgründer der Firma IoT Venture GmbH hat Holger u. a. über die Marke »IT'S MY BIKE« einen »eigenen Blue Ocean« geschaffen: Lösungen wie Diebstahlschutz und Sturzerkennung für E-Bikes sowie ein GPS-Tracking für (entlaufene) Hunde und Katzen.

https://www.bos-partners.de/
https://iot-venture.com/

CORNELIA WANKE

Cornelia Wanke ist Unternehmerin, Kommunikationsexpertin und Businesscoach, die sich seit vielen Jahren im Gesundheitswesen engagiert. Sie ist Vorstand der »Healthcare Frauen« und der »Spitzenfrauen Gesundheit«. Hier organisiert sie Netzwerkevents, die darauf abzielen, die verschiedenen Akteure des Sektors zusammenzuführen, um die Patientenversorgung zu verbessern. Cornelia setzt sich zudem aktiv für die Unterstützung von Frauen in Führungspositionen ein. Ihre persönliche Erfahrung als vierfache Mutter verleiht ihr eine zusätzliche Einsicht in die Herausforderungen, die das Balancieren von beruflichen und privaten Verpflichtungen mit sich bringt.

https://www.wankeconsulting.com/

ARNOLD »ARNIE« OBERLEITER

Arnold »Arnie« Oberleiter, ein herausragender Experte aus Südtirol, hat sich als Dozent und Innovator einen Namen im dynamischen Feld der künstlichen Intelligenz gemacht. Mit seiner fundierten Expertise und einer klaren Vision macht er fortschrittliche KI-Konzepte einem breiten Publikum zugänglich.

Als Gründer eines weitreichenden YouTube-Kanals und erfahrener Lehrer, der bereits Tausenden von Studierenden Wissen vermittelt hat, definiert Arnie seine Mission klar: Er will das komplexe Feld der KI durchschaubar und greifbar machen.

Hier bringt Arnie nicht nur akademische und praktische Kenntnisse in künstlicher Intelligenz ein, sondern bereichert seine Lehrtätigkeit auch mit Einblicken in Trading, Makroökonomie, Kryptowährungen und in KI-Kunst. Mit viel Humor und unzähligen praktischen Beispielen ermöglicht er Lernenden so ein tiefgehendes und vielseitiges Abenteuer in der Welt der KI-Technologie.

https://www.youtube.com/@Arnold-Oberleiter

ADRIAN AURACHER

Adrian startete seine berufliche Karriere mit einem dualen Studium der Betriebswirtschaftslehre und arbeitete nach seinem erfolgreichen Abschluss eine Weile im Vertrieb von Flüssiggas. Anschließend zog es ihn als Kitesurflehrer nach Brasilien, bevor er nach Deutschland zurückkehrte, um im Vertrieb einer Modeagentur für nachhaltige Streetwear zu arbeiten. Ein Jahr später ergab sich für Adrian die Möglichkeit, in die Schreinerei seines Vaters quereinzusteigen. Anfang 2021 entschlossen sich Adrian und sein Bruder Gregory, neben der klassischen Schreinerei ein zweites Geschäftsfeld zu erschließen. Sie entwickelten und bauten ihren ersten Office-Camper: der Start ihres Unternehmens Work'n Roll.

https://www.worknroll.de/

ALEXANDER FREIHAUT

Alexander Freihaut überzeugt mit seiner Fähigkeit zum Perspektivwechsel, indem er als Head of Customer Experience bei Bildungsinnovator tätig ist und Unternehmen dabei unterstützt, konsequent aus der Zielgruppenperspektive zu denken, insbesondere in den Bereichen digitales Lernen und Transferdesign. Sein Ansatz besteht darin, den Lernenden stets in den Mittelpunkt zu stellen, um eine langfristige und nachhaltige Wirkung zu erzielen.

Als Ideenentwickler bekannt, zeichnet sich Alex durch seine Fähigkeit aus, eine Struktur in Prozesse zu bringen und dadurch Kreativität sowie innovative Ideen zu fördern. Seine umfassende Expertise und vielfältige Erfahrung teilt er nicht nur als Mitautor des Fachbuchs »New Blended Learning – Output war gestern, Outcome ist heute«, sondern auch als regelmäßiger Gast im Bildungsinnovator-Podcast »Lernpegel«.

https://bildungsinnovator.de/

ÜBER DEN AUTOR

»Chancen liegen überall« – dieses Motto prägt das Leben und die Karriere von Kai-Owe Kuhlmann, geboren 1965 in einem kleinen Ort in Niedersachsen.

Kais Credo »Lebenslanges Lernen macht Spaß« entstand während seiner Zeit als Austauschschüler in den USA. Mit einem fundierten Hintergrund in Wirtschaftsmathematik, der ihm umfangreiche Lernfelder eröffnete und die Tür zu vielfältigen beruflichen Möglichkeiten aufstieß, begann Kai seine vielseitige Karriere mit Mitte 20 in der Konzernwelt. Über einen Zeitraum von 30 Jahren sammelte er umfassende Erfahrungen in verschiedenen Bereichen wie Marktforschung, Projektmanagement, Vertrieb und Gesundheitspolitik.

Seine sechsjährige Tätigkeit als Leiter der Abteilung Pricing war besonders prägend. Hier baute er ein erfolgreiches Team auf und übernahm die Verantwortung für die Preisgestaltung eines Portfolios von über einer Milliarde Euro.

Sein beruflicher Weg führte ihn schließlich in die Welt der Psychologie und des Coachings: »Am meisten Spaß macht es, Menschen in ihren beruflichen Herausforderungen zu begleiten.«

Mit über 11 Jahren Erfahrung als Trainer in Vertrieb und Strategie arbeitete er deshalb eng mit vielen Führungskräften und ihren Mitarbeitern in Marketing, Medizin und Vertrieb zusammen. Sein größtes Learning: »Das beste Potenzial entfaltet sich, wenn Führungskräfte ihre Teams bei Trainingsmaßnahmen unterstützend begleiten – das wirkt nachhaltiger.«

Ein guter Tag beginnt für Kai mit einer Tasse Kaffee um 5:30 Uhr morgens, bevor es zum Sport geht. Zu seinen liebsten Freizeitaktivitäten zählen neben dem Kampfsport Krav Maga das Fitnesstraining sowie Kochen im Wok und Reisen in die Bretagne – getreu dem Motto: »Der Mensch hat zwei Heimaten: seine und Frankreich!«

Kai-Owe Kuhlmann arbeitet heute als Autor, Vortragsredner und Berater. Er unterstützt Unternehmen dabei, innovatives und strategisches Denken in ihrer Kultur zu verankern.

Suchen Sie für Ihre Veranstaltung einen inspirierenden Redner für kreative und unkonventionelle Outside-the-Box-Ideen? Kontaktieren Sie Kai-Owe Kuhlmann einfach unter:

kontakt@kai-kuhlmann.de
https://www.kai-kuhlmann.de

MEHR »OUTSIDE THE BOX« ...

Sie haben es bis hierher geschafft – Gratulation! Das zeigt, dass Sie als Führungskraft Ihr Unternehmen und Ihre Mitarbeiter auf die nächste Stufe bringen möchten. Sie wissen, dass es nicht nur darum geht, im Tagesgeschäft zu bestehen, sondern darum, strategisch und innovativ zu denken, um in einer dynamischen Geschäftswelt wirklich erfolgreich zu sein. Doch eine Frage bleibt:

WIE SETZEN SIE DIESE ERKENNTNISSE IN IHREM UNTERNEHMEN NUN UM?

Lassen Sie uns gemeinsam die »Outside-the-Box«-Ideen, die Sie in diesem Buch entdeckt haben, in Ihrem Unternehmen verankern. Stellen Sie sich vor, Ihre Mitarbeiter entwickeln neue, kreative Vertriebsstrategien, denken innovativer und setzen diese Ideen dann mit voller Energie um.

MACHEN SIE IHR UNTERNEHMEN ZUKUNFTSFÄHIG – GEMEINSAM SETZEN WIR AUF VERTRIEBSFOKUSSIERTES, STRATEGISCHES UND INNOVATIVES DENKEN!

Was wäre, wenn wir Ihre Mitarbeiter in spezifischen Workshops und strategischen Beratungen genau dazu befähigen könnten? Gemeinsam setzen wir den Fokus auf drei entscheidende Bereiche: Vertrieb, Strategie und Innovation. Wir bringen Ihre Teams dazu, aus alten Denkmustern auszubrechen und neue Wege zu gehen, die direkt zum Erfolg führen.

WAS KÖNNEN SIE ERWARTEN?

- Individuelle Analyse: Wir starten mit einem tiefgehenden Gespräch, bei dem wir herausfinden, was Ihre größten Herausforderungen und Ziele sind. Kein Unternehmen ist wie das andere – und genau deshalb bekommen Sie keine 08/15-Beratung, sondern maßgeschneiderte Lösungen.

- Strategische Beratung: Auf Basis Ihrer speziellen Anforderungen erarbeiten wir gemeinsam einen Plan, der nicht nur auf dem Papier gut aussieht, sondern sich auch in der Praxis umsetzen lässt. Hierbei setzen wir genau dort an, wo der größte Nutzen für Sie und Ihr Unternehmen entsteht.

- Pragmatische Umsetzung: Theorie ist gut, Praxis ist besser! Ich unterstütze Sie bei der Umsetzung der erarbeiteten Strategien und begleite Sie und Ihr Team durch den gesamten Prozess. Schritt für Schritt bringen wir die »Outside-the-Box«-Ideen in Ihren Arbeitsalltag und sorgen dafür, dass sie Früchte tragen.

Die Anforderungen an Unternehmen und Führungskräfte entwickeln sich stetig weiter. Der ideale Zeitpunkt, um Ihr Unternehmen zukunftssicher aufzustellen, ist genau jetzt. Gemeinsam schaffen wir eine solide Basis, die nicht nur für den Moment, sondern auch langfristig trägt.

KONTAKTIEREN SIE MICH FÜR EIN ERSTGESPRÄCH UND LASSEN SIE UNS LOSLEGEN:

✉ **kontakt@kai-kuhlmann.de**

DER VORTRAG, DER FRISCHEN WIND IN IHR UNTERNEHMEN BRINGT!

Von heute lernen, für morgen gestalten: Sie wissen, dass die Zukunft den Mutigen gehört – denjenigen, die bereit sind, bekannte Pfade zu verlassen und neue Wege zu beschreiten.

In meinem Vortrag

»OUTSIDE-THE-BOX-IDEEN FÜR VISIONÄRE FÜHRUNGSKRÄFTE«

erleben Sie, wie Sie und Ihr Team sich nicht nur auf die Herausforderungen von heute, sondern auch auf die Chancen von morgen vorbereiten können.

Die Impulse zielen darauf ab, dass Ihre Führungskräfte und Mitarbeiter Ideen und Vertriebsstrategien entwickeln, die nicht nur innovativ, sondern auch unwiderstehlich sind. Gemeinsam gehen wir auf eine Reise, die Ihre Perspektiven erweitert, Ihre Kreativität entfesselt und Ihnen zeigt, wie Sie aus jeder noch so herausfordernden Situation eine Chance machen können. Kurz gesagt:

WIR SPRENGEN DIE BOX, IN DER SICH IHR DENKEN BISHER BEWEGT HAT!

Humorvoll, energiegeladen und praxisnah – so mache ich Ihr Team fit für die Zukunft. Denn wer sagt, dass Business nicht auch Spaß machen darf? Starten wir gemeinsam den Weg in eine zukunftsfähige, kreative und »Outside the Box« denkende Unternehmenskultur.

KONTAKTIEREN SIE MICH FÜR EINEN VORTRAG UNTER

✉ **kontakt@kai-kuhlmann.de**

QUELLENVERZEICHNIS

GRAFIKEN UND FOTOS IM BUCH:

Die Grafiken zu den Übungen in diesem Buch hat Alexej Ott gestaltet. Ich kann die Zusammenarbeit mit ihm und seiner Agentur sehr empfehlen.

Kontaktdaten:

www.einesehrguteagentur.de
hello@einesehrguteagentur.de

Die Fotos der Interviewpartner wurden mir freundlicherweise von allen Beteiligten zur Verwendung in diesem Buch zur Verfügung gestellt.

KAPITEL 1: VERÄNDERUNG MEISTERN

[1] Archy O. de Berker, Robb B. Rutledge, Christoph Mathys, Louise Marshall, Gemma F. Cross, Raymond J. Dolan, Sven Bestmann: »Computations of uncertainty mediate acute stress responses in humans«, nature communications, 29.3.2016, https://pubmed.ncbi.nlm.nih.gov/27020312/. Zuletzt aufgerufen am 10.9.2024

[2] Navidi, Sandra (2021): Das Future Proof Mindset – Die vier essenziellen Regeln für Ihren Erfolg im Zeitalter der künstlichen Intelligenz, Finanzbuch Verlag, München, 1. Auflage, S. 35

[3] Das Gespräch mit Norman Welz wurde am 23.5.2024 geführt und aufgezeichnet.

[4] Ein Eigengeldhändler im Bereich Trading ist eine Person oder ein Unternehmen, das mit dem eigenen Kapital handelt, anstatt Kundenkapital zu verwalten. Das Ziel eines Eigengeldhändlers ist es, durch den Kauf und Verkauf von Finanzinstrumenten, wie Aktien, Anleihen, Währungen oder Derivaten, Gewinne für sich selbst oder das Unternehmen zu erzielen.

[5] McCullough, M.E., Root, L.M. & Cohen, A.D. (2006): »Writing About the Benefits of an Interpersonal Transgression Facilitates Forgiveness«, Journal of Consulting and Clinical Psychology 2006, Vol. 74, No. 5, S. 887–897, https://greatergood.berkeley.edu/images/uploads/McCullough-Writing_About_Interpersonal_Transgressions_Facilitates_Forgiveness.pdf. Zuletzt aufgerufen am 2.7.2024

[6] Krogerus, Mikael, Tschäppeler, Roman (2008): »50 Erfolgsmodelle - Kleines Handbuch für strategische Entscheidungen«, Kein & Aber AG Zürich, 19. Auflage Juni 2014, S. 22

KAPITEL 2: FOKUS SETZEN

[7] Die Pomodoro-Technik wurde in den späten 1980er Jahren von Francesco Cirillo entwickelt. Als Student nutzte er einen tomatenförmigen Küchentimer (daher der Name »Pomodoro«, das italienische Wort für Tomate), um seine Studienzeit in 25-minütige Intervalle mit kurzen Pausen zu unterteilen. https://www.pomodorotechnique.com/ Zuletzt aufgerufen am 2.7.2024

[8] Gerharz, Michael (2017): »Der AHA-Effekt: Wie Sie das Publikum für sich gewinnen«, Midas Management Verlag, Zürich, 1. Auflage 2017, S. 39

[9] Ferriss, Timothy (2017): »Tools der Titanen: Die Taktiken, Routinen und Gewohnheiten der Weltklasse-Performer, Ikonen und Milliardäre«, Finanzbuch Verlag, München, 8. Auflage 2022, kindle Edition, S. 21

[10] Das Gespräch mit Roel Schaart wurde am 23.4.2024 geführt und aufgezeichnet.

[11] AZ Quotes, https://www.azquotes.com/quote/786978 Zuletzt aufgerufen am 14.8.2024

[12] Krogerus, Mikael, Tschäppeler, Roman (2008):»50 Erfolgsmodelle - Kleines Handbuch für strategische Entscheidungen«, Kein & Aber AG Zürich, 19. Auflage Juni 2014, S. 12

[13] Cleveland Clinic (2021): »How Box Breathing Can Help You Destress«, 17.8.2021, https://health.clevelandclinic.org/Box-breathing-benefits Zuletzt aufgerufen am 14.7.2024

KAPITEL 3: CHANCEN NUTZEN

[14] Wiseman, Richard (2003): »The Luck Factor: The Scientific Study of the Lucky Mind«, Penguin Random House, UK, kindle edition, 25.1.2011, S. 3 ff.

[15] Wiseman, Richard (2003): »The Luck Factor: The Scientific Study of the Lucky Mind«, Penguin Random House, UK, kindle edition, 25.1.2011, S. 59 ff.

[16] Das Gespräch mit Anja Gstöttner wurde am 22.4.2024 geführt und aufgezeichnet.

[17] Das Konzept »Working Out Loud« (WOL) wurde von John Stepper entwickelt. Die Methode basiert auf der Idee, Arbeit und Wissen öffentlich zu teilen, um für alle Beteiligten einen Mehrwert zu schaffen. Ursprünglich hat Bryce Williams den Begriff 2010 geprägt, aber John Stepper hat das Konzept weiter verfeinert und populär gemacht. https://www.workingoutloud.com/ Zuletzt aufgerufen am 2.7.2024

KAPITEL 4: WACHSTUM STÄRKEN

[18] Das Gespräch mit Kilian Sörgel wurde am 8.5.2024 geführt und aufgezeichnet.

KAPITEL 5: PERFORMANCE ROCKEN

[19] Minow, Nell (2014): »Jim Davis Explains Why Garfield Loves Lasagna and Hates Mondays and Why People Love Garfield«, huffpost.com, 3.11.2014, Zuletzt aufgerufen am 2.7.2024 https://www.huffpost.com/entry/jim-davis-explains-why-ga_b_6094892 Zuletzt aufgerufen am 14.7.2024

[20] The Bangles (1985): »Manic Monday«. Written by Prince, from the album »Different Light«, Columbia Records, 23.12.1985 Zeile 9-11. https://www.songtexte.com/songtext/the-bangles/manic-monday-3bd7189c.html Zuletzt aufgerufen am 20.8.2024

[21] Dodds, Peter, Danforth, Christopher M. (2010): »Measuring the Happiness of Large-Scale Written Expression: Songs, Blogs, and Presidents«, Journal of Happiness Studies 11(4), S. 441-456. https://www.researchgate.net/publication/225520158_Measuring_the_Happiness_of_Large-Scale_Written_Expression_Songs_Blogs_and_Presidents. Zuletzt aufgerufen am 2.7.2024

[22] Das Gespräch mit Prof. Dr. Christoph Schönfelder wurde am 30.4.2024 geführt und aufgezeichnet.

[23] Knapp, Jake, Zeratsky, John, Kowitz, Braden (2016): »Sprint: Wie man in nur fünf Tagen neue Ideen testet und Probleme löst«, Redline Verlag, München, 5. Auflage 2021, S. 24ff.

KAPITEL 6: REGELN BRECHEN

[24] Gaedt, Martin (2016): »Rock Your Idea: Mit Ideen die Welt verändern«, Murmann Publishers, Hamburg, 1. Auflage, 2.7.2016

[25] Gaedt, Martin (2024): »Smart arbeiten mit der Delete Strategie«, Remote Verlag, Fort Lauderdale, 1. Auflage 2024

[26] Das Gespräch mit Martin Gaedt wurde am 19.4.2024 geführt und aufgezeichnet.

[27] Gaedt, Martin (2024): »Smart arbeiten mit der Delete Strategie«, Remote Verlag, Fort Lauderdale, 1. Auflage 2024, S. 253

[28] Gaedt, Martin (2024): »Smart arbeiten mit der Delete Strategie«, Remote Verlag, Fort Lauderdale, 1. Auflage 2024, S. 252

[29] Gaedt, Martin (2024): »Smart arbeiten mit der Delete Strategie«, Remote Verlag, Fort Lauderdale, 1. Auflage 2024, S. 49

[30] Gaedt, Martin (2016): »Rock Your Idea«, Murmann Publishers GmbH, Hamburg, 1. Auflage 2016, S. 24

[31] Gaedt, Martin (2016): »Rock Your Idea«, Murmann Publishers GmbH, Hamburg, 1. Auflage 2016, S. 23

[32] Gaedt, Martin (2024): »Smart arbeiten mit der Delete Strategie«, Remote Verlag, Fort Lauderdale, 1. Auflage 2024, S. 143

[33] Gaedt, Martin (2024): »Smart arbeiten mit der Delete Strategie«, Remote Verlag, Fort Lauderdale, 1. Auflage 2024, S. 143

[34] Gaedt, Martin (2024): »Smart arbeiten mit der Delete Strategie«, Remote Verlag, Fort Lauderdale, 1. Auflage 2024, S. 31

[35] Lutz Kloke: Paradox Dialog über Wirtschaft und Gesellschaft: https://paradox-conference.de/lutz-kloke. Zuletzt aufgerufen am 2.7.2024

[36] Gaedt, Martin (2024): »Smart arbeiten mit der Delete Strategie«, Remote Verlag, Fort Lauderdale, 1. Auflage 2024, S. 144

[37] Gaedt, Martin (2024): »Smart arbeiten mit der Delete Strategie«, Remote Verlag, Fort Lauderdale, 1. Auflage 2024, S. 54

[38] Diese vier Fragen lehnen sich an das Konzept von Byron Katie an, auch bekannt als »The Work«, sind ein einfacher, aber wirkungsvoller Ansatz zur Selbstbefragung, um stressige Gedanken zu hinterfragen und klarer zu sehen.
Byron Katie (2002): »Lieben was ist: Wie vier Fragen Ihr Leben verändern können«, Arkana GmbH, München, 11. Auflage 7.12.2021

[39] Feuerbach, Ivo Matthias, Pastorius, Alina (2024): »THINK OUTSIDE THE Box - A game for unconventional minds«, https://grubbemedia.de/spiele/themenspiele/think-outside-the-Box, Grubbe Media GmbH, München, 2024

KAPITEL 7: EMOTIONEN ERLEBEN

[40] Scherer, Hermann (2009): »Jenseits vom Mittelmaß: Unternehmenserfolg im Verdrängungswettbewerb«, Gabal Verlag, Offenbach, 5. Auflage 2013, S. 33

[41] Die Hypothese der somatischen Marker (SMH) wurde vom portugiesisch-US-amerikanischen Neurowissenschaftler António Damásio formuliert. Nach der SMH sind emotionale Erfahrungen im Menschen verkörperlicht und beeinflussen so Entscheidungen. https://de.wikipedia.org/wiki/Hypothese_der_somatischen_Marker. Zuletzt aufgerufen am 2.7.2024

[42] Das Gespräch mit Maria Tricarico wurde am 28.4.2024 geführt und aufgezeichnet.

[43] Ibarra, Herminia, Linebeck, Kent (2005): »What's Your Story?«, Harvard Business Review, Januar 2005, https://hbr.org/2005/01/whats-your-story. Zuletzt aufgerufen am 2.7.2024

[44] »Table Topics« bei den Toastmasters ist eine Übung zur Verbesserung der Fähigkeiten im spontanen Sprechen. Während dieser Übung erhalten die Teilnehmer zufällig ausgewählte Themen oder Fragen, auf die sie in ein bis zwei Minuten ohne Vorbereitung antworten sollen. https://www.toastmasters.org/Membership/Club-Meeting-Roles/Table-Topics-Speaker. Zuletzt aufgerufen am 2.7.2024

KAPITEL 8: NEUE WEGE GEHEN

[45] Kim, W. Chan, Mauborgne, Renée (2005): »Der Blaue Ozean als Strategie«, Hanser Verlag, München, 1. Auflage 2005, S. 4

[46] Graf, Roland (2022): »30 Jahre süßer Wahnsin«, Wiener Magazin 05/2022, S. 122 ff. https://www.zotter.at/fileadmin/media_data/content/pdf/wiener-bericht-30-jahre-handgeschoepfte-11-2022.pdf Zuletzt aufgerufen am 3.7.2024

[47] Das Gespräch mit Holger Trautmann wurde am 25.4.2024 geführt und aufgezeichnet.

[48] EBIT (Earnings Before Interest and Taxes) ist eine Kennzahl, die den operativen Gewinn eines Unternehmens vor Abzug von Zinsen und Steuern darstellt.

[49] Kim, W. Chan, Mauborgne, Renée (2005): »Der Blaue Ozean als Strategie«, Hanser Verlag, München, 1. Auflage 2005, S. 32 ff.

KAPITEL 9: MITEINANDER MACHEN

[50] https://en.wikipedia.org/wiki/Small-world_experiment Zuletzt aufgerufen am 3.7.2024

[51] Leonhardt, Megan (2020): »This simple hack lets you network without the awkward small talk«, make it, 21.10.2020, https://www.cnbc.com/2020/10/21/this-simple-hack-lets-you-network-without-the-awkward-small-talk.html. Zuletzt aufgerufen am 3.7.2024

[52] Myers, Joe (2016): »How to overcome your aversion to networking«, World Economic Forum, 8.9.2016, https://www.weforum.org/agenda/2016/09/how-to-overcome-your-aversion-to-networking/ Zuletzt aufgerufen am 3.7.2024

[53] Penenberg, Adam (2010): »Social Networking Affects Brains Like Falling in Love«, Fast Company, 1.7.2010, https://www.fastcompany.com/1659062/social-networking-affects-brains-falling-love. Zuletzt aufgerufen am 3.7.2024

[54] Das Gespräch mit Cornelia Wanke wurde am 29.4.2024 geführt und aufgezeichnet.

KAPITEL 10: GAS GEBEN

[55] Kuhlmann, Kai-Owe (2023): »Gehirnwäsche 2.0: Wie ChatGPT mich dazu brachte, meinen Hintern zu bewegen«, https://www.linkedin.com/pulse/gehirnw%25C3%25A4sche-20-wie-chatgpt-mich-dazu-brachte-meinen-hintern-kai-owe-v0rpe/?trackingId=6ljKA7GzSg6nQgdjLAvyQA%3D%3D. Zuletzt aufgerufen am 3.7.2024

[56] Das Gespräch mit Arnold Oberleiter wurde am 3.5.2024 geführt und aufgezeichnet.

KAPITEL 11: FREIHEIT LEBEN

[57] Ein Earnings Call ist eine Telefonkonferenz oder ein Webcast, bei dem Unternehmensleitungen ihre finanziellen Ergebnisse und Geschäftsentwicklungen mit Investoren, Analysten und der Öffentlichkeit besprechen.

[58] Wirtschaftswoche (dpa, o. A.): »Büroarbeiter im Urlaub immer häufiger für Job erreichbar«, Wirtschaftswoche, 5.7.2023, https://www.wiwo.de/erfolg/beruf/umfrage-bueroarbeiter-im-urlaub-immer-haeufiger-fuer-job-erreichbar/29238190.html#:~:text=Was%20nach%20unerfreulichem%20Klischee%20klingt,in%20dieser%20Zeit%20f%C3%BCr%20den. Zuletzt aufgerufen am 3.7.2024

[59] Kerkeling, Hape (2009): »Ich bin dann mal weg: Meine Reise auf dem Jakobsweg«, Malik Verlag, München, 1. Auflage 1.4.2006 https://de.wikipedia.org/wiki/Ich_bin_dann_mal_weg. Zuletzt aufgerufen am 3.7.2024

[60] Schnell, Anna und Nils (2021): »Die Modern Work Tour: Eine Weltreise in die Zukunft unserer Arbeit«, Gabal Verlag, Offenbach, 1. Auflage 2021

[61] Das Gespräch mit Adrian Auracher wurde am 18.4.2024 geführt und aufgezeichnet.

KAPITEL 12: DRAN BLEIBEN

[62] Ferriss, Timothy (2017): »Tools der Titanen: Die Taktiken, Routinen und Gewohnheiten der Weltklasse-Performer, Ikonen und Milliardäre«, Finanzbuch Verlag, München, 8. Auflage 2022, kindle Edition, S. 282 ff.

[63] Das Gespräch mit Alexander Freihaut wurde am 26.4.2024 geführt und aufgezeichnet.

[64] Die LEARNTEC ist eine jährlich stattfindende Fachmesse in Karlsruhe, die sich auf digitale Bildung, E-Learning und IT-gestützte Lernprozesse in Schulen, Hochschulen und Unternehmen konzentriert. Sie ist eine der größten Veranstaltungen ihrer Art in Europa und bringt Experten, Anbieter und Anwender zusammen, um sich über aktuelle Trends, Technologien und Best Practices im Bereich der digitalen Bildung auszutauschen.

[65] Aktuell (Stand 3.7.2024) heißt die UNTERNEHMERSCHULE noch Unternehmerschule Oberbayern, eine Namensänderung ist geplant (persönliche Mitteilung von Gerhard Unger, Geschäftsführer). https://unternehmerschule-oberbayern.de/. Zuletzt aufgerufen am 3.7.2024